Arbeitsrecht für jeden

Begründung/Beendigung des Arbeitsverhältnisses

Pflichten des Arbeitgebers/Arbeitnehmers

Bibliografische Information Der Deutschen Bibliothek

Die Deutsche Bibliothek verzeichnet diese Publikation
in der Deutschen Nationalbibliografie; detaillierte bibliografische
Daten sind im Internet über http://dnb.ddb.de abrufbar.

Herausgeber:
Arbeitskammer des Saarlandes, Abteilung Öffentlichkeitsarbeit
Fritz-Dobisch-Straße 6-8, 66111 Saarbrücken
Telefon (06 81) 40 05 - 4 44, Fax (06 81) 40 05 - 4 11
E-Mail: info@arbeitskammer.de
Internet: www.arbeitskammer.de

Bearbeitung:
Justiziar Rainer Fuchs, Arbeitskammer
Dunja Storcz, Arbeitskammer

Redaktion:
Harald Schiffer

Titel:
Kurt Heinemann, Völklingen

Herstellung:
Merziger Druckerei und Verlag GmbH & Co. KG, Merzig

15. Auflage: 595.001 – 610.000

Gedruckt auf Recyclingpapier

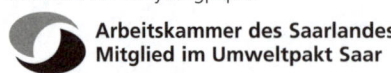

Die Broschüre ist für Mitglieder der Arbeitskammer (saarländische Arbeitnehmerinnen und Arbeitnehmer) kostenlos. Der Preis für andere Besteller beträgt 6 € zuzüglich Porto.

ISBN 3-88968-227-8

Vorwort

Die Abläufe im Wirtschaftsleben nehmen immer mehr an Geschwindigkeit zu. Globalisierung, Europäischer Binnenmarkt und Euro, Standortdiskussion in Deutschland – wenige Schlagworte, die für die Veränderung stehen.

Wie die deutsche Wirtschaft von einer Vielzahl internationaler Verflechtungen beeinflusst wird, so sieht sich auch das nationale Arbeitsrecht zunehmend internationalen Einflüssen ausgesetzt und unterliegt dem steten – und immer häufiger auch schnellen – Wandel von Gesetzgebung und Rechtsprechung.

Arbeitsrecht ist ein Faktor, ein Bindeglied in der Gesamtheit der wirtschaftspolitischen Beziehungen. Die Diskussion zu den von der Bundesregierung vorgenommenen Korrekturen im Bereich des Arbeits- und Sozialrechts dienen als Beispiel. Scheinselbstständigkeit, geringfügige Beschäftigung, das Kündigungsschutzgesetz allgemein und die Entgeltfortzahlung im Krankheitsfall sind einprägsame Schlagworte dazu.

Bei unbestrittener Einbindung des Arbeitsrechts in den gesamten (wirtschafts-)politischen Zusammenhang müssen vom Arbeitsrecht Signale der Rechtssicherheit ausgehen. Rechtsunsicherheit im Arbeitsrecht geht immer zu Lasten der abhängig Beschäftigten. Umso mehr gilt es, den Arbeitnehmerinnen und Arbeitnehmern Hilfe in arbeitsrechtlichen Konfliktsituationen zu gewähren. Diesem Anliegen dient der aktualisierte Nachdruck dieser Broschüre.

Saarbrücken, im August 2005

Hans Peter Kurtz
Vorsitzender des Vorstandes

Horst Backes
Hauptgeschäftsführer

Abkürzungsverzeichnis

ABl.	Amtsblatt
Abs.	Absatz
AG	Aktiengesellschaft
AP	Arbeitsrechtliche Praxis (Nachschlagewerk des Bundesarbeitsgerichts)
ArbG	Arbeitsgericht
ArbGG	Arbeitsgerichtsgesetz
ArbPlSchG	Arbeitsplatzschutzgesetz
ArbStättV	Arbeitsstättenverordnung
Art.	Artikel
ASiG	Arbeitssicherheitsgesetz
AÜG	Arbeitnehmerüberlassungsgesetz
ArbZG	Arbeitszeitgesetz
BAG	Bundesarbeitsgericht
BAGE	Amtliche Sammlung der Entscheidungen des Bundesarbeitsgerichts
BAT	Bundesangestelltentarifvertrag
BB	Betriebsberater (Zeitschrift)
BBiG	Berufsbildungsgesetz
BErzGG	Bundeserziehungsgeldgesetz
BeschFG	Beschäftigungsförderungsgesetz
BetrVG	Betriebsverfassungsgesetz
BGB	Bürgerliches Gesetzbuch
BGBl.	Bundesgesetzblatt
BGH	Bundesgerichtshof
BUrlG	Bundesurlaubsgesetz
BVerfG	Bundesverfassungsgericht
EFZG	Entgeltfortzahlungsgesetz
EG	Europäische Gemeinschaft
EU	Europäische Union
EuGH	Europäischer Gerichtshof
EWG	Europäische Wirtschaftsgemeinschaft
GewO	Gewerbeordnung
GG	Grundgesetz
HGB	Handelsgesetzbuch
HRG	Hochschulrahmengesetz
InsO	Insolvenzordnung
i.S.d.	im Sinne des
i.V.m.	in Verbindung mit
JArbSchG	Jugendarbeitsschutzgesetz

KSchG	Kündigungsschutzgesetz
LAG	Landesarbeitsgericht
MitbestG	Mitbestimmungsgesetz
MuSchG	Mutterschutzgesetz
NachwG	Nachweisgesetz
Nr.	Nummer
NZA	Neue Zeitschrift für Arbeitsrecht
pr. AllgBergG	preußisches Allgemeines Berggesetz
RGBl.	Reichsgesetzblatt
RVO	Reichsversicherungsordnung
S.	Satz
SGB	Sozialgesetzbuch
StGB	Strafgesetzbuch
TVG	Tarifvertragsgesetz
TzBfG	Teilzeit- und Befristungsgesetz
Urt.	Urteil
v.	vom
vgl.	vergleiche
ZDG	Zivildienstgesetz
Ziff.	Ziffer
ZPO	Zivilprozessordnung

Inhalt

Einführung 13
1   Der vom Arbeitsrecht geregelte Lebenssachverhalt 14
2   Anwendbarkeit des Arbeitsrechts auf unterschiedliche
      Arbeitsverhältnisse 14
2.1   Befristetes Arbeitsverhältnis 14
2.2   Probearbeitsverhältnis 14
2.3   Aushilfsarbeitsverhältnis 15
2.4   Leiharbeit 16
2.5   Teilzeitarbeitsverhältnis 16
2.6   Job-Sharing-Arbeitsverhältnis 16
2.7   Arbeitsverhältnis bei Betriebsübernahme 17

Anspruchsgrundlagen des Arbeitsrechts 18
1   Arbeitsvertrag 19
2   Tarifvertrag 20
3   Betriebsvereinbarung 21
4   Gesetz 22
5   Betriebliche Übung 23
6   Rechtsprechung 23
7   Zusammenfassung 24

Arbeitsverhältnis 26
1   Begründung des Arbeitsverhältnisses 26
1.1   Die Geschäftsfähigkeit 26
1.2   Mängel des Arbeitsvertrages 27
1.3   Mitwirkung des Betriebsrates 29

Inhalt des Arbeitsverhältnisses 30
1   Die Pflichten des Arbeitnehmers 30
1.1   Die Arbeitspflicht 30
1.1.1   Art und Umfang der Arbeitspflicht 30
1.1.2   Ort der Arbeitsleistung 32
1.1.3   Zeit der Arbeitsleistung 32
1.1.4   Nichterfüllung der Arbeitspflicht 33
1.1.5   Schlechterfüllung der Arbeitspflicht 35
1.2   Die Pflicht, Weisungen zu befolgen 39
1.3   Die Treuepflicht 41

2   Die Pflichten des Arbeitgebers 43
2.1   Die Lohnzahlungspflicht 43
2.1.1   Lohnhöhe 44
2.1.2   Entgeltzahlung an Feiertagen 44

2.1.3	Lohnzuschläge	45
2.1.4	Lohnformen	45
2.1.5	Gratifikation	45
2.1.6	Ruhegeld	52
2.1.7	Vermögensbildung	53
2.1.8	Zeit und Ort der Lohnauszahlung	53
2.1.9	Rückzahlung von Lohn	53
2.1.10	Rückzahlung von Ausbildungskosten	54
2.1.11	Lohnzahlung bei Nichtleistung	55
2.1.12	Verfristung, Verwirkung und Verjährung des Lohnanspruchs	58
2.1.13	Lohnsicherung	59
2.2	Die Fürsorgepflicht	61
2.2.1	Schutz für Leben und Gesundheit des Arbeitnehmers	62
2.2.2	Fürsorge für das Eigentum des Arbeitnehmers	63
2.2.3	Beachtung sozialversicherungsrechtlicher Vorschriften	65
2.2.4	Richtige Berechnung und Abführung der Lohnsteuer	66
2.2.5	Erläuterung der Lohnberechnung	67
2.2.6	Beschäftigungspflicht	67
2.2.7	Pflicht zur Gleichbehandlung	67
2.3	Die Pflicht zur Gewährung von Erholungsurlaub	70
2.3.1	Rechtsgrundlage des Erholungsurlaubs	70
2.3.2	Urlaubsanspruch	71
2.3.3	Urlaubsdauer	72
2.3.4	Wartezeit, voller Urlaub, anteiliger Urlaub	74
2.3.5	Zeitpunkt des Urlaubs	77
2.3.6	Zusammenhängender Urlaub	78
2.3.7	Erwerbstätigkeit während des Urlaubs	79
2.3.8	Urlaubsentgelt	80
2.3.9	Krankheit und Urlaub	82
2.3.10	Anrechnung von Kur- und Heilverfahren auf den Urlaub	83
2.3.11	Übertragung des Urlaubs	84
2.3.12	Abgeltung des Urlaubs	86
2.3.13	Sonderurlaub (Arbeitsbefreiung)	90

Das Arbeitskampfrecht 91

1	**Streik**	**91**
1.1	Begriffliches Vorliegen eines Streiks	91
1.2	Voraussetzungen des rechtmäßigen Streiks	91
1.3	Rechtmäßigkeit der Beteiligung am Streik	92
1.4	Rechtsfolgen des rechtmäßigen Streiks	92
1.5	Rechtsfolgen des rechtswidrigen Streiks	93
2	**Aussperrung**	**94**
2.1	Begriffliches Vorliegen einer Aussperrung	94
2.2	Rechtmäßigkeit der Aussperrung	94
2.3	Rechtsfolgen der rechtmäßigen Aussperrung	94
2.4	Rechtsfolgen der rechtswidrigen Aussperrung	95

Inhalt

Die Beendigung des Arbeitsverhältnisses		96
1	**Grundsätzliches über die Kündigung**	96
1.1	Die wesentlichen Regeln des Kündigungsrechts	96
1.1.1	Vertretung der Vertragspartner	97
1.1.2	Form der Kündigung	98
1.1.3	Zeitpunkt der Kündigung	98
1.1.4	Kündigung vor Arbeitsaufnahme	99
1.1.5	Inhalt der Kündigungserklärung	99
1.1.6	Angabe des Kündigungsgrundes	99
1.2	Kündigung unter Bedingungen	100
1.2.1	Die Änderungskündigung	100
1.2.2	Die vorsorgliche Kündigung	101
1.3	Zugang der Kündigung	101
1.4	Mängel der Kündigung	103
1.5	Beteiligung des Betriebsrates	104
2	**Die ordentliche Kündigung**	105
2.1	Kündigungsfrist	106
2.1.1	Grundkündigungsfristen	106
2.1.2	Verlängerte Kündigungsfristen	106
2.1.3	Schwerbehinderte Menschen	107
2.1.4	Ausbildungsverhältnis	107
2.1.5	Probearbeitsverhältnis	107
2.1.6	Aushilfsarbeitsverhältnis	107
2.1.7	Ausnahmen	107
2.2	Berechnung der Kündigungsfristen	108
3	**Die außerordentliche Kündigung**	109
3.1	Wichtige Gründe im Sinne des § 626 BGB	110
3.1.1	Kündigung durch den Arbeitgeber	111
3.1.2	Kündigung durch den Arbeitnehmer	113
4	**Meldepflichten**	114
Der Kündigungsschutz		115
1	**Der allgemeine Kündigungsschutz**	115
1.1	Anspruch auf Kündigungsschutz	115
1.2	Die sozial gerechtfertigte Kündigung	116
1.2.1	Gründe in der Person des Arbeitnehmers	116
1.2.2	Gründe im Verhalten des Arbeitnehmers	118
1.2.3	Betriebsbedingte Gründe	120
1.2.4	Widerspruch des Betriebsrats gemäß § 102 Abs. 3 BetrVG	120
1.2.5	Sozialauswahl (§ 1 Abs. 3 KSchG)	121
1 2.6	Beweise der Tatsachen, die zur Kündigung führen	122
1 2.7	Die Änderungskündigung	123
1.3	Geltendmachen des Kündigungsschutzes	123
1.4	Einspruchsmöglichkeiten des Arbeitnehmers	123
1.5	Die Kündigungsschutzfrist des § 4 KSchG	124

1.6	Prüfung durch das Arbeitsgericht	125
1.7	Auflösung des Arbeitsverhältnisses	126
1.8	Abfindung bei Auflösung des Arbeitsverhältnisses	127
1.8.1	Steuern und Sozialversicherungsbeiträge von der Abfindung	127
1.9	Verzicht auf den Kündigungsschutz	128
2	**Der besondere Kündigungsschutz**	**128**
2.1	Nach dem Mutterschutzgesetz	128
2.2	Nach dem Schwerbehindertenrecht (SGB IX)	131
2.3	Für Mitglieder des Betriebs- bzw. Personalrates	132
2.4	Für Wehrdienstpflichtige	134
2.5	Kündigungsschutz für weitere Personengruppen	135

Weitere Möglichkeiten zur Beendigung des Arbeitsverhältnisses ... 136

1	**Aufhebungsvertrag**	**136**
2	**Fristablauf**	**138**
3	**Tod des Arbeitnehmers**	**142**
4	**Weitere Beendigungsgründe**	**142**
5	**Keine Beendigungsgründe**	**142**

Pflichten bei Beendigung des Arbeitsverhältnisses ... 144

1	**Die Pflichten des Arbeitgebers**	**144**
1.1	Freizeitgewährung zur Stellensuche	144
1.2	Zeugniserteilung	144
1.3	Auskunfterteilung	146
1.4	Aushändigung der Arbeitspapiere	147
2	**Die Pflichten des Arbeitnehmers**	**147**

Rechte und Pflichten bei Betriebsübergang ... 148

1	**Wirkungen des Betriebsübergangs**	**149**
1.1	Haftung für Lohn	149
1.2	Haftung für Versorgungsanwartschaften	149
1.3	Besonderheiten im Insolvenzverfahren	150
1.4	Umgehungstatbestände	150
1.5	Kontinuität des Betriebsrates	151
2	**Voraussetzungen des § 613 a Abs. 1 Satz 1 BGB**	**151**
2.1	Übergang eines Betriebes oder Betriebsteiles	151
2.2	Betriebsübergang durch Rechtsgeschäft	151
3	**Fortgeltung von Tarifverträgen und Betriebsvereinbarungen**	**151**
4	**Kündigung wegen Betriebsübergangs**	**153**
4.1	Unwirksamkeit einer Kündigung wegen Betriebsübergangs	153
4.2	Kündigung durch den bisherigen Arbeitgeber	153

4.3	Kündigung durch den neuen Arbeitgeber	154
4.4	Stilllegung als Kündigungsgrund	154
4.5	Darlegungs- und Beweislast	155
5	**Die neue Unterrichtungsverpflichtung**	155
6	**Das gesetzliche Widerspruchsrecht**	156

Amtliche Texte ... 157

1	**Bürgerliches Gesetzbuch**	157
2	**Kündigungsschutzgesetz**	163
3	**Mindesturlaubsgesetz für Arbeitnehmer**	171
4	**Gewerbeordnung**	175

Einführung

Das Arbeitsrecht ist eine ziemlich schwierige Materie. Das ist einmal darauf zurückzuführen, dass die arbeitsrechtlichen Bestimmungen nicht in einem Gesetz zusammengefasst, sondern verstreut in vielen Gesetzen enthalten sind. Arbeitsrechtliche Bestimmungen finden wir nicht nur in den speziellen arbeitsrechtlichen Gesetzen wie etwa im Kündigungsschutzgesetz, Bundesurlaubsgesetz, Jugendarbeits- und Mutterschutzgesetz, sondern auch in vielen anderen Gesetzen wie z.B. im Bürgerlichen Gesetzbuch, dem Handelsgesetzbuch, der Gewerbeordnung und dem Grundgesetz.

Hinzu kommt, dass das Arbeitsrecht unübersichtlich ist, weil es kein eigenständiges Rechtsgebiet ist, sondern nur im Zusammenhang mit unserem bürgerlichen Recht verstanden werden kann. Wer sich im Arbeitsrecht auskennen will, muss zumindest die einfachsten Regeln unseres bürgerlichen Rechts kennen. Schließlich wird das Verständnis des Arbeitsrechts dadurch erschwert, dass bei vielen Arbeitsverhältnissen bessere tarifvertragliche Regelungen an die Stelle der gesetzlichen Regelungen getreten sind.

Um diesen unbefriedigenden Zustand zu beenden, wurden bisher drei Anläufe zu einem Arbeitsvertragsgesetz (ArbVG) in den Jahren 1923, 1938 und 1977 unternommen.

Auf Grund des Art. 30 im Einigungsvertrag (Angleichen der einschlägigen Rechtsvorschriften in den neuen und alten Bundesländern) haben 13 Hochschullehrer einen neuen Entwurf zu einem einheitlichen Arbeitsvertragsgesetz erarbeitet.

Leider kann auch bei der Neubearbeitung dieser Broschüre noch immer kein „Arbeitsvertragsgesetz" kommentiert werden.

Die vorliegende Broschüre stellt eine Einführung in das allgemeine Arbeitsrecht dar. Besonders eingehend sind Fragen der Kündigung, des Kündigungsschutzes, des Urlaubsrechts und der Weihnachtsgratifikation behandelt. Dagegen befasst sich die Broschüre nur in Einzelfällen mit Fragen des Arbeitsschutzrechts. So wird z.B. im Rahmen des Urlaubsrechts auf Urlaubsansprüche der Jugendlichen nach dem Jugendarbeitsschutzgesetz eingegangen und im Rahmen des Kündigungsrechts auf den Kündigungsschutz nach dem Mutterschutzgesetz.

Eine umfassende Darstellung arbeitsrechtlicher Fragen im Zusammenhang mit dem Mutterschutz, mit dem Schwerbehindertenrecht und dem äußerst diffizilen Sachbereich der Teilzeitbeschäftigung finden Sie in den Broschüren „Mutterschutz, Erziehungsgeld, Elternzeit", „Schwerbehinderte Menschen und ihr Recht" und „Teilzeitbeschäftigung". Nachfolgend soll Ihnen ein erster Überblick über die Hauptthemen dieser Broschüre gegeben werden.

1 Der vom Arbeitsrecht geregelte Lebenssachverhalt

In der industriellen Gesellschaft sind die meisten Erwerbspersonen Arbeitnehmer, das heißt, sie arbeiten im Dienste eines anderen (Arbeitgeber), sind weisungsabhängig und arbeiten für fremde Rechnung; dafür tragen sie nicht das unmittelbare wirtschaftliche Risiko ihrer Arbeit.

In der Bundesrepublik Deutschland kommt hinzu, dass sich die Eingliederung von Arbeitskräften in den Arbeitsprozess und deren Bezahlung grundsätzlich nach marktwirtschaftlichen Regeln richtet und dass die Eigentümer der Produktionsmittel die maßgeblichen Entscheidungen treffen, was den vom Arbeitsrecht zu regelnden Interessensausgleich notwendig macht.

2 Anwendbarkeit des Arbeitsrechts auf unterschiedliche Arbeitsverhältnisse

Neben dem Normalfall des auf unbestimmte Zeit abgeschlossenen Arbeitsverhältnisses kennt das Arbeitsrecht verschiedene Sonderformen von Arbeitsverhältnissen.

2.1 Befristetes Arbeitsverhältnis

Aus dem Grundsatz der Vertragsfreiheit (Art. 2 GG, §§ 241, 305, 620 BGB, § 105 GewO) folgt, dass Arbeitsverhältnisse bestimmter Dauer begründet werden können, nach deren Ablauf sie ohne Kündigung enden.

Nähere Ausführungen zu diesem Problemkreis befinden sich auf den Seiten 137 ff.

2.2 Probearbeitsverhältnis

Das Probearbeitsverhältnis soll sowohl dem Arbeitgeber wie dem Arbeitnehmer die Möglichkeit geben, sich, den Vertragspartner und die Arbeitsstelle auf eine längerfristige Zusammenarbeit zu überprüfen.

Es sind zwei Formen des Probearbeitsverhältnisses zu unterscheiden:

a) Das **befristete Probearbeitsverhältnis**, das nach Ablauf der Frist endet.

b) Das **unbefristete Probearbeitsverhältnis** mit besonderer Probezeitvereinbarung in Form erleichterter Kündigungsmöglichkeit. Es gelten dann insoweit die gesetzlichen (§ 622 Abs. 3 BGB: zwei Wochen) oder tariflichen Mindestkündigungsfristen.

Darüber hinausgehende einzelvertraglich festgelegte Verkürzungen der gesetzlichen und tariflichen Mindestkündigungsfristen sind unwirksam.

Die **Dauer der Probezeit** und die Anforderungen des Arbeitsplatzes müssen dem **Grundsatz der Verhältnismäßigkeit** genügen. Die Probezeit beträgt im Allgemeinen bei einfachen Arbeiten bis zu vier Monaten und bei schwierigen Tätigkeiten höchstens sechs Monate (§ 622 Abs. 3 BGB).

2.3 Aushilfsarbeitsverhältnis

Das Aushilfsarbeitsverhältnis gehört in der Regel zu den zeitbestimmten Arbeitsverhältnissen. Es kann aber auch als unbefristetes Arbeitsverhältnis abgeschlossen werden.

Durch die Einstellung zur Aushilfe soll einem unvorhergesehenen und vorübergehend auftretenden Bedarf an Arbeitskräften abgeholfen werden.

Durch seine Zwecksetzung unterscheidet es sich vom Probearbeitsverhältnis.

a) **Befristetes Aushilfsarbeitsverhältnis**
Die Befristung kann sich aus der Beschaffenheit und dem Zweck der Dienste ergeben. Art und Dauer des Aushilfsverhältnisses müssen sich klar und deutlich ergeben; ist dies nicht der Fall, ist im Zweifel ein unbefristetes Arbeitsverhältnis abgeschlossen.

Für den nur befristeten Abschluss muss ein sachlicher Grund gegeben sein. Ein echtes, befristetes Arbeitsverhältnis endet ohne Rücksicht auf Kündigungsschutzbestimmungen mit Ablauf der Frist oder Zweckerreichung.

Gem. § 14 Abs. 2 TzBfG ist der Abschluss eines befristeten Vertrages auch ohne sachlichen Grund möglich:

- bis zur Dauer von zwei Jahren,
- höchstens dreimalige Verlängerung innerhalb dieser zwei Jahre,
- nur bei Neueinstellungen mit Ausnahme von Auszubildenden.

b) **Aushilfsarbeitsverhältnis unbestimmter Dauer**
Aus Gründen der Vertragsfreiheit ist es den Parteien unbenommen, Aushilfsarbeitsverhältnisse von unbestimmter Dauer zu begründen.
Die Kündigungsfristen sind eindeutig zu regeln, soweit nicht die gesetzlichen Kündigungsfristen gewollt sind. Sie können sowohl bei Arbeitern wie bei Angestellten auch individualvertraglich unter die gesetzliche Mindestkündigungsfrist abgekürzt werden, wenn das Aushilfsverhältnis nicht über die Dauer von drei Monaten fortgesetzt wird, bzw. in Kleinbetrieben, in denen in der Regel nicht mehr als zwanzig Arbeitnehmer ausschließlich der Auszubildenden beschäftigt werden. Im letzteren Fall darf jedoch die Frist von vier Wochen nicht unterschritten werden (§ 622 Absatz 5 BGB).

Grundsätzlich erwächst auch im Rahmen eines Aushilfsarbeitsverhältnisses für den Arbeitnehmer ein Anspruch auf Urlaub, Feiertagsbezahlung und Lohn- bzw. Gehaltsfortzahlung, sofern die gesetzlichen oder tarifvertraglichen Anspruchsvoraussetzungen (etwa Wartezeiten) erfüllt sind.

2.4 Leiharbeit

Bei der Leiharbeit unterscheidet man zwei Formen:

a) **echte Leiharbeit**
Darunter versteht man die nicht gewerbsmäßige, vorübergehende Überlassung eines Arbeitnehmers durch den Arbeitgeber an einen Dritten mit Zustimmung des Arbeitnehmers (z. B. gelegentliche Montage oder Einarbeitungstätigkeiten).

b) **unechte Leiharbeit**
Darunter versteht man die Einstellung eines Arbeitnehmers zur Ausleihe und gewerbsmäßigen Überlassung an Dritte.

Rechtlich wird die echte Leiharbeit wie folgt behandelt:

Der Verleiher bleibt Arbeitgeber und behält grundsätzlich alle Arbeitgeberpflichten, insbesondere ist er lohnzahlungspflichtig.

Der Entleiher erhält im vertraglich vereinbarten Rahmen die Direktionsbefugnis gegenüber dem Arbeitnehmer und wird fürsorgepflichtig.

Der Arbeitnehmer ist zur Arbeitsleistung beim Entleiher verpflichtet und ist diesem gegenüber auch treuepflichtig.

Besondere Regeln gelten für das unechte Leiharbeitsverhältnis nach dem Arbeitnehmerüberlassungsgesetz (AÜG).

2.5 Teilzeitarbeitsverhältnis

Teilzeitbeschäftigt sind die Arbeitnehmer, deren regelmäßige Wochenarbeitszeit kürzer ist als die regelmäßige Wochenarbeitszeit vergleichbarer vollzeitbeschäftigter Arbeitnehmer eines Betriebes (§ 13 TzBfG).

Nähere Ausführungen zu diesem Problemkreis entnehmen Sie unserer Broschüre „Teilzeitbeschäftigung".

2.6 Job-Sharing-Arbeitsverhältnis

Wörtlich übersetzt bedeutet Job-Sharing Arbeitsplatzteilung. Es ist ein Unterfall der Teilzeitbeschäftigung. Die gesetzliche Definition findet sich in § 13 TzBfG unter der Überschrift „Arbeitsplatzteilung". Sie liegt vor, wenn der Arbeitgeber mit zwei oder mehreren Arbeitnehmern vereinbart, dass diese sich die Arbeitszeit an einem Ar-

Einführung

beitsplatz teilen. Der zu teilende Arbeitsplatz braucht keinem Vollzeitarbeitsplatz zu entsprechen.

Unter den Job-Sharern bestehen keine Rechtsbeziehungen, sie stellen lediglich eine tatsächliche Gemeinschaft dar.

Die Direktionsbefugnis des Arbeitgebers ist eingeschränkt. Die Verteilung der Arbeitszeit bzw. der Funktionen bleibt außen vor, da sie von den Job-Sharern selbstständig geregelt wird.

Eine wechselseitige Vertretungspflicht besteht nur gem. § 13 TzBfG. Lohn- und Urlaubsansprüche entsprechen denen der Teilzeitarbeitnehmer.

Jeder Job-Sharer kann das Arbeitsverhältnis einvernehmlich mit dem Arbeitgeber beenden oder kündigen oder gekündigt werden.

Für die Kündigung des Arbeitsverhältnisses durch den Arbeitgeber gelten die Vorschriften des allgemeinen und besonderen Kündigungsschutzes. Nach § 13 Abs. 2 TzBfG ist die Beendigungskündigung, die Kündigung des Arbeitsverhältnisses durch den Arbeitgeber wegen des Ausscheidens eines Arbeitnehmers aus der Arbeitsplatzteilung unwirksam. Dagegen ist eine Änderungskündigung zulässig (vgl. dazu ab Seite 99).

2.7 Arbeitsverhältnis bei Betriebsübernahme

Eine Betriebsübernahme i.S. des § 613 a BGB liegt dann vor, wenn der Betrieb oder ein Betriebsteil durch Rechtsgeschäft auf einen neuen Inhaber übergeht.

Nähere Ausführungen zu diesem Problemkreis finden Sie im Kapitel „Rechte und Pflichten bei Betriebsübergang".

Anspruchsgrundlagen des Arbeitsrechts

Sie werden sich schon manchmal gefragt haben, wenn Sie unzufrieden waren mit dem, was Ihnen Ihr Arbeitgeber gezahlt oder ansonsten gewährt hat, auf was kann ich mich berufen, um meinen Anspruch durchzusetzen. Sie haben dazu verschiedene Möglichkeiten.

Beispiele:

1. Eifrig hat mit seinem Arbeitgeber Knausrig einen Stundenlohn von 11 € vereinbart. Knausrig will später nur 10 € zahlen. Eifrig beruft sich auf die getroffene Vereinbarung, d. h. auf den Arbeitsvertrag.

2. Klug ist bei Groß beschäftigt. Er hat bei seinem Eintritt in das Unternehmen mit Groß keine Vereinbarung hinsichtlich des Lohnes getroffen. Als Groß ihm nur 9 € Stundenlohn zahlen will, weist Klug darauf hin, dass ihm laut Tarifvertrag 11 € zustehen.

3. Schaffer arbeitet im Akkordlohn. Deich, sein Arbeitgeber, will ihm pro 100 Stück 2,50 € zahlen. Schaffer verweist auf die Betriebsvereinbarung, nach der ihm pro 100 Stück 3 € zu zahlen sind.

4. Sommer arbeitet bei Klein. Klein will Sommer für das laufende Jahr nur acht Tage Urlaub gewähren. Sommer beruft sich auf § 3 des Bundesurlaubsgesetzes, wonach ihm 24 Werktage Urlaub zustehen. (Änderung des § 3, Abs. 1 BUrlG, vom 1. Januar 1995).

5. Brummig will seinen Leuten keine Weihnachtsgratifikation mehr zahlen. Fichte weist Brummig darauf hin, dass er das nicht könne, da er dreimal aufeinander folgend die Gratifikation an Weihnachten ohne jeden Vorbehalt gewährt habe. Durch die betriebliche Übung haben die Belegschaftsmitglieder einen einklagbaren Anspruch auf die Gratifikation.

6. Sorge war mehrere Monate krank. Sein Arbeitgeber Stark will ihm für die Monate, in denen er krank war, anteilig den Urlaubsanspruch kürzen. Sorge beruft sich auf das Urteil des Bundesarbeitsgerichts vom 28. Januar 1982, nach dem auch lang anhaltende Krankheit den Urlaubsanspruch nicht vermindert. ■

Sie sehen also, Sie können Ihre Ansprüche aus dem Arbeitsvertrag, einem Tarifvertrag, einer Betriebsvereinbarung, dem Gesetz oder einer betrieblichen Übung ableiten oder unter Hinweis auf die Rechtsprechung begründen.

1 Arbeitsvertrag

Der Arbeitsvertrag kommt wie jeder Vertrag durch zwei übereinstimmende Willenserklärungen zu Stande, d.h. durch ein Angebot und der Annahme dieses Angebots.

Beispiele:

Eifrig sucht eine Arbeitsstelle. Er geht zu Knausrig und sagt: „Ich möchte bei Ihnen arbeiten". Knausrig antwortet: „Sie können morgen anfangen."

Ein Arbeitsvertrag ist zu Stande gekommen, obwohl „nichts Schriftliches" vereinbart wurde. Grundsätzlich bedarf der Arbeitsvertrag nicht der Schriftform. Eine mündliche Vereinbarung genügt, ja bereits durch schlüssiges Verhalten kann ein Vertrag zu Stande kommen. ■

Schaffer ist Bauhilfsarbeiter. Er sucht eine Arbeitsstelle. Er hört, dass Reich, den er kennt, Bauhilfsarbeiter einstellt. Er begibt sich zum Arbeitsbeginn auf eine Baustelle von Reich. Hier warten schon mehrere Arbeiter vor der Baubude. Schaffer reiht sich stillschweigend ein. Ohne ein Wort zu sagen, drückt Reich Schaffer eine Schaufel in die Hand. Die anderen schickt er nach Hause.

Schaffer fängt an zu arbeiten. Damit ist ein Arbeitsvertrag durch schlüssiges Handeln zu Stande gekommen. Will Reich Schaffer keinen Arbeitslohn zahlen, so kann Schaffer sich auf den Arbeitsvertrag berufen. ■

Von schlüssigem (konkludentem) Handeln ist die Rede, wenn die Vertragspartner ihren Willen nicht ausdrücklich erklärt haben, sich aus ihrem Verhalten aber ergibt, was sie wollen. Bis zum In-Kraft-Treten des „Nachweisgesetzes" am 23. Juni 1995 war die Schriftform für den Abschluss eines Arbeitsvertrages – von wenigen Ausnahmen abgesehen – gesetzlich nicht vorgeschrieben, sie war aber aus Beweisgründen zu empfehlen.
Nunmehr regelt das **„Nachweisgesetz" (NachwG)** insbesondere in § 2, dass **spätestens einen Monat nach dem vereinbarten Beginn des Arbeitsverhältnisses** die wesentlichen Vertragsbedingungen wie

- Bezeichnung der Vertragsparteien,
- Zeitpunkt des Beginns (und Ende) des Arbeitsverhältnisses,
- bei befristeten Arbeitsverhältnissen die vorhersehbare Dauer,
- der Arbeitsort bzw. der Hinweis auf wechselnde Arbeitsorte,
- wenigstens eine allgemeine Tätigkeitsbeschreibung,

- die Zusammensetzung und die Höhe des Arbeitsentgelts einschließlich Zuschlägen, Zulagen, Prämien etc. und deren Fälligkeit,
- die vereinbarte Arbeitszeit,
- die Dauer des jährlichen Erholungsurlaubs,
- die Kündigungsfristen und
- ein in allgemeiner Form gehaltener Hinweis auf die Tarifverträge, Betriebs- oder Dienstvereinbarungen, die auf das Arbeitsverhältnis anzuwenden sind,

schriftlich vom Arbeitgeber zu fixieren und dem Arbeitnehmer auszuhändigen sind.

Nach Änderung des NachWG muss nun in den Arbeitsverträgen mit geringfügig Beschäftigten im Sinne von § 8 Abs. 1 Nr. 1 SGB IV der Hinweis enthalten sein, dass diese Arbeitnehmer auf die Versicherungsfreiheit gemäß § 5 Abs. 2 Satz 2 SGB VI verzichten können und somit die Stellung eines versicherungspflichtigen Arbeitnehmers erwerben können.

In der Regel erfordert die Schriftform, dass Sie und Ihr Arbeitgeber den Vertragstext auf demselben Blatt (Urkunde) unterschreiben. Werden über den Vertrag mehrere gleich lautende Urkunden aufgenommen, genügt es, wenn jede Partei die für die andere Partei bestimmte Urkunde unterzeichnet.

Die Neufassung der **Gewerbeordnung** zum 1. Januar 2003 hat das Arbeitsrecht in wichtigen Punkten geändert oder neue Rechtsgrundlagen geschaffen. Hinsichtlich der **Vertragsfreiheit** stellt § 105 GewO n.F. klar, dass die Vertragspartner den Inhalt des Arbeitsvertrages im Rahmen der geltenden Gesetze, Tarifverträge und Betriebsvereinbarungen frei gestalten können. Die möglichen Einschränkungen der Vertragsfreiheit werden nun genannt. Des Weiteren enthält die Vorschrift einen Hinweis auf das Nachweisgesetz, das die schriftliche Niederlegung wesentlicher Vertragsbedingungen vorschreibt.

2 Tarifvertrag

Nehmen wir einmal an, Sie sind Schlosser von Beruf und haben einen Freund, der ebenfalls Schlosser ist, aber in einem anderen Unternehmen arbeitet. Eines Tages erzählt er Ihnen, dass er neben seinem Urlaubsentgelt (Lohn für die Urlaubszeit) noch ein zusätzliches Urlaubsgeld in Höhe von 250 € erhält. Sie sind überrascht, gehen zu Ihrem Arbeitgeber und verlangen ebenfalls ein zusätzliches Urlaubsgeld. Der Arbeitgeber erklärt Ihnen, dass er dazu nicht verpflichtet sei. Sie sind empört und wollen Klage beim zuständigen Arbeitsgericht erheben. Ihr Freund rät Ihnen ab. Warum wohl?

Tarifverträge können nur von den Gewerkschaften einerseits und den Arbeitgeberverbänden oder einem einzelnen Arbeitgeber andererseits abgeschlossen werden. **Sie gelten aber auch nur für die Mitglieder der betreffenden Gewerkschaft und die Mitglieder des betreffenden Arbeitgeberverbandes bzw. den einzelnen Arbeitgeber, der einen Tarifvertrag abgeschlossen hat.** Ihr Freund gibt Ihnen folgende Erklärung für seinen Standpunkt: „Da ich Mitglied der IG Metall bin und mein Arbeitgeber Mitglied des entsprechenden Arbeitgeberverbandes ist, habe ich auf

Grund des Tarifvertrages, der ausdrücklich die Zahlung eines zusätzlichen Urlaubsgeldes vorsieht, Anspruch auf dieses Urlaubsgeld. Dein Arbeitgeber ist nicht Mitglied des Verbandes und deshalb nicht verpflichtet, ein zusätzliches Urlaubsgeld zu zahlen, denn er ist ja nicht an den Tarifvertrag gebunden."

Ihr Freund hat Recht. Das Arbeitsgericht müsste Ihre Klage abweisen, da Ihr Arbeitgeber nicht an den Tarifvertrag gebunden ist und Sie daher keinen Anspruch auf zusätzliches Urlaubsgeld haben.

Anders ist die rechtliche Lage, wenn der Tarifvertrag durch den zuständigen Arbeitsminister im Einvernehmen mit dem Tarifausschuss auf Antrag einer Tarifvertragspartei für allgemein verbindlich erklärt worden ist. **Durch die Allgemeinverbindlichkeitserklärung gilt der Tarifvertrag für alle Arbeitgeber und Arbeitnehmer dieser Branche.** In diesem Falle haben Sie Rechtsanspruch auf Zahlung eines zusätzlichen Urlaubsgeldes. Würde Ihr Arbeitgeber dennoch die Auszahlung verweigern, so muss das Arbeitsgericht Ihrer Klage stattgeben.

Merken Sie sich also: Tarifverträge gelten grundsätzlich nur für die Arbeitnehmer, die in der betreffenden Gewerkschaft organisiert sind und bei einem Arbeitgeber arbeiten, der dem Arbeitgeberverband angehört. Nur wenn der betreffende Tarifvertrag für allgemein verbindlich erklärt wird, kann jeder Arbeitnehmer der betreffenden Branche seine Forderungen auf den Tarifvertrag stützen. Sagen Sie jetzt nicht, das sei ungerecht. Denken Sie daran, dass die Gewerkschaftsmitglieder recht hohe monatliche Beiträge leisten. Im Übrigen können Sie der Gewerkschaft jederzeit beitreten.

Ergänzend ist hier zu erwähnen, dass in einem **Einzelarbeitsvertrag** – auch wenn die Vertragspartner nicht tarifgebunden sind – Bezug auf einen Tarifvertrag genommen werden kann. Dann gilt der Tarifvertrag für das betreffende Arbeitsverhältnis. Anspruchsgrundlage ist in diesem Fall aber nicht der Tarifvertrag, sondern der Einzelarbeitsvertrag, der vom Arbeitgeber durch Änderungskündigung geändert werden kann.

Wendet der Arbeitgeber den Tarifvertrag ohne Vorbehalt auch auf die Nichtorganisierten seines Betriebes an, kann ein Anspruch für diese durch betriebliche Übung entstehen (vgl. Nr. 5).

● **Hinweis: Sind Sie tarifgebunden, so schauen Sie, wenn Sie arbeitsrechtliche Probleme haben, zuerst in den einschlägigen Tarifvertrag. Finden Sie dort die Lösung Ihres Problems nicht, dann schauen Sie in diese Broschüre.**

3 Betriebsvereinbarung

Die Betriebsvereinbarung ist ein Vertrag, der für den Betrieb zwischen dem Arbeitgeber und dem Betriebsrat als Vertreter der Belegschaft abgeschlossen wird. Die Betriebsvereinbarung ist nur dann gültig, wenn sie schriftlich abgeschlossen wird. **Sie gilt für alle Belegschaftsmitglieder,** gleich ob sie gewerkschaftlich organisiert sind oder nicht. Sie werden nun fragen, welche rechtlichen Ansprüche kann ich auf eine Betriebsvereinbarung stützen?

Eine Betriebsvereinbarung enthält in der Regel Bestimmungen, die Abschluss und Beendigung von Arbeitsverhältnissen sowie betriebliche und betriebsverfassungsrechtliche Fragen klären. Darüber hinaus sind in der Betriebsvereinbarung Regelungen über Löhne und Lohnzulagen (z.B. Akkorde und Richtlohnsätze), über Kündigungsgründe und -fristen, über Arbeitszeit und manchmal auch über Urlaub enthalten. Häufig werden Sozialleistungen, z.B. Gratifikationen, Treueprämien und Ruhegelder, in der Betriebsvereinbarung festgelegt.

Zu beachten ist aber, dass gemäß § 77 Abs. 3 BetrVG in einer Betriebsvereinbarung nur die Arbeitsbedingungen geregelt werden dürfen, die nicht und auch nicht üblicherweise durch Tarifvertrag geregelt werden.

4 Gesetz

Sie haben schon gemerkt, dass **im Bereich des Arbeitsrechts das Gesetz nicht die dominierende Rolle spielt** wie in anderen Rechtsgebieten. In Bezug auf das Arbeitsrecht hat das Gesetz eine echte Konkurrenz: den Tarifvertrag. Das hängt damit zusammen, dass die Bundesrepublik ein sozialer Rechtsstaat ist. **In einem sozialen Rechtsstaat überlässt der Gesetzgeber** (Bundestag, Landtag) **einen Teil seiner Gesetzgebungsbefugnis den Tarifvertragspartnern,** also den Gewerkschaften bzw. Arbeitgeberverbänden.

Dieses Recht, die Arbeitsbedingungen selbst zu regeln, heißt Tarifautonomie: der Gesetzgeber überlässt es somit in erster Linie den Tarifvertragsparteien, auf dem Gebiete des Arbeitsrechts mittels Tarifverträgen arbeitsrechtliche Normen (Gesetze) zu schaffen. Nur in Ausnahmefällen – z.B. um gewisse Mindestbedingungen festzusetzen – oder im Bereich des Arbeitsschutzes greift der Gesetzgeber in die Tarifautonomie der Tarifvertragspartner ein. So ist das Bundesurlaubsgesetz ein Mindesturlaubsgesetz; viele Tarifverträge sehen mehr Urlaub vor.

Glauben Sie aber nicht, dass es daher nur wenige arbeitsrechtliche Gesetze gibt; es gibt eine ganze Menge. Wir wollen nur die wichtigsten nennen: Bundesurlaubsgesetz (BUrlG), Arbeitszeitgesetz (ArbZG), Mutterschutzgesetz (MuSchG), Jugendarbeitsschutzgesetz (JArbSchG), Kündigungsschutzgesetz (KSchG), Tarifvertragsgesetz (TVG), Betriebsverfassungsgesetz (BetrVG), Mitbestimmungsgesetz (MitbestG), Arbeitsgerichtsgesetz (ArbGG), Gesetz über die betriebliche Altersversorgung (BetrAVG), Arbeitssicherheitsgesetz (ASiG), Arbeitsstättenverordnung (ArbStättV) usw. Arbeitsrechtliche Bestimmungen finden Sie u.a. im Grundgesetz, im Bürgerlichen Gesetzbuch, im Handelsgesetzbuch, in der Gewerbeordnung.

Wichtig ist, dass auch in den Fällen, in denen der Arbeitnehmer seine Forderungen weder auf einen Tarifvertrag noch auf seinen Arbeitsvertrag stützen kann, das Gesetz ihm sehr oft eine Anspruchsgrundlage bietet (vgl. das Beispiel Nr. 4 auf Seite 18).

5 Betriebliche Übung

Auch ohne ausdrückliche Vereinbarung mit Ihrem Arbeitgeber können Sie Rechte erwerben. Wie Sie einen Arbeitsvertrag durch schlüssiges Handeln abschließen können (vgl. die Beispiele auf Seite 19), so kann **Ihr Arbeitsvertrag auch durch schlüssiges Handeln ergänzt werden. Nur muss sich dieses schlüssige Handeln über einen längeren Zeitraum** – in der Regel drei Jahre – **erstrecken. Hier spricht man dann von betrieblicher Übung.** Wenn Ihnen also Ihr Arbeitgeber mindestens drei Jahre hintereinander ohne jeden Vorbehalt eine Leistung gewährt, dann kann sich daraus für die Zukunft ein Rechtsanspruch auf diese Leistung für Sie ergeben. Ein Musterbeispiel für die Entstehung eines Rechtsanspruchs durch betriebliche Übung ist die Weihnachtsgratifikation (vgl. das Beispiel Nr. 5 auf Seite 18). Aber auch Rechtsansprüche auf andere Leistungen können durch betriebliche Übung entstehen, so z.B. Ansprüche auf Treueprämien, Zusatzurlaub, Urlaubsgeld, Ruhegeld, Hochzeitsgeschenk usw.

Früher überwog die Ansicht, dass die betriebliche Übung eine Art Gewohnheitsrecht sei. Heute vertritt die herrschende Lehre und Rechtsprechung (so insbesondere das Bundesarbeitsgericht) die Meinung, dass der Arbeitsvertrag durch die betriebliche Übung stillschweigend ergänzt wird. Mit anderen Worten: die vom Arbeitgeber ohne ausdrückliche Vereinbarung erbrachte Leistung wird Gegenstand des Arbeitsvertrages.

Die betriebliche Übung dient aber nicht nur als Grundlage stillschweigender Vereinbarungen, sondern sie wird auch zur Auslegung von Vereinbarungen und vor allem zur Ausfüllung der das Arbeitsverhältnis beherrschenden Treue- und Fürsorgepflicht herangezogen.

6 Rechtsprechung

Wie Sie aus dem Beispiel Nr. 6 auf Seite 18 gesehen haben, **kann man seinen Anspruch durch Hinweis auf eine arbeitsrechtliche Entscheidung, insbesondere auf ein Urteil des Bundesarbeitsgerichts, stützen.** Aber seien Sie vorsichtig. Denn einmal muss der von dem betreffenden Gericht abgeurteilte Fall nicht identisch mit Ihrem Fall sein. Gerade Laien machen oft den Fehler, dass sie – ohne den Sachverhalt einem genauen Vergleich zu unterziehen – annehmen, das sei genau ihr Fall. Tatsächlich dreht es sich aber um ganz andere Dinge. Zum Zweiten müssen Sie bedenken, dass jedes Arbeitsgericht von der Entscheidung eines anderen Arbeitsgerichts – auch von der des Bundesarbeitsgerichts – abweichen kann.

Ein Urteil des Bundesarbeitsgerichts ist keine Anspruchsgrundlage wie etwa der Einzelarbeitsvertrag, der Tarifvertrag oder das Gesetz. Das heißt aber nicht, dass Sie Entscheidungen der Arbeitsgerichte bei der Geltendmachung Ihrer Ansprüche überhaupt nicht heranziehen sollen. Sie sollen nur vorsichtig sein. In der Praxis weicht nämlich ein Arbeitsgericht selten von den Entscheidungen des Bundesarbeitsgerichts ab.

7 Zusammenfassung

Sie haben jetzt eine Übersicht gewonnen über die Möglichkeiten, mit denen Sie einen arbeitsrechtlichen Anspruch begründen können. Die wichtigste Anspruchsgrundlage für Sie ist der Arbeitsvertrag.

Sind Sie Mitglied einer Gewerkschaft und arbeiten bei einem Arbeitgeber, der dem Arbeitgeberverband angehört, gilt für Sie der Tarifvertrag der betreffenden Branche. Trotzdem können Sie selbstverständlich einen Einzelarbeitsvertrag festlegen. Dies gilt vor allem, wenn übertarifliche Leistungen zugesagt werden.

Können Sie Ihren Anspruch nicht mit Hilfe Ihres Arbeitsvertrages begründen – etwa weil hinsichtlich des strittigen Punktes nichts vereinbart wurde – und können Sie sich auch nicht auf den Tarifvertrag berufen – weil Sie z.B. nicht Mitglied der betreffenden Gewerkschaft sind –, so hilft Ihnen in der Regel das Gesetz, manchmal auch die Betriebsvereinbarung, die betriebliche Übung oder die Rechtsprechung weiter.

Beispiel:

Sommer ist am 1. Februar in die Firma Klein eingetreten. Als Sommer im September in Urlaub fahren will, weigert sich Klein, ihm Urlaub zu gewähren, da er noch kein Jahr bei ihm im Betrieb ist. Erst nach Ablauf eines Jahres habe Sommer Anspruch auf den Jahresurlaub. Sommer ist anderer Ansicht. Er weiß aber nicht, wie er seinen Anspruch begründen kann. Beim Eintritt in den Betrieb wurde hinsichtlich des Urlaubs nichts vereinbart. Auf den Tarifvertrag kann er sich nicht berufen, da er nicht Mitglied der Gewerkschaft ist.

Zum Glück trifft Sommer seinen Freund Klug, der ihn auf § 4 des Bundesurlaubsgesetzes hinweist. Nach dieser Bestimmung erwirbt der Arbeitnehmer den vollen Urlaubsanspruch, wenn das Arbeitsverhältnis seit sechs Monaten (Wartezeit) besteht. Mit Hilfe des Gesetzes kann Sommer nachweisen, dass Klein Unrecht hat.

Trotzdem kann Sommer jetzt nicht auf eigene Faust Urlaub machen. Hierzu bedarf es vielmehr der Einwilligung des Arbeitgebers; vgl. Ziffer 2.3.5. auf Seite 77. Das ändert aber nichts an der Tatsache, dass er nach sechs Monaten Anspruch auf den ihm zustehenden Jahresurlaub hat. ■

Wenn Sie die obigen Ausführungen gut durchdacht haben, wird klar, dass Arbeitnehmer, die die gleiche Arbeit verrichten, verschieden hohe Ansprüche gegen ihren Arbeitgeber haben können. Das ergibt sich daraus, dass der eine Arbeitnehmer seinen Anspruch auf den Arbeitsvertrag, der andere auf den Tarifvertrag, der dritte auf das Gesetz usw. stützen kann.

Zusammenfassung

> **Beispiel:**
>
> Wild ist empört. Seine beiden gleichaltrigen Freunde Eifrig und Kluge erhalten mehr Urlaub als er, obwohl sie genau wie er als Schlosser tätig sind. Eifrig arbeitet bei der Firma Groß, Kluge bei der Firma Nett und er selbst bei der Firma Klein. Alle sind zur gleichen Zeit bei den verschiedenen Firmen eingetreten.
>
> Was meinen Sie, warum Wild nicht genauso viel Urlaub hat wie seine Freunde? Die Antwort ist einfach: Eifrig ist Gewerkschaftsmitglied und die Firma Groß Mitglied des Arbeitgeberverbandes. Eifrig kann sich daher auf den Tarifvertrag berufen. Der Tarifvertrag sieht 29 Tage Urlaub vor. Kluge hat bei seinem Eintritt in die Firma Nett mit seinem Arbeitgeber einen schriftlichen Arbeitsvertrag abgeschlossen, in dem ebenfalls 29 Tage Urlaub vereinbart wurden. Wild kann seinen Urlaubsanspruch weder auf den Tarifvertrag stützen, da er nicht Mitglied der betreffenden Gewerkschaft ist, noch auf eine Vereinbarung im Arbeitsvertrag, da bei seinem Eintritt in die Firma über den Urlaub nicht gesprochen wurde. Sein Urlaubsanspruch richtet sich also nach § 3 des Bundesurlaubsgesetzes; Wild hat Anspruch auf 24 Werktage. ■

Sie sehen also, gleiche Leistung bringt nicht immer die gleiche Gegenleistung. Seien Sie vorsichtig, wenn Sie ein neues Arbeitsverhältnis eingehen. Lassen Sie sich bei der Einstellung nicht überfahren. Sind Sie Gewerkschaftsmitglied und gehört der Betrieb dem Arbeitgeberverband an, so können Sie sich auf den Tarifvertrag berufen. Im Übrigen achten Sie auf Betriebsvereinbarung, betriebliche Übung und auf die Rechtsprechung.

Arbeitsverhältnis

1 Begründung des Arbeitsverhältnisses

1.1 Die Geschäftsfähigkeit

Das Arbeitsverhältnis wird durch Abschluss eines Arbeitsvertrages begründet. In welcher Form ein Arbeitsvertrag abgeschlossen wird, wissen Sie bereits. Vielleicht wissen Sie aber noch nicht, dass ein **beschränkt geschäftsfähiger Arbeitnehmer – also ein Arbeitnehmer, der das 18. Lebensjahr noch nicht vollendet hat – grundsätzlich nur mit Genehmigung seines gesetzlichen Vertreters einen Arbeitsvertrag abschließen kann.** Liegt die Zustimmung beim Abschluss des Vertrages noch nicht vor, ist der Vertrag schwebend unwirksam und wird erst durch die Genehmigung rückwirkend gültig. Verweigert der gesetzliche Vertreter die Genehmigung ausdrücklich oder schweigt er, ist der Vertrag von Anfang an ungültig.

> **Beispiel:**
>
> Thomas ist 17 Jahre alt und möchte gern als Hilfsarbeiter in einer Autofabrik arbeiten. Er will gleich Geld verdienen. Seine Eltern wollen, dass er als Auszubildender in ein Rechtsanwaltsbüro eintritt. Thomas bewirbt sich um die Stelle in der Autofabrik. Er wird eingestellt.
>
> Die Eltern verweigern die Genehmigung. Der Vertrag ist damit unwirksam. ■

Eine **Ausnahme von diesem Grundsatz** ergibt sich aus § 113 BGB, der allerdings nicht für Ausbildungsverträge gilt und der durch die Herabsetzung des Beginns der Geschäftsfähigkeit auf 18 Jahre erheblich an praktischer Bedeutung verloren hat. Ermächtigt der gesetzliche Vertreter den Minderjährigen, sich eine Arbeitsstelle zu suchen, ist dieser für alle Rechtsgeschäfte unbeschränkt geschäftsfähig, die die Eingehung oder Aufhebung der Arbeitsverhältnisse der gestatteten Art oder die Erfüllung der sich aus einem solchen Verhältnis ergebenden Verpflichtungen betreffen.

Begründung des Arbeitsverhältnisses

Beispiel:

Peter ist 17 Jahre alt. Er arbeitet als Hilfsarbeiter bei der Fa. Werkel & Co. Sein Arbeitsplatz gefällt ihm nicht. Seine Eltern sind der Ansicht, er müsse wissen, was er wolle. Er sei alt genug, um sich einen Arbeitsplatz zu suchen. Peter sucht und findet eine neue Stelle. Er schließt mit dem neuen Arbeitgeber einen Arbeitsvertrag ab. Dieser Vertrag ist auf Grund des § 113 BGB sofort rechtswirksam. Einer Genehmigung durch die Eltern bedarf es dann nicht mehr.

Gefällt es Peter auf dem neuen Arbeitsplatz auch nicht, kann er ohne Zustimmung bzw. Genehmigung der Eltern das Arbeitsverhältnis kündigen und einen neuen Arbeitsvertrag abschließen. ■

Die vorstehenden Beispiele verdeutlichen, dass der gesetzliche Vertreter eines Minderjährigen seit In-Kraft-Treten des Gleichberechtigungsgesetzes nicht mehr ein Erziehungsberechtigter allein, sondern Vater und Mutter gemeinsam sind.

1.2 Mängel des Arbeitsvertrages

Wie jeder andere Vertrag ist auch ein Arbeitsvertrag nichtig, wenn er gegen ein gesetzliches Verbot oder gegen die guten Sitten verstößt. Ebenso kann er wegen Irrtums angefochten werden. Aber diese vorgenannten Fälle sind in der Praxis äußerst selten. Häufiger kommt es schon vor, dass der Arbeitsvertrag vom Arbeitgeber wegen arglistiger Täuschung angefochten wird.

Beispiel:

Klau bewirbt sich bei Bank um die Stelle eines Kassierers. Klau ist mehrmals wegen Unterschlagung vorbestraft. Bank fragt ihn, ob er vorbestraft sei. Klau verneint diese Frage. Durch Zufall erfährt Bank von der Vorstrafe des Klau. Er ficht daraufhin den Arbeitsvertrag an. Kann er das?

Ja. Bank kann den Arbeitsvertrag wegen arglistiger Täuschung (§ 123 BGB) anfechten. Grundsätzlich ist der Arbeitnehmer von sich aus nicht verpflichtet, Vorstrafen anzugeben. Ungefragt muss der Arbeitnehmer nur dann Vorstrafen angeben, wenn diese in Bezug auf den angestrebten Beruf so von Bedeutung sind, dass nach Treu und Glauben (§ 242 BGB) eine Offenbarungspflicht besteht. Das ist hier der Fall. Für Klau besteht eine Offenbarungspflicht. Er hätte, auch ohne dass Bank ihn nach Vorstrafen gefragt hat, die Unterschlagungen offenbaren müssen. ■

Wird nach Vorstrafen gefragt, die für das Arbeitsverhältnis erheblich sind, muss der Arbeitnehmer auch kleinere Vergehen angeben, wenn er einer Anfechtung vorbeugen will.

Ist die Vorstrafe für das Arbeitsverhältnis nicht von Bedeutung, ist die Lage anders.

Beispiel:

Rot ist aus politischen Gründen vorbestraft. Bei seiner Bewerbung als Angestellter in einer Großhandelsfirma wird ihm ein Formular vorgelegt, in dem u.a. auch die Frage enthalten ist: „Sind Sie vorbestraft?" Rot verneint diese Frage. Die Geschäftsleitung erfährt von der Vorstrafe und ficht den Arbeitsvertrag an. Kann sie das?

Nein. Rot braucht nur die Vorstrafen zu offenbaren, die für das Arbeitsverhältnis erheblich sind. Eine politische Vorstrafe ist aber für die Tätigkeit als Angestellter im Großhandel nicht von Bedeutung. Obwohl Rot die Frage wahrheitswidrig beantwortet hat, kann die Geschäftsleitung nicht anfechten. ■

Im Übrigen kann sich ein Bewerber als unbestraft bezeichnen, wenn die Strafe nach dem Bundeszentralregistergesetz wegen Geringfügigkeit nicht strafregisterpflichtig ist, bzw. wenn sie wegen Fristablauf nicht mehr in das Führungszeugnis aufzunehmen oder im Register zu tilgen ist.

Ähnlich ist die Situation, wenn der Arbeitnehmer bei Abschluss des Arbeitsvertrages krank ist. Grundsätzlich ist er nicht verpflichtet, die Krankheit von sich aus zu offenbaren, es sei denn, er weiß, dass er infolge der Krankheit nicht in der Lage ist, die Tätigkeit auszuüben, zu der er laut Arbeitsvertrag verpflichtet ist. In diesem Falle muss er dem Arbeitgeber auch ohne Frage Mitteilung von seiner Krankheit machen.

Wird der Arbeitnehmer nach irgendwelchen Krankheiten ausdrücklich gefragt, so muss er – soweit die Krankheit für das Arbeitsverhältnis irgendeine Bedeutung haben kann – wahrheitsgemäß antworten. Handelt er gegen diese Grundsätze, kann der Arbeitgeber den Arbeitsvertrag anfechten.

Der EuGH hat in einem Urteil vom 3. Februar 2000 entschieden, dass es die Richtlinie 76/207 EWG verbietet, eine **Schwangere** deshalb nicht auf eine unbefristete Stelle einzustellen, weil sie für die Dauer der Schwangerschaft wegen eines aus ihrem Zustand folgenden gesetzlichen Beschäftigungsverbots auf dieser Stelle von Anfang an nicht beschäftigt werden darf.

Der EuGH begründet sein Urteil u.a. damit, dass die Verweigerung einer Einstellung wegen Schwangerschaft nur Frauen gegenüber in Betracht kommt und stellt daher eine unmittelbare Diskriminierung auf Grund des Geschlechts dar. Der Gerichtshof

Mängel des Arbeitsvertrages

entschied bereits, dass die Schutzvorschriften für werdende Mütter keinesfalls einen Nachteil zum Zugang zur Beschäftigung und bei den Arbeitsbedingungen führen darf.

Damit räumt der EuGH dem mittelbaren Diskriminierungsverbot eine überragende Stellung ein und verbietet die Frage nach bestehender Schwangerschaft generell. Eine wahrheitswidrige Beantwortung der Frage nach einer Schwangerschaft bleibt deshalb für die Frau ohne Folgen.

Vereinbart ein Arbeitgeber, der an sich jemand unbefristet einstellen möchte, nur deswegen ein auf lediglich neun Monate befristetes Arbeitsverhältnis, weil die zu diesem Zeitpunkt noch nicht schwangere Arbeitnehmerin im Einstellungsgespräch auf Befragen erklärt, sie wünsche sich schon sehr bald ein Kind, so stellt dies eine unmittelbare Diskriminierung dar mit der Folge, dass ein unbefristetes Arbeitsverhältnis zu Stande gekommen ist.

Die **Anfechtung** hat juristisch gesehen eine andere Wirkung als die fristlose Kündigung. Der Arbeitsvertrag wird in diesem Fall grundsätzlich rückwirkend unwirksam. Dies gilt aber nicht, wenn der Arbeitnehmer die Arbeit bereits aufgenommen hat. In der Praxis wirkt sich das so aus, dass das Arbeitsverhältnis von jedem Teil mit sofortiger Wirkung, d.h. ohne Kündigung durch einfache Erklärung, für die Zukunft aufgelöst werden kann. Der Arbeitnehmer behält bis zu diesem Zeitpunkt seinen Lohnanspruch.

1.3 Mitwirkung des Betriebsrates

Beim Zustandekommen des Arbeitsverhältnisses ist ferner das Mitbestimmungsrecht des Betriebsrates zu beachten (§ 99 BetrVG). In Betrieben mit mehr als zwanzig wahlberechtigten Arbeitnehmern hat der Arbeitgeber vor jeder geplanten Einstellung den Betriebsrat in Kenntnis zu setzen und seine Zustimmung einzuholen. Der Betriebsrat kann unter gewissen Voraussetzungen die Zustimmung verweigern. In diesem Fall kann der Arbeitgeber beim Arbeitsgericht den Antrag stellen, die Zustimmung des Betriebsrates zu ersetzen.

Durch die Änderung des BetrVG wurden die dem Betriebsrat zustehenden Zustimmungsverweigerungsgründe erweitert:

Als Nachteil gilt bei einer geplanten unbefristeten Einstellung auch die Nichtberücksichtigung eines gleich geeigneten, bereits befristet Beschäftigten.

Demnach kann der Betriebsrat einer Neueinstellung widersprechen, wenn ein gleich geeigneter Bewerber befristet beschäftigt ist, dieser jedoch bei Besetzung der freien Stelle nicht berücksichtigt wird (§ 99 Abs. 2 Nr. 3 BetrVG).

Inhalt des Arbeitsverhältnisses

Im Arbeitsverhältnis leistet der Arbeitnehmer dem Arbeitgeber in dessen Betrieb bzw. Unternehmen weisungsgebundene, abhängige Arbeit gegen Entgelt. Daraus ergibt sich, dass der Arbeitnehmer dem Arbeitgeber gegenüber zur Arbeit und der Arbeitgeber dem Arbeitnehmer gegenüber zur Zahlung eines Entgeltes verpflichtet ist. Aber das sind nicht die einzigen Rechte und Pflichten, die sich aus dem Arbeitsverhältnis ergeben. Näheres erläutern die folgenden Kapitel.

1 Die Pflichten des Arbeitnehmers

1.1 Die Arbeitspflicht

Die Hauptpflicht, die sich aus dem Arbeitsverhältnis für den Arbeitnehmer ergibt, ist die Pflicht zur Arbeitsleistung. Ohne Arbeitspflicht kein Arbeitsverhältnis. Die Arbeitspflicht hat höchstpersönlichen Charakter. Wer keine Lust hat, zur Arbeit zu gehen, kann sich grundsätzlich nicht durch einen anderen vertreten lassen.

Umgekehrt ist der Anspruch auf Arbeitsleistung grundsätzlich an die Person des Arbeitgebers gebunden, es sei denn, es ist im Arbeitsvertrag etwas anderes vereinbart. Ihr Arbeitgeber kann Sie also nur dann zeitweise einem anderen Unternehmen zur Verfügung stellen, wenn dies ausdrücklich im Arbeitsvertrag festgelegt ist (Leiharbeit) oder wenn Sie sich damit einverstanden erklären.

Merken Sie sich aber, dass im Falle des Todes des Arbeitgebers in der Regel der Anspruch auf Arbeitsleistung auf die Erben übergeht.

Das Gleiche gilt, wenn ein Betrieb im Ganzen rechtsgeschäftlich auf einen anderen übertragen wird (§ 613 a BGB).

Der Anspruch geht aber auch in diesen Fällen nicht auf die Erben bzw. den Erwerber über, wenn dadurch das Arbeitsverhältnis wesentlich geändert wird oder dem Arbeitnehmer die Fortsetzung des Arbeitsverhältnisses nicht zuzumuten ist.

1.1.1 Art und Umfang der Arbeitspflicht

Art und Umfang der Arbeitspflicht richten sich in erster Linie nach dem, was im Einzelarbeitsvertrag vereinbart wurde, nach dem Tarifvertrag, soweit er anwendbar ist, nach der Betriebsvereinbarung und nach den zwingenden gesetzlichen Bestimmungen. Dabei sind Treuegedanke und Verkehrssitte zu berücksichtigen. Entspricht es der Verkehrssitte, dass Arbeitnehmer einer bestimmten Art eine bestimmte Arbeit zu verrichten pflegen, so kann der Arbeitgeber, wenn nichts anderes vereinbart ist, die-

Die Arbeitspflicht

se Arbeiten von seinem Arbeitnehmer fordern. Andere Tätigkeiten kann der Arbeitnehmer ablehnen.

> **Beispiel:**
>
> Knausrig stellt Stark als Buchhalter in seinem Hotel an. Da Knausrig das Geld für einen Hausburschen sparen will, fordert er Stark auf, die Koffer der Gäste auf die Zimmer zu tragen. Stark weigert sich. Kann er das?
>
> Sicher haben Sie mit Ja geantwortet, denn es ist offensichtlich, dass ein Buchhalter nicht die Arbeit eines Hausburschen zu verrichten braucht. ■

Wie ist aber Ihrer Meinung nach die Rechtslage, wenn wir den Fall etwas abändern?

> **Beispiel:**
>
> Stark wird als Buchhalter von Gastreich in dessen Hotel angestellt. Die beiden Hausburschen des Hotels werden überraschend krank. Ehe Gastreich für Ersatz sorgen kann, trifft eine große Reisegesellschaft ein. Da die Gäste unversorgt in der Halle herumstehen, droht der Reiseleiter mit Abreise. Gastreich, der einen erheblichen geschäftlichen Verlust befürchtet, bittet Stark, den Gästen die Koffer auf die Zimmer zu bringen.
>
> Hier sieht es anders aus, denn durch eine besondere Notlage des Betriebes kann der Rahmen der zu übernehmenden Arbeiten erweitert werden (Treuegedanken). Das ist hier der Fall. Die Arbeitspflicht erstreckt sich auf die Beförderung der Koffer.
> ■

Sie sehen, wie eine kleine Veränderung im Sachverhalt zu einem ganz anderen rechtlichen Ergebnis führen kann.

Art und Umfang der Arbeitspflicht ergeben sich – wie bereits festgestellt – aus dem Arbeitsvertrag, den Gesamtvereinbarungen (Tarif- und Betriebsvereinbarung) und dem Gesetz unter Berücksichtigung des Treuegedankens und der Verkehrssitte. **Innerhalb dieses Rahmens bestimmt der Arbeitgeber kraft seines Weisungsrechts (Direktionsrechts) die vom Arbeitnehmer auszuführenden Arbeiten.** Er kann insoweit dem Arbeitnehmer beliebige Arbeiten übertragen. Das gilt auch für Nebenarbeiten.

> **Beispiel:**
>
> Zu den arbeitsvertraglichen Pflichten eines Kraftfahrers gehört neben der Führung eines Kraftfahrzeuges auf Grund seines Berufsbildes auch die Wartung und Pflege des Kraftfahrzeuges sowie die Ausführung kleinerer Reparaturen (so BAG vom 30. Mai 1984). ■

1.1.2 Ort der Arbeitsleistung

In der Regel ist die Arbeit im Betrieb des Arbeitgebers zu erbringen, vorausgesetzt, dass die Vertragspartner nichts anderes vereinbart haben oder sich nichts anderes aus der Verkehrssitte ergibt, z.B. Handwerker auf der Baustelle, Vertreter bei der Kundschaft usw. Das Weisungsrecht gibt dem Arbeitgeber auch die Möglichkeit, den **Arbeitnehmer innerhalb des Betriebs zu versetzen, allerdings nur unter gewissen Voraussetzungen.**

> **Beispiel:**
> Ehrlich ist Hilfsarbeiter. In seinem Arbeitsvertrag heißt es, dass er als Hilfsarbeiter für die Produktionsabteilung eingestellt wird. Er hilft den Schlossern bei dem Zusammenbau von Kompressoren und hat hierbei gewisse Fertigkeiten entwickelt. Im Übrigen hatte er wegen seiner Ehrlichkeit und Offenheit schon einige Auseinandersetzungen mit dem Personalchef des Unternehmens. Er hat sich dabei so verhalten, dass kein Anlass zu einer Rüge besteht. Herr Übel hat ihm seine Offenheit trotzdem übel genommen. Als in der für die Reinigung des Unternehmens zuständigen Betriebsabteilung ein als Kehrer beschäftigter Hilfsarbeiter kündigt, versetzt er Ehrlich von der Produktionsabteilung in die Reinigungsabteilung. Ehrlich verdient hier weniger. Muss sich Ehrlich diese Versetzung gefallen lassen?
>
> Sie haben selbstverständlich mit Nein geantwortet. Ist vertraglich eine Versetzung nicht eingeräumt und der Arbeitnehmer mit der Versetzung nicht einverstanden, so ist eine Versetzung im Rahmen des Direktionsrechts nur möglich, wenn der neue Arbeitsplatz dieselben Tätigkeitsmerkmale hat wie der alte, keine Lohnminderung eintritt und die Versetzung keine ungerechtfertigte Maßregelung darstellt, also unsachlich oder willkürlich erfolgt. ■

Gegen jeden dieser drei Grundsätze hat Übel im vorliegenden Fall verstoßen. Der neue Arbeitsplatz hat nicht die gleichen Tätigkeitsmerkmale wie der alte. Wenn Ehrlich auch Hilfsarbeiter ist, so ist die Tätigkeit in der Produktionsabteilung weitaus qualifizierter als die in der Reinigungsabteilung. Er verdient weniger. Außerdem ist die Versetzung aus unsachlichen Motiven erfolgt. Übel wollte Ehrlich eins auswischen, weil er ihn persönlich nicht mochte. Die Versetzung stellt also auch eine nicht gerechtfertigte Maßregelung dar. Dass Ehrlich gegen diese Versetzung angehen kann, braucht nicht betont zu werden.

1.1.3 Zeit der Arbeitsleistung

Dauer und Lage der Arbeitszeit richten sich grundsätzlich nach den im Arbeitsvertrag, Tarifvertrag oder in der Betriebsvereinbarung getroffenen Regelungen. Jedoch sind hier die gesetzlichen Vorschriften, insbesondere die des Arbeitszeitgesetzes, des Jugendarbeitsschutzgesetzes und des Mutterschutzgesetzes, zu beachten.

Die Arbeitspflicht 33

Wichtig für Sie ist zu wissen, dass zwar in vielen **Tarifverträgen die wöchentliche Arbeitszeit auf 40 oder weniger Stunden herabgesetzt ist,** die wöchentliche Arbeitszeit **nach dem Arbeitszeitgesetz** – und sie gilt für alle, die sich nicht auf einen Tarifvertrag berufen können – **aber noch 48 Stunden beträgt.**

Beispiel:

Maler ist in einem Architekturbüro beschäftigt; seine wöchentliche Arbeitszeit beträgt 48 Stunden. Er hat viel auf dem Katasteramt zu tun. Dort lernt er Schreiber, einen Angestellten des Katasteramtes, kennen; von ihm erfährt er, dass die Angestellten des Katasteramtes nur 38 1/2 Stunden in der Woche arbeiten. Empört geht Maler zu seinem Chef und fordert die 38 1/2-Stunden-Woche. Sein Chef antwortet ihm, darauf habe er keinen Anspruch. Wissen Sie, wer Recht hat?

Der Chef hat Recht: Auf die Angestellten des Katasteramtes findet der Bundesangestelltentarifvertrag Anwendung. Dieser sieht die 38 1/2-Stunden-Woche vor. Da für die Angestellten des Architekturbüros kein Tarifvertrag zur Anwendung kommt, weil der Arbeitgeber nicht tarifgebunden ist, richtet sich deren Arbeitszeit nach dem Arbeitszeitgesetz, d. h. ihre wöchentliche Arbeitszeit beträgt 48 Stunden. Abweichendes gilt nur, wenn es im Arbeitsvertrag oder in der Betriebsvereinbarung festgelegt wurde. ■

Die Arbeitspflicht umfasst auch die **Verpflichtung zur Mehrarbeit,** allerdings nur dann, wenn sie vertraglich (auch stillschweigend) vereinbart wurde (Arbeitsvertrag, Tarifvertrag, Betriebsvereinbarung) oder betriebs-, branchen- oder ortsüblich ist. Selbstverständlich kann sich unter besonderen Umständen, insbesondere in Notfällen – z.B. bei Betriebsstörung – aus der Treuepflicht eine Pflicht zur Mehrarbeit ergeben[1]. Im Übrigen hat der Betriebsrat bei Überstunden ein Mitbestimmungsrecht (§ 87 Abs. 1 Ziffer 2 BetrVG).

1.1.4 Nichterfüllung der Arbeitspflicht

Ist der Arbeitnehmer nicht in der Lage, die Arbeitsleistung, zu der er sich verpflichtet hat, zu erbringen, so ist entscheidend, ob er die **Nichtleistung verschuldet hat oder nicht.** Liegt kein Verschulden seinerseits vor, z.B. wenn er krank wird oder beim Tode eines nahen Angehörigen, wird er von der Arbeitsleistung für diese Zeit befreit. Der Arbeitgeber kann nicht von ihm verlangen, dass er die ausgefallene Arbeitszeit nachholt. Ob er allerdings in diesen Fällen Anspruch auf den Arbeitslohn hat, ist eine andere Frage.

---

[1] Hinsichtlich der Mehrarbeit Teilzeitbeschäftigter wird auf die AK-Broschüre „Teilzeitbeschäftigung" verwiesen.

Hat der Arbeitnehmer dagegen die Arbeit verschuldet nicht geleistet, also vorsätzlich oder fahrlässig gehandelt, muss er mit einer Reihe von negativen Folgen rechnen. Nehmen wir einmal an, Sie haben keine Lust mehr zu arbeiten und bummeln eine ganze Woche. Sie verletzen dadurch vorsätzlich Ihre Arbeitspflicht. Dann kann der Arbeitgeber seine Gegenleistung, die Lohnzahlung, verweigern. Er kann Ihnen aber auch fristlos kündigen.

Das kann der Arbeitgeber nicht immer, wenn Sie Ihre Arbeitspflicht verletzen. Nehmen wir an, Sie verschlafen morgens, verpassen dadurch Ihren Zug und kommen erst Stunden später zur Arbeit. Dann haben Sie Ihre Arbeitspflicht fahrlässig verletzt. Selbstverständlich verlieren Sie deswegen Ihren Lohnanspruch. Ihr Arbeitgeber kann Sie deswegen aber nicht entlassen, es sei denn, Sie sind in der letzten Zeit öfter zu spät gekommen und deswegen abgemahnt worden.

Verletzung der Arbeitspflicht bedeutet also Wegfall des Lohnes, unter Umständen die fristlose Kündigung. Damit aber nicht genug. Sie können sich sogar schadensersatzpflichtig machen, wenn der Arbeitgeber durch Ihre Pflichtverletzung einen Schaden erlitten hat. Konnte Ihr Arbeitgeber durch Ihr Fernbleiben von der Arbeit einen wichtigen Auftrag nicht rechtzeitig erfüllen, kann er Sie wegen des ihm daraus entstehenden Schadens in Anspruch nehmen. Hierzu ein Fall aus der Praxis.

Beispiel:

Tüchtig ist Ingenieur. In seinem Anstellungsvertrag ist eine Kündigungsfrist von drei Monaten zum Quartalsende vereinbart. Überraschend erhält Tüchtig ein sehr vorteilhaftes Angebot einer anderen Firma. Er kann dort zum nächsten Ersten anfangen, angenommen zum 1. September.

Wenn Tüchtig kündigt, kann er also erst zum 31. Dezember bei seinem bisherigen Arbeitgeber ausscheiden. Darauf lässt sich die neue Firma nicht ein; sie will Tüchtig zum 1. September haben. Tüchtig geht zu seinem derzeitigen Chef und bittet ihn, den Arbeitsvertrag im gegenseitigen Einvernehmen mit Wirkung zum 31. August aufzuheben Der Chef ist nicht damit einverstanden, da er für Tüchtig so schnell keinen Ersatz bekommt. Daraufhin erklärt Tüchtig, er scheide zum 31. August aus, was er auch tut.

Wie vorausgesehen, findet die Firma zunächst keinen Ersatzmann. Darunter leidet die Produktion. Trotz vieler Überstunden der beiden Ingenieurskollegen können Termine nicht eingehalten werden; die hergestellte Ware weist Fehler auf, die Firma sieht sich einer Reihe von Schadensersatzprozessen gegenüber. Nach zwei Monaten, nachdem sie in allen möglichen Zeitungen inseriert hat, findet sich endlich ein Ersatzmann. Bis dahin ist der ihr entstandene Schaden erheblich. Diesen Schaden möchte sie von Tüchtig ersetzt haben. Wie ist die Rechtslage?

Die Arbeitspflicht

Tüchtig hat Pech gehabt. Hätte seine alte Firma zum 1. September einen Ersatzmann gefunden, dann wäre ihr kein Schaden entstanden und sie könnte ihn nicht zur Kasse bitten. Tüchtig war bis 31. Dezember zur Arbeitsleistung verpflichtet. Diese Verpflichtung hat er nicht erfüllt. Tüchtig hat daher den durch seine Pflichtverletzung der Firma entstandenen Schaden zu ersetzen. Dazu gehört nicht nur der durch die Produktionsschwierigkeiten entstandene Schaden, sondern er hat auch die Überstundenzuschläge seiner beiden Kollegen, ja sogar die Zeitungsannoncen zu zahlen (aber nur dann, wenn diese Kosten nicht auch bei einer fristgerechten ordentlichen Kündigung des Arbeitnehmers entstanden wären – BAG vom 25. Oktober 1984). Alles in allem eine schöne Bescherung.

Denken Sie also daran, wenn Ihnen ein günstiges Angebot einer anderen Firma zugeht, dass Sie sich schadensersatzpflichtig machen, wenn Sie Ihrer Arbeitspflicht nicht nachkommen, also vertragsbrüchig werden. Unterschreiben Sie vor allen Dingen den Arbeitsvertrag mit der neuen Firma nicht, solange Sie mit Ihrer alten Firma nicht ins Reine gekommen sind. Schon die alten Römer sagten: pacta sunt servanda, d.h. Verträge müssen eingehalten werden.

Sie können sich in diesem Zusammenhang auch nicht auf die Grundsätze der Haftungsbeschränkung bei der so genannten „gefahrgeneigten Arbeit" berufen. Der Schaden, den Sie verursacht haben, ist nicht auf Grund Ihrer Tätigkeit betrieblich veranlasst, sondern ausschließlich durch Ihr vertragswidriges Verhalten bedingt.

Eine Verletzung der Arbeitspflicht durch Nichterfüllung liegt aber nicht vor, wenn der Arbeitnehmer seine Arbeitsleistung deswegen nicht erbringt, weil der Arbeitgeber seinerseits die vertraglichen Verpflichtungen nicht erfüllt. Zahlt der Arbeitgeber z.B. den fälligen Lohn nicht aus, so kann der Arbeitnehmer seinerseits die Arbeit verweigern, bis er seinen ihm zustehenden Lohn erhält. In diesem Falle liegt keine Arbeitsverweigerung vor, sondern der Arbeitnehmer ist gemäß § 273 BGB berechtigt, seine Arbeitsleistung zurückzubehalten (BAG vom 25. Oktober 1984).

Ein Sonderfall der Nichterfüllung liegt bei Streikmaßnahmen vor. Nähere Ausführungen hierzu finden Sie im Kapitel „Das Arbeitskampfrecht".

1.1.5 Schlechterfüllung der Arbeitspflicht

Kommt der Arbeitnehmer seiner Arbeitspflicht nach, ist aber die von ihm erbrachte Leistung mit Mängeln behaftet, spricht man im Arbeitsrecht von einer Schlechterfüllung. Schlechterfüllung liegt daher immer dann vor, wenn der Arbeitnehmer die ihm übertragene Arbeit schlecht ausführt, z.B. das von ihm hergestellte Produkt Fehler hat. Aber auch dann liegt Schlechterfüllung vor, wenn der Arbeitnehmer die ihm zur

Verfügung gestellten Werkzeuge, Maschinen, Geräte usw. beschädigt. Wie bei der Nichterfüllung haftet der Arbeitnehmer bei der Schlechterfüllung nur dann, wenn ihn ein Verschulden trifft. Der Arbeitgeber wird dem Arbeitnehmer wegen einer schuldhaften Schlechterfüllung nur selten außerordentlich kündigen können. Dagegen ist eine ordentliche Kündigung nach vorheriger Abmahnung schon eher möglich. Eine Verminderung oder Verweigerung der Lohn- bzw. Gehaltszahlung wird kaum in Frage kommen. Jedoch hat er in der Regel einen Schadensersatzanspruch gegen den Arbeitnehmer (§ 276 BGB).

Das Bundesarbeitsgericht hat in ständiger Rechtsprechung Sonderregelungen für die Frage der Arbeitnehmerhaftung entwickelt. Diese Grundsätze finden nunmehr durch die so genannte Schuldrechtsreform über die §§ 276, 280, 619a BGB Eingang in das Bürgerliche Gesetzbuch.

Insbesondere § 619 a (in Verbindung mit § 280 Abs. 1) BGB ist wegen der Beweislastumkehr bei Arbeitnehmerhaftung von Bedeutung. Nach dieser Vorschrift haftet der Arbeitnehmer bei Verletzung seiner vertraglichen Pflichten für den entstandenen Schaden nur dann, wenn er die Pflichtverletzung zu vertreten hat.

Im Rahmen des innerbetrieblichen Schadensausgleichs unterscheidet man drei Gruppen von Gläubigern:

a) Arbeitgeber

Erleidet der Arbeitgeber einen Sachschaden, den der Arbeitnehmer schuldhaft verursacht hat (z.B. der Arbeitnehmer beschädigt eine Maschine), dann hat der Arbeitgeber Schadensersatzansprüche gegen den Arbeitnehmer.

Inwieweit der Arbeitnehmer für diesen Sachschaden haften muss, richtet sich nach der Schwere der Sorgfaltspflichtverletzung:

- Bei **leichter Fahrlässigkeit** haftet der Arbeitnehmer nicht.
- Bei **mittlerer Fahrlässigkeit** tritt eine auf den konkreten Einzelfall zugeschnittene Haftungsquotelung ein.
- Bei **grober Fahrlässigkeit und Vorsatz** haftet der Arbeitnehmer grundsätzlich in vollem Umfang.

Allerdings wird der Tatsache, dass Arbeitnehmer nur über begrenzte Einkünfte verfügen und durch den Schadensfall im Arbeitsleben nicht zum Sozialfall werden dürfen, durch eine Reihe von Beschränkungen Rechnung getragen. So begrenzen folgende Kriterien die Gesamthöhe des tatsächlich zu ersetzenden Schadens:

- Verschiedene Gerichte begrenzen bei mittlerer Fahrlässigkeit die Haftungssumme auf ein Bruttomonatsverdienst und bei grober Fahrlässigkeit auf bis zu drei Bruttomonatsgehälter.
- Besteht ein Versicherungsschutz für den Arbeitgeber für den eingetretenen Schaden oder wäre dieser zu versichern gewesen?
- Ist die Tätigkeit besonders risikobehaftet?
- Trifft den Arbeitgeber ein Mitverschulden beim Entstehen des Schadens?

Die Arbeitspflicht

b) Arbeitskollege

Erleidet ein Arbeitskollege einen Sachschaden, den der Arbeitnehmer verursacht hat, ist er schadensersatzpflichtig gemäß § 823 BGB. Allerdings hat er unter Umständen einen Haftungsfreistellungsanspruch bzw. Erstattungsanspruch gegen seinen Arbeitgeber. Das bedeutet, dass der Arbeitgeber den Schadensersatz leisten bzw. dem Arbeitnehmer den geleisteten Schadensersatz zurückerstatten muss.

c) betriebsfremde Dritte

Erleidet beispielsweise ein Kunde einen Sachschaden, den der Arbeitnehmer verursacht hat, gelten die Ausführungen unter b).

In beiden Fällen sind die Haftungsbeschränkungen bei Personenschäden nach §§ 104 bis 106 SGB VII zu beachten.

> **Beispiel:**
>
> Bevor Flott die Brücke hinunterstürzt, gerät er auf die linke Fahrbahnseite und streift einen entgegenkommenden, mit Teer schwer beladenen Lastwagen. Dieser stürzt seitlich die Brücke hinunter auf einen anderen LKW. Der Teer dringt in die Kanalisation ein und verstopft diese. Der Schaden ist so groß, dass er von der Haftpflichtversicherung, die Eilig für den LKW abgeschlossen hat, nicht gedeckt wird.
>
> Wegen des über die Haftsumme hinausgehenden Schadensersatzes wird Flott angegangen. Eilig muss Flott von diesen Ansprüchen freistellen. ■

Auch im folgenden Fall hat das Bundesarbeitsgericht die Grundsätze über den betrieblichen Schadensausgleich angewandt.

> **Beispiel:**
>
> Flott hat leicht fahrlässig gegen eine Bestimmung der Straßenverkehrsordnung verstoßen. Er wird deswegen zu einer Geldstrafe von 100 € verurteilt. Außerdem muss er die Kosten des Verfahrens in Höhe von 50 € tragen.
>
> Da Flott nur leicht fahrlässig, nicht aber fahrlässig oder grob fahrlässig gehandelt hat, muss Eilig ihn zwar nicht von der Strafe, aber von den Gerichtskosten freistellen, d.h. Eilig muss die 50 € zahlen. ■

Unter gewissen Voraussetzungen ist der Arbeitgeber verpflichtet, dem Arbeitnehmer auch den Schaden zu ersetzen, der diesem **bei einer Dienstfahrt an seinem eigenen Fahrzeug** entstanden ist. Das Bundesarbeitsgericht hat in seiner Entscheidung vom 8. Mai 1980 hierzu folgende Grundsätze aufgestellt:

Der Arbeitgeber muss dem Arbeitnehmer die an dem Kraftwagen des Arbeitnehmers ohne Verschulden des Arbeitgebers entstandenen Unfallschäden dann ersetzen, wenn das Fahrzeug mit Billigung des Arbeitgebers ohne besondere Vergütung im Betätigungsbereich des Arbeitgebers eingesetzt war. Ein solcher Einsatz ist immer dann anzunehmen, wenn ohne Einsatz des Fahrzeuges des Arbeitnehmers der Arbeitgeber ein eigenes Fahrzeug einsetzen und damit dessen Unfallgefahr tragen müsste. Der Entscheidung des Bundesarbeitsgerichts lag folgender Sachverhalt zu Grunde:

Eine Sozialarbeiterin hatte einen räumlich relativ großen Stadtteil zu betreuen. Für ihre Dienstgänge benutzte sie daher mit Billigung des Arbeitgebers ihr eigenes Kraftfahrzeug und erhielt von dem Arbeitgeber dafür ein Kilometergeld von 0,30 €. An einer Ampelanlage fuhr sie mit ihrem Kraftfahrzeug auf einen vorherfahrenden Kraftwagen auf, als dieser überraschend bremste.

Die Haftpflichtversicherung des Unfallbeteiligten erstattete der Sozialarbeiterin von dem Sachschaden in Höhe von 750 € einen Betrag in Höhe von 240 €. Die Sozialarbeiterin verlangte von ihrem Arbeitgeber die Erstattung von 320 €, was dieser ablehnte.

Das Bundesarbeitsgericht führte aus, die Sozialarbeiterin hätte den Unfallschaden selbst tragen müssen, wenn die Benutzung des Autos zu ihrem persönlichen Lebensbereich gehört hätte. Das wäre etwa der Fall, wenn sie ihre Dienstaufgaben ebenso gut oder fast ebenso gut ohne Auto hätte erledigen können und das Auto nur zur persönlichen Erleichterung benutzt hätte. Hätte die Klägerin dagegen den Bezirk, den sie betreute, ohne Auto gar nicht geordnet bewältigen können und hätte ohne ihr Auto der Arbeitgeber ein eigenes oder anderes Fahrzeug zur Verfügung stellen und das damit verbundene Unfallrisiko selbst tragen müssen, damit der Bezirk der Sozialarbeiterin geregelt hätte versorgt werden können, dann gehöre die Benutzung des Fahrzeugs in den Tätigkeitsbereich des Arbeitgebers und dieser habe dann das Unfallrisiko der Arbeitnehmerin zu tragen. Das Bundesarbeitsgericht führt weiter aus, dass der Arbeitgeber in diesem Fall die Arbeitnehmerin in gleicher Weise zu entlasten habe, wie er das bei gefahrgeneigter Arbeit tun müsse.

Daraus ergibt sich, dass ein Arbeitnehmer den ihm entstandenen Schaden nicht allein und sogar überhaupt nicht selbst zu tragen braucht, wenn er ohne Auto die Tätigkeit, zu der er auf Grund des Arbeitsvertrages verpflichtet ist, nicht ordnungsgemäß ausüben kann.

Werden solche Vereinbarungen getroffen, um die Haftung des Arbeitnehmers für Waren- oder Kassenfehlbestände zu regeln und die Durchsetzung von Schadensersatzansprüchen des Arbeitgebers zu erleichtern, spricht man von einer Mankoabrede bzw. von einer **Mankohaftung**.

Nach neuester Rechtsprechung des BAG (vom 17. September 1998 – 8 AZR 175/97) werden die Grundsätze der Haftungsbeschränkung der „gefahrgeneigten Arbeit" auch bei der so genannten Mankohaftung grundsätzlich angewandt. Eine vertragliche Vereinbarung über die – ausnahmslose – Haftung des Arbeitnehmers ist nur

Die Pflicht, Weisungen zu befolgen

zulässig, wenn dem Arbeitnehmer ein gleichwertiger Ersatz („Mankogeld") geleistet wird. Dieses Mankogeld muss in Relation zum Haftungsrisiko stehen.

Die Arbeitspflicht ist nicht die einzige Pflicht des Arbeitnehmers. Vielmehr können sich aus dem Arbeitsverhältnis eine ganze Reihe von Pflichten ergeben. Wir beschränken uns auf die beiden wesentlichsten: die Gehorsamspflicht, die man besser als Weisungsgebundenheit bezeichnen sollte, und die Treuepflicht.

1.2 Die Pflicht, Weisungen zu befolgen

Im Rahmen des Arbeitsverhältnisses hat der Arbeitgeber das Recht, dem Arbeitnehmer Weisungen zu erteilen (so genanntes Direktionsrecht). Der Arbeitnehmer ist an diese Weisungen gebunden.

In diesem Zusammenhang spielt die Neufassung der GewO zum 1. Januar 2003 eine wesentliche Rolle.

Das **Weisungsrecht** des Arbeitgebers nach § 106 GewO n.F. beinhaltet das Recht, Inhalt, Ort und Zeit der Arbeitsleistung nach billigem Ermessen näher bestimmen zu können. Dieses Weisungsrecht ist nur dort eingeschränkt, wo Arbeitsbedingungen durch Arbeitsvertrag, Tarifvertrag oder durch eine Betriebsvereinbarung festgelegt sind. Darüber hinaus hat der Arbeitgeber ein einseitiges Bestimmungsrecht, wobei er bei der Ausübung seines Ermessens die wesentlichen Umstände des Einzelfalles zu berücksichtigen und die beiderseitigen Interessen angemessen abzuwägen hat (§ 315 BGB).

Hinsichtlich der **Ermessensausübung** schreibt der Gesetzgeber vor, dass der Arbeitgeber auf Behinderungen der Arbeitnehmer Rücksicht zu nehmen hat. Der Begriff Behinderung geht über den Begriff der Schwerbehinderung hinaus, so dass auch die Arbeitnehmer Berücksichtigung finden, die nur eine „leichte" Behinderung haben, aber keine schwerbehinderten Menschen nach den Vorschriften des SGB IX sind.

In Betrieben mit Betriebsrat ist in diesen Fällen § 87 Abs. 1 Ziffer 5 BetrVG zu beachten; danach hat der Betriebsrat, wenn zwischen einzelnen Arbeitnehmern und dem Arbeitgeber bezüglich der endgültigen Festlegung des Urlaubs keine Übereinstimmung erzielt wird, ein Mitbestimmungsrecht. Überhaupt wird ähnlich wie in diesem Fall das Direktionsrecht des Arbeitgebers in vielen Fällen durch das Mitbestimmungsrecht des Betriebsrates eingeschränkt.

Ist der Arbeitnehmer für eine bestimmte Tätigkeit angenommen worden (z.B. die eines Exportkaufmanns oder Teppichverkäufers), so wird diese zum Vertragsinhalt.

Wird dagegen bei der Einstellung wie im Regelfall die Tätigkeit nur fachlich umschrieben (zum Beispiel als Maurer, Schlosser), so kann der Arbeitgeber sämtliche Arbeiten zuweisen, die sich innerhalb des vereinbarten Berufsbildes halten.

Ist dagegen die zu leistende Arbeit nur ganz generalisierend umschrieben worden (als Hilfsarbeiter), so muss der Arbeitnehmer jede Tätigkeit verrichten, die dem billigen Ermessen entspricht (§ 315 BGB) und bei Vertragsabschluss voraussehbar war.

Grundsätzlich kann der Arbeitgeber dem Arbeitnehmer auf Dauer keine andere als nach dem Arbeitsvertrag geschuldete Arbeit zuweisen (Versetzung). Der Umfang des Versetzungsrechts bestimmt sich mithin nach dem Inhalt des Arbeitsvertrages.

Ist nach dem Inhalt des Arbeitsvertrages auf Grund des Weisungsrechtes eine Versetzung nicht möglich, so bedarf es zur Übertragung höher- oder geringerwertiger Arbeit eines **Änderungsvertrages** oder einer **Änderungskündigung.**

Überschreitet der Arbeitgeber die Grenzen seiner Weisungsbefugnis, so ist der Arbeitnehmer zur Verweigerung der zugewiesenen Arbeit berechtigt.

Geht der Arbeitnehmer auf eine an sich gesetzeswidrige Versetzungsanordnung ein und verrichtet längere Zeit die von ihm verlangte Arbeit, so kann es hierdurch zu einer stillschweigenden Vertragsänderung kommen.

Nicht jede das Direktionsrecht überschreitende Versetzungsanordnung kann als Änderungskündigung aufgefasst werden. Dies ist nur dann der Fall, wenn sich aus der Änderung eindeutig ergibt, dass in jedem Fall eine Umgestaltung des Arbeitsvertrages – notfalls um den Preis einer Beendigung – gewollt ist.

Weisungsgebundenheit besteht auch dann nicht, wenn die vom Arbeitgeber geforderte Handlung dem Arbeitnehmer nach Art und Inhalt der Arbeitspflicht nicht zumutbar ist.

Weist z.B. ein Arbeitgeber seinen Kraftfahrer an, einen LKW zu steuern, dessen Reifen total abgefahren sind, so braucht der Arbeitnehmer dieser Weisung nicht zu folgen. Es liegt in diesem Falle keine Arbeitsverweigerung vor, sondern der Arbeitnehmer ist gemäß § 273 BGB berechtigt, seine Arbeitsleistung zurückzubehalten. Ebenso darf der Arbeitgeber dem Arbeitnehmer keine Arbeit zuweisen, die diesen in einen vermeidbaren Gewissenskonflikt bringt. So kann sich z.B. ein Drucker weigern, faschistisches, militaristisches oder antidemokratisches Werbematerial zu drucken (BAG vom 20. Dezember 1984, vgl. zu diesem Thema auch BAG vom 24. Mai 1989).

Wie festgestellt, bezieht sich die Weisungsgebundenheit nur auf das Arbeitsverhältnis; in wenigen Ausnahmefällen erstreckt sie sich aber auch auf das außerbetriebliche Verhalten des Arbeitnehmers, nämlich dann, wenn durch das Verhalten die Betriebsinteressen geschädigt oder gefährdet werden. Macht es Ihnen Spaß, Ihren Feierabend regelmäßig bis zum frühen Morgen in einer Gaststätte zu verbringen, so hat an sich niemand was dagegen. Leidet aber Ihre Arbeitsleistung darunter, kann der Arbeitgeber auf Unterlassung bestehen. Im Übrigen kommt es auf die Einzelumstände an. Ein leitender Angestellter eines seriösen Unternehmens in der Kleinstadt, der einen skandalösen Lebenswandel führt, sollte sich bemühen, diesen aufzugeben, wenn sein Chef es verlangt, weil die Interessen des Betriebes geschädigt werden. Er ist insoweit weisungsgebunden.

Nebentätigkeiten in der Freizeit sind nur dann untersagt, wenn dies sich aus dem Arbeitsvertrag oder einer Kollektivvereinbarung ergibt und der Arbeitgeber ein berechtigtes Interesse an dem Verbot hat, wenn die Arbeitskraft beeinträchtigt wird (Übermüdung), die Wettbewerbsbelange des Arbeitgebers verletzt werden, Schwarzarbeit verrichtet oder gegen Arbeitsschutzvorschriften verstoßen wird. Sonst kann der Arbeitnehmer über seine Freizeit ohne Einschränkung verfügen.

Es gibt allerdings tarifvertragliche bzw. gesetzliche Bestimmungen für bestimmte Personengruppen, so z.b. der BAT und das saarländische Beamtengesetz in Verbindung mit der Nebentätigkeitsverordnung. Diese Vorschriften sind bei Beamten und Angestellten des öffentlichen Dienstes bei der Genehmigung bzw. Versagung einer Nebentätigkeit zu beachten.

1.3 Die Treuepflicht

Die Treuepflicht ist die Pflicht des Arbeitnehmers, **sich nach besten Kräften für die Interessen des Arbeitgebers und des Betriebes einzusetzen.** Insbesondere hat der Arbeitnehmer die Pflicht, Arbeitgeber und Betrieb vor Schäden zu bewahren. Die Treuepflicht ist das Gegenstück zur Fürsorgepflicht des Arbeitgebers.

Die Treuepflicht ist für die einzelnen Arbeitnehmer desselben Betriebes nicht gleich groß. Sie ist umso ausgeprägter, je stärker die persönlichen Beziehungen zwischen Arbeitgeber und Arbeitnehmer sind. Für einen ungelernten Arbeiter ist sie demnach nicht so bedeutsam wie etwa für den Prokuristen des Betriebes. Die Treuepflicht besteht in erster Linie in dem Unterlassen von Handlungen, die den Arbeitgeber wirtschaftlich schädigen können, sie kann aber auch die Verpflichtung zu einem positiven Tun beinhalten.

Haben Sie z.B. Kenntnis davon, dass es nicht gut um das Unternehmen steht, in dem Sie beschäftigt sind, dürfen Sie das nicht an die große Glocke hängen. Sie müssen auch alles unterlassen, was den Kredit oder den Ruf Ihres Unternehmens gefährdet. Fühlen Sie sich schlecht entlohnt, können Sie zwar Ihrem Arbeitgeber mit einer Kündigung drohen, Sie dürfen Ihre Kollegen aber nicht zu einem rechtswidrigen Streik auffordern. Sie dürfen keine Betriebs- und Geschäftsgeheimnisse ausplaudern. Insbesondere dürfen Sie keine Schmiergelder annehmen.

> **Beispiel:**
>
> Unehr ist Einkäufer in einem Bürobetrieb. Neben dem Einkauf von Schreibmaterial ist er auch für den Kauf von Schreib- und Rechenmaschinen verantwortlich. Er erhält von seiner Firma den Auftrag, zehn Schreibmaschinen zum günstigsten Preis zu kaufen. Er holt Angebote von vier verschiedenen Firmen ein. Die Firma Trüb macht das teuerste Angebot, bietet aber Unehr eine Maschine für seinen privaten Gebrauch als Geschenk an. Er bestellt daraufhin die zehn Maschinen bei der Firma Trüb. Hartmann, sein Arbeitgeber, erfährt zufällig von dieser Sache; er entlässt ihn fristlos.
>
> Dass hier ein besonders krasser Verstoß gegen die Treuepflicht vorliegt, bedarf keiner Begründung. Die Kündigung ist eindeutig gerechtfertigt. Außerdem stellt dieses Verhalten eine strafbare Handlung dar. ■

Machen Sie sich jetzt aber keine Sorge, wenn Ihnen kleine Geschenke – etwa Taschen- oder Wandkalender, Druckstifte oder Werbematerial – angeboten werden. Selbstverständlich dürfen Sie diese Dinge annehmen, ohne die Treuepflicht zu verletzen. Seien Sie aber vorsichtig, wenn es mehr ist und man von Ihnen ein pflichtwidriges Verhalten erwartet.

Des Weiteren dürfen Sie keinen Wettbewerb gegen Ihren Arbeitgeber betreiben und auch nicht Konkurrenzunternehmen durch Rat und Tat unterstützen.

Zu einem positiven Tun sind Sie z.B. verpflichtet, wenn es gilt, dem Arbeitgeber einen **drohenden oder bereits eingetretenen Schaden, Missstände und Unregelmäßigkeiten anzuzeigen.** Entdeckt der Buchhalter, dass der Kassierer Unterschlagungen begangen hat, ist er selbstverständlich zur Anzeige verpflichtet. Aber auch der Arbeiter, der im Produktionsablauf seiner Firma eine Störung entdeckt, sei sie noch so unbedeutend, ist zur Anzeige verpflichtet.

Die Treuepflicht endet grundsätzlich mit dem Ende des Arbeitsverhältnisses. Ausnahmen von diesem Grundsatz gibt es nur in wenigen Einzelfällen hinsichtlich der Verschwiegenheitspflicht und des Wettbewerbsverbots.

Damit haben wir die wesentlichen Pflichten, die sich für den Arbeitnehmer aus dem Arbeitsverhältnis ergeben, erörtert.

2 Die Pflichten des Arbeitgebers

Aus dem Arbeitsverhältnis ergeben sich für den Arbeitgeber im Wesentlichen drei Pflichten: die Lohnzahlungspflicht, die Fürsorgepflicht und die Pflicht zur Gewährung von Erholungsurlaub.

2.1 Die Lohnzahlungspflicht

Der Arbeitspflicht des Arbeitnehmers entspricht von Seiten des Arbeitgebers die Lohnzahlungspflicht. Ist die Arbeitspflicht die wichtigste Pflicht des Arbeitnehmers, so ist die Lohnzahlungspflicht die wichtigste Pflicht des Arbeitgebers. Die Lohnzahlungspflicht besteht auch ohne ausdrückliche Vereinbarung, wenn die Arbeitsleistung den Umständen nach nur gegen eine Vergütung zu erwarten ist (§ 612 BGB).

Die **Berechnung und Zahlung des Arbeitsentgeltes** ist nun in § 107 GewO n.F. geregelt. Danach ist die Gewährung von Sachbezügen als Arbeitsentgelt möglich, soweit dies im Interesse des Arbeitnehmers ist (z.B. Überlassung eines Kraftfahrzeuges, das der Arbeitnehmer auch privat nutzen kann), oder eine solche Vereinbarung der Eigenart des Arbeitsverhältnisses entspricht (beispielsweise in der Gastronomie oder im Brauereigewerbe werden üblicherweise Deputate überlassen und zum Teil als anrechenbares Arbeitsentgelt gewertet).

Arbeitgebern untersagt die Vorschrift des § 107, Arbeitnehmern **Waren auf Kredit** zu überlassen. Damit wird verhindert, dass eine zusätzliche wirtschaftliche Abhängigkeit des Arbeitnehmers vom Arbeitgeber entsteht.

Der Arbeitgeber darf dem Arbeitnehmer Waren zum durchschnittlichen Selbstkostenpreis überlassen und diesen Betrag vom Arbeitsentgelt einbehalten. Jedoch muss der Arbeitgeber mindestens das Arbeitsentgelt in Höhe des Pfändungsfreibetrages in Geld leisten – nach § 850 c der Zivilprozessordnung, wobei die Höhe abhängig ist vom Familienstand und den Unterhaltsverpflichtungen des Arbeitnehmers.

Davon unberührt bleibt die gesetzliche Bestimmung des BBiG, wonach Sachbezüge 75% der Bruttovergütung eines **Auszubildenden** nicht übersteigen dürfen. Des Weiteren bleibt auch der Sachbezug unberührt, wenn z.B. freie Unterkunft und Logis zusätzlich zum Arbeitsentgelt gewährt werden.

Die **Abrechnung des Arbeitsentgeltes** wird nun in § 108 GewO n.F. geregelt. Danach ist der Arbeitgeber verpflichtet, eine schriftliche Lohnabrechnung bei Fälligkeit des Arbeitsentgeltes auszuhändigen, die Mindestangaben enthalten muss:

- Dauer des Abrechnungszeitraums
- Zusammensetzung des Arbeitsentgeltes nach
    - Art und Höhe der Zuschläge
    - Zulagen
    - Art und Höhe der Abzüge
    - Abschlagszahlungen
    - Vorschüssen

Die **Länge des Abrechnungszeitraums** ist gesetzlich nicht geregelt und muss somit von den Parteien vereinbart werden. In dem Abrechnungszeitraum, in welchem sich gegenüber zu der letzten ordnungsgemäß erteilten Abrechnung keine Änderung ergeben hat, entfällt die Pflicht zur Erteilung einer Lohnabrechnung. Der Zeitpunkt der **Fälligkeit der Vergütung** sollte ausdrücklich vereinbart werden!

2.1.1 Lohnhöhe

Die Lohnhöhe wird in der Regel im **Einzelarbeitsvertrag oder im Tarifvertrag** festgelegt. Wer Rechtsanspruch auf Tariflohn hat, wissen Sie noch (vgl. Ziffer 2 auf Seite 20). Fehlt eine derartige Vereinbarung, ist die **ortsübliche Vergütung zu zahlen** (§ 612 BGB). Der ortsübliche Lohn ist nicht gleich dem Tariflohn. Er kann daher für einen nichttarifgebundenen Arbeitnehmer unter dem Tariflohn liegen. Das ist der Fall, wenn in der betreffenden Branche die Mehrzahl der Arbeitnehmer nicht nach Tarifvertrag bezahlt wird.

2.1.2 Entgeltzahlung an Feiertagen

Für Arbeitszeit, die infolge eines gesetzlichen Feiertages ausfällt, hat der Arbeitgeber gemäß § 2 Abs. 1 des Entgeltfortzahlungsgesetzes dem Arbeitnehmer das Arbeitsentgelt zu zahlen, das er ohne Arbeitsausfall erhalten hätte. Nach dem **Lohnausfallprinzip** hat der Arbeitgeber dem Arbeitnehmer den Lohn zu vergüten, den er verdient hätte, wenn er an diesem Tag gearbeitet hätte. Leistet ein Arbeitnehmer in einem Betrieb regelmäßig Mehrarbeit (Überstunden), so muss der Arbeitgeber auch diese vergüten (BAG-Urteil vom 23. September 1960).

Ist im Betrieb die Fünf-Tage-Woche eingeführt und soll die an einem Wochenfeiertag ausgefallene Arbeit an dem sonst freien Samstag nachgeholt werden, ist sowohl für den Feiertag als auch für den Samstag der übliche Lohn zu zahlen. Dies gilt auch dann, wenn z. B. eine Teilzeitbeschäftigte nur an bestimmten Tagen in der Woche arbeitet.

> **Beispiel:**
>
> Frau Teilmann arbeitet montags, mittwochs und freitags. Ein Feiertag fällt auf den Mittwoch. Dann muss der Lohn für den Mittwoch bezahlt werden. Muss sie donnerstags die ausgefallene Arbeit nachholen, ist der Donnerstag zusätzlich zu bezahlen. ■

Der Anspruch auf Feiertagsbezahlung entfällt, wenn der Arbeitnehmer am Tag vor oder nach dem Feiertag unentschuldigt der Arbeit fernbleibt (§ 2 Abs. 3 EFZG).

Im Falle von Kurzarbeit hat der Arbeitnehmer einen Anspruch auf Feiertagslohn gegen den Arbeitgeber, allerdings nur in Höhe des Kurzarbeitergeldes (BAG vom 5. Juli 1979). In diesem Falle muss aber der Arbeitgeber die Sozialversicherungsbeiträge allein tragen. Lohnsteuer ist hingegen einzubehalten und abzuführen, ohne dass der

Die Lohnzahlungspflicht

Arbeitgeber dafür einen Ausgleich an den Arbeitnehmer zahlen müsste (BAG vom 8. Mai 1984).

Feiertagsarbeit ist nach § 9 ArbZG grundsätzlich verboten. Ausnahmen von diesem Verbot sind zulässig (§§ 10 ff. ArbZG). Ist eine Ausnahmegenehmigung erteilt, kann vertraglich Feiertagsarbeit vereinbart werden, die dann normal zu vergüten ist. Anspruch auf einen Feiertagszuschlag besteht nur dann, wenn dieser in einem Tarifvertrag oder Einzelarbeitsvertrag vereinbart wurde; eine gesetzliche Regelung besteht in dieser Hinsicht nicht.

2.1.3 Lohnzuschläge

In der Praxis werden die Zuschlagsregelungen der Tarifverträge, die weit niedrigere Wochenarbeitszeiten vorsehen, angewandt (hier spricht man von Überstunden). Aber denken Sie daran, dass in der Regel nur der einen Rechtsanspruch auf Leistungen eines Tarifvertrages hat, der Mitglied der betreffenden Gewerkschaft ist. Das Gleiche gilt für Zuschläge bei besonderen Arbeitserschwernissen, z. B. Nachtarbeit, Schmutz, Hitze, die nicht durch Gesetz, häufig aber durch Tarifverträge festgelegt sind.

2.1.4 Lohnformen

Beim Lohn unterscheidet man **Zeit- und Akkordlohn**. Beim Zeitlohn bestimmt sich das Entgelt nach der Arbeitszeit ohne Rücksicht darauf, ob der Arbeitnehmer viel oder wenig in dieser Zeit geleistet hat. Dagegen richtet sich beim Akkordlohn die Entlohnung nach der Menge der geleisteten Arbeit.

Darüber hinaus unterscheiden wir aber noch weitere Lohnformen. So kann vereinbart werden, dass dem Arbeitnehmer neben einer festen Vergütung, dem so genannten Fixum, Lohn bzw. Gehalt in Form einer Umsatzbeteiligung (Provision), einer Gewinnbeteiligung (Tantieme) oder Prämie gezahlt wird. Eine weitere häufig vorkommende Lohnform ist die Gratifikation.

2.1.5 Gratifikation

Die Gratifikation ist eine Sonderzuwendung, die dem Arbeitnehmer neben dem normalen Lohn aus einem bestimmten Anlass – z.B. zu Weihnachten, wegen des Urlaubs, zum Jahresabschluss oder zu einem Jubiläum – gezahlt wird. Die Gratifikation ist kein Geschenk, sondern ein **zusätzliches Entgelt als Anerkennung für geleistete Dienste und auch Anreiz für weitere Dienstleistungen**. Sie ist somit Lohnbestandteil. In der Praxis kommt die Weihnachtsgratifikation am häufigsten vor. Mit ihr werden wir uns daher näher befassen. Wir machen Sie aber darauf aufmerksam, dass die für die Weihnachtsgratifikation entwickelten Grundsätze, wie sie hier erörtert werden, in der Regel auch auf die übrigen Gratifikationen, so z.B. auf das zusätzliche Urlaubsgeld, angewandt werden.

Dagegen können diese Grundsätze nicht auf das so genannte 13. Monatsgehalt oder sonstige Sonderzuwendungen angewandt werden, soweit sie in das Vergütungsgefüge eingebaut sind und bislang geleistete Dienste abgelten sollen.

Bei einem entsprechenden Vorbehalt ist der Arbeitgeber zur Auszahlung der Weihnachtsgratifikation nur dann verpflichtet, wenn der Arbeitnehmer bei Fälligkeit **bzw. bei Auszahlung der Gratifikation noch im Betrieb ist.** Ist das nicht der Fall, hat der Arbeitnehmer bei Vorliegen des oben genannten Vorbehaltes weder einen vollen noch einen anteiligen Anspruch auf die Gratifikation.

Handelt es sich dagegen um das **13. Monatsgehalt** oder eine ähnliche Sonderzuwendung, hat der Arbeitnehmer, je nachdem, wann er im Laufe des Jahres ausscheidet, **Anspruch auf anteilige Gewährung** dieser Sonderzuwendungen, auch wenn er nicht mehr in den Diensten des Arbeitgebers steht. Lassen die vom Arbeitgeber aufgestellten Anspruchsbedingungen nicht deutlich Gratifikationscharakter erkennen, so ist im Zweifelsfall von einer im Vergütungsgefüge eingebauten Sonderzuwendung auszugehen, die allein Leistungen des Arbeitnehmers in der Vergangenheit abgelten will. Scheidet der Arbeitnehmer in diesem Fall vorzeitig aus, so erhält er die Sonderzuwendung anteilmäßig für die Zeit seiner Betriebszugehörigkeit.

Rechtsanspruch auf die Weihnachtsgratifikation

Rechtsanspruch auf eine Weihnachtsgratifikation hat der Arbeitnehmer, für den in einem auf sein Arbeitsverhältnis anwendbaren Tarifvertrag, in einer Betriebsvereinbarung oder in einem Einzelarbeitsvertrag die Gewährung einer Weihnachtsgratifikation vorgesehen ist. Darüber hinaus hat aber die Rechtsprechung eine Möglichkeit geschaffen, die es dem Arbeitnehmer gestattet, auf eine besondere Art einen Rechtsanspruch zu erwerben.

Beispiel:

Laut und Wild streiten sich heftig. Laut behauptet, der Arbeitgeber, der drei Jahre hintereinander die Weihnachtsgratifikation gezahlt habe, sei verpflichtet, auch in Zukunft die Gratifikation zu zahlen. Wild sagt, das könne unmöglich richtig sein, denn sein Arbeitgeber habe in den vergangenen drei Jahren Gratifikationen gezahlt, dieses Jahr habe er sich geweigert, und das Arbeitsgericht habe ihm Recht gegeben. Was meinen Sie, wer Recht hat?

Es stimmt, dass man dann, wenn der Arbeitgeber in drei aufeinander folgenden Jahren eine Weihnachtsgratifikation zahlt, einen Rechtsanspruch für die Zukunft erwirbt, jedoch nur unter der weiteren Voraussetzung, dass der Arbeitgeber die Gratifikation ohne Vorbehalt gezahlt hat. ■

Hat der Arbeitgeber seinen Arbeitnehmern mitgeteilt – z.B. durch Aushang, Rundschreiben oder mündlich –, dass er sich die **Freiwilligkeit der Leistung** vorbehal-

Die Lohnzahlungspflicht

te oder dass er die Zahlung der Weihnachtsgratifikation für die Zukunft widerrufen könne, erwirbt der Arbeitnehmer nur hinsichtlich der für das laufende Jahr freiwillig zugesagten Leistung einen Rechtsanspruch. Er kann hieraus keinen Anspruch für die folgenden Jahre ableiten.

Zahlt der Arbeitgeber dagegen **ohne diesen Vorbehalt,** erwirbt der Arbeitnehmer einen Rechtsanspruch auf Zahlung der Weihnachtsgratifikation für die Zukunft. **Zahlt der Arbeitgeber im vierten Jahr nicht mehr, so kann der Arbeitnehmer den Anspruch einklagen.** Das LAG Hamm (Revision zum BAG zugelassen) gelangte im September 2004 entgegen der älteren Rechtsprechung des BAG zu dem Ergebnis, dass die Kürzung einer auf Grund betrieblicher Übung gezahlten Gratifikation bei wirtschaftlicher Notlage des Arbeitgebers nicht in Betracht kommt. Auch den vollständigen Wegfall der Gratifikation aus Gründen der Treuepflicht des Arbeitnehmers verneint nun das Gericht. Die Begründung: „Ohne besondere Anhaltspunkte kann das Wirtschaftsrisiko des Arbeitgebers auch nicht als Geschäftsgrundlage (§ 313 BGB n.F.) der Gratifikationszuwendung angesehen werden."

Höhe der Weihnachtsgratifikation

Hat der Arbeitnehmer einen Rechtsanspruch auf Zahlung der Weihnachtsgratifikation, richtet sich die Höhe der Gratifikation ebenfalls **nach der getroffenen Vereinbarung oder nach der betrieblichen Übung.**

Beispiel:

Redlich gewährt seinen Arbeitnehmern seit langem eine Weihnachtsgratifikation, deren Höhe sich nach dem Geschäftsgewinn richtet. Eine ausdrückliche Vereinbarung wurde nicht getroffen. Nachdem er drei Jahre lang hintereinander gleich hohe Gratifikationen ausgezahlt hat, weil der Gewinn der gleiche war, zahlt er im vierten Jahr weniger. Schlau klagt auf Zahlung einer Weihnachtsgratifikation in Höhe der letzten drei Jahre. Wird er den Prozess gewinnen?

Nein. Hier war kraft betrieblicher Übung die Höhe der Weihnachtsgratifikation von der Höhe des Gewinns abhängig. Die Tatsache, dass der Gewinn drei Jahre hintereinander gleich hoch war, ist daher nicht von Bedeutung. ■

Die betriebliche Übung kann auch dahin gehen, dass der Arbeitgeber die Höhe der Weihnachtsgratifikation von Jahr zu Jahr nach freiem Ermessen bestimmt. Dann hat der Arbeitnehmer einen Rechtsanspruch nur auf die vom Arbeitgeber jeweils festgelegte Weihnachtsgratifikation.

Dies gilt allerdings nicht, wenn der Arbeitgeber gewisse Mindestsummen bisher nicht unterschritten hat und jetzt nur noch geringfügige Beträge als Gratifikation auszahlen will. Selbst wenn der Arbeitgeber mit Verlusten arbeitet, kann er die Höhe der Weihnachtsgratifikation nicht willkürlich, sondern nur nach billigem Ermessen festsetzen (§ 315 BGB). Hält er sich nicht an diese Regelung, hat das Gericht die Höhe der Weihnachtsgratifikation festzusetzen (§ 315 Abs. 3 BGB).

Hat der Arbeitgeber sich die Freiwilligkeit der Leistung vorbehalten, besteht also kein Rechtsanspruch, kann er nicht nur von Jahr zu Jahr bestimmen, ob, sondern auch in welcher Höhe die Gratifikation gezahlt wird.

Gleichbehandlung

Die Höhe der Gratifikation muss nicht für alle Arbeitnehmer des Betriebes gleich sein. Der Arbeitgeber verstößt nicht gegen den Grundsatz der Gleichbehandlung, wenn er innerhalb der Belegschaft Gruppen bildet und die Höhe der Weihnachtsgratifikation z.B. **nach der Dauer der Betriebszugehörigkeit, Alter, Schwere der Arbeit, Kinderzahl usw. staffelt.** Er darf sich allerdings bei der Staffelung nicht von unsozialen Gesichtspunkten leiten lassen und auch nicht gegen seine Fürsorgepflicht verstoßen.

Beispiel:

Frau Tannenbaum arbeitet seit Jahren bei der Firma Nikolaus. Seitdem sie in der Firma ist, erhält sie an Weihnachten eine Gratifikation in Höhe von 300 €. Im Jahre 1982 entbindet sie. Während der Schutzfrist hat sie gemäß § 3 Abs. 2 und § 6 MuSchG selbstverständlich nicht gearbeitet. Sie hat auch sechs Wochen in diesem Jahr wegen Krankheit gefehlt, was bisher noch nie der Fall war. An Weihnachten erhält sie eine Gratifikation von nur 200 €. Als sie deswegen mit ihrem Chef spricht, macht er sie darauf aufmerksam, dass seit Jahren hinsichtlich der Weihnachtsgratifikation die Regelung besteht, dass Fehlzeiten – gleich aus welchem Grund – die Gratifikation vermindern. Diese Regelung sei am schwarzen Brett veröffentlicht worden. Frau Tannenbaum lässt sich nicht überzeugen. Sie hält diese Regelung nicht für gerecht und klagt die ausstehenden 100 € ein. Wird sie Erfolg haben?

Entgegen seinem im Urteil vom 19. Mai 1982 vertretenen Standpunkt hat das Bundesarbeitsgericht später entschieden (Urteil vom 15. Februar 1990), dass der Arbeitgeber hinsichtlich der durch Krankheit verursachten Fehltage eine derartige Regelung treffen kann. Somit hat Frau Tannenbaum nur insoweit Aussicht, den Prozess zu gewinnen, als nach Abzug der Krankheitstage etwas von der Weihnachtsgratifikation übrig bleibt. ■

Einzelnen Arbeitnehmern kann er die Zahlung nur aus wichtigem Grund verweigern, so z.B. bei grober Verletzung der Treuepflicht (streitig, soweit der Arbeitnehmer einen Rechtsanspruch auf die Weihnachtsgratifikation hat). War der Arbeitnehmer über längere Zeit krank, so ist das in der Regel kein Grund, ihm die Gratifikation vorzuenthalten.

Die Lohnzahlungspflicht

In der Vergangenheit wurde die Gratifikation mitunter mit einer **Anwesenheitsprämie** verbunden. Fehlte der Arbeitnehmer im laufenden Jahr, so verminderte sich die Gratifikation pro Fehltag um einen entsprechenden Betrag. Das galt auch für entschuldigte Fehltage.

Hinsichtlich der **Fehltage wegen Krankheit** ist Folgendes zu bemerken: Das Bundesarbeitsgericht hat in dieser Frage in relativ kurzer Zeit dreimal seine Meinung geändert. Nachdem es in seiner Entscheidung vom 19. Mai 1980 klargestellt hat, dass – entgegen seiner früheren Rechtsprechung – Fehltage wegen Krankheit überhaupt nicht auf die Sonderzuwendung angerechnet werden dürfen, hat es durch das vorgenannte Urteil aus dem Jahre 1984 seine Meinung dahin gehend geändert, dass eine Anrechnung erfolgen kann, wenn der Lohnfortzahlungszeitraum des § 1 Entgeltfortzahlungsgesetz (sechs Wochen) überschritten wurde. Nach seinen neuesten Entscheidungen (15. Februar 1990 und 23. August 1990) kehrt es wieder zu seinem alten Standpunkt zurück, wonach bei Vorliegen einer entsprechenden Vereinbarung eine Kürzung der Sonderzuwendung auch im Falle einer weniger als sechs Wochen andauernden Arbeitsunfähigkeit zulässig sein soll. Jedoch darf die Kürzungsrate pro Fehltag 1/60 der versprochenen Weihnachtsgratifikation nicht übersteigen.

Hat Frau Tannenbaum nach Ablauf der Mutterschutzfrist Elternzeit angetreten, so muss zunächst geklärt werden, ob sie überhaupt einen Anspruch auf Zahlung der Weihnachtsgratifikation hat [1]. Ist dies der Fall, darf die Gratifikation auch nicht auf Grund der Anwesenheitsprämie gekürzt werden (mit Ausnahme der Krankheitstage).

Wegfall des Gratifikationsanspruchs

Treten Sie während des Jahres – vielleicht sogar schon Mitte Januar – in einen Betrieb ein, so haben Sie nur dann Anspruch auf die Weihnachtsgratifikation, wenn eine entsprechende Vereinbarung zwischen Ihnen und dem Arbeitgeber getroffen wurde oder Sie sich auf einen Tarifvertrag oder eine betriebliche Übung berufen können. Schlechter sieht es für Sie aus, wenn Sie vor Zahlung der Weihnachtsgratifikation aus dem Betrieb ausscheiden. Dann haben Sie nämlich keinen Anspruch auf die Gratifikation, auch nicht anteilig, es sei denn, es ist ausdrücklich etwas anderes vereinbart.

Sind Sie zum Zeitpunkt der Auszahlung noch nicht ausgeschieden, aber in gekündigter Stellung, so ergibt sich folgende Situation:

Beispiel:

Schlau kündigt seinem Arbeitgeber Wütend am 15. November zum 31. Dezember. Die Weihnachtsgratifikation wird am 25. November ausgezahlt. Schlau hat Anspruch auf die gesamte Gratifikation.

Wütend kann hier aber Schlau einen Strich durch die Rechnung machen. Wütend kann nämlich die Arbeitnehmer, die sich zum Zeitpunkt der Zahlung der Gratifika-

---

[1] Vgl. AK-Broschüre „Mutterschutz, Erziehungsgeld, Elternzeit".

tion in gekündigter Stellung befinden, von der Weihnachtsgratifikation ausschließen. Der Ausschluss kann schon bei der Zusage der Weihnachtsgratifikation erfolgen, aber auch später vereinbart werden. Dies wäre auch gültig, wenn Wütend dem Schlau gekündigt hätte.

Hat Wütend allerdings infolge schlechten Gesundheitszustandes von Schlau oder aus betriebsbedingten Gründen (z.B. wegen Arbeitsmangels oder Rationalisierung) gekündigt, muss er trotzdem die Weihnachtsgratifikation zahlen. Im Falle der betriebsbedingten Kündigung kann Wütend sich allerdings dann auf den Ausschluss von der Weihnachtsgratifikation berufen, wenn dies ausdrücklich im Tarifvertrag oder in einer Betriebsvereinbarung geregelt ist (vgl. BAG vom 25. April 1991 – 6 AZR 183190 –).

Ferner können von einer Sonderzuwendung, die auch in der Vergangenheit geleistete Dienste vergüten soll, sogar durch Einzelarbeitsvertrag oder durch ein Rundschreiben bzw. einen Aushang des Arbeitgebers solche Arbeitnehmer ausgeschlossen werden, denen aus betrieblichen Gründen gekündigt wurde und die nicht während des gesamten Bezugszeitraumes im Arbeitsverhältnis gestanden haben.

Ist im Falle einer solchen Vereinbarung der Bezugszeitraum z.B. das Kalenderjahr und scheidet der Arbeitnehmer vor Ablauf des Kalenderjahres beispielsweise durch betriebsbedingte Kündigung zum 30. November aus dem Arbeitsverhältnis aus, so hat er keinen Anspruch auf die Gratifikation. ∎

Wer muss die Weihnachtsgratifikation zurückzahlen?

Der Arbeitgeber kann die Gewährung einer Gratifikation davon abhängig machen, dass der **Arbeitnehmer auch im nächsten Jahr eine gewisse Zeit im Betrieb verbleibt.** Es bedarf hier aber eines ausdrücklichen Rückzahlungsvorbehalts. Der Vorbehalt, es handele sich um eine freiwillige Leistung, genügt nicht.

Beispiel:

Wander arbeitet bei Beständig. Beständig gewährt seinen Arbeitnehmern seit Jahren eine Weihnachtsgratifikation ohne jeden Vorbehalt. Als Wander zum 31. März des folgenden Jahres kündigt, zieht ihm Beständig die Weihnachtsgratifikation von dem Gehalt ab. Ist er hierzu berechtigt?

Nein. Da Beständig ohne jeden Vorbehalt gezahlt hat, kann er die Weihnachtsgratifikation nicht vom Gehalt einbehalten. Zum gleichen Ergebnis kommt man aber auch, wenn Beständig die Gratifikation unter dem Vorbehalt gewährt, dass es sich um eine freiwillige Leistung handelt. Bei der Zahlung der Gratifikation hätte er sich ausdrücklich vorbehalten müssen, dass ein Arbeitnehmer, wenn er ausscheidet, die Gratifikation zurückzahlen muss. ∎

Die Lohnzahlungspflicht

Hat sich der Arbeitgeber die Rückzahlung vorbehalten, ist der **Rückzahlungsvorbehalt nur insoweit wirksam, als in ihm folgende vom Bundesarbeitsgericht ausgearbeiteten Grundsätze berücksichtigt werden:**

1. Beträgt die Gratifikation nicht mehr als 100 €, ist im Allgemeinen eine Rückzahlungsklausel überhaupt nicht zulässig.

2. Beträgt die Gratifikation mehr als 100 €, aber weniger als einen Monatsverdienst, kann der Arbeitnehmer frühestens zum 31. März kündigen. In diesem Falle wäre also der Arbeitnehmer drei Monate gebunden.

3. Erreicht die Gratifikation einen Monatsverdienst oder mehr, so ist eine Bindung bis zum 30. Juni des Folgejahres zulässig.

Geht die Bindung über die vorgenannten Termine hinaus, ist sie insoweit nicht rechtswirksam; der Vorbehalt ist nur im Rahmen der oben aufgeführten Grundsätze rechtswirksam.

Die vom Bundesarbeitsgericht aufgestellten Grundsätze können durch Tarifvertrag, nicht aber durch Betriebsvereinbarung auch zu Ungunsten des Arbeitnehmers abgeändert werden.

Beispiel:

Wechsel ist Angestellter bei Treu und seit acht Jahren beschäftigt. Für ihn gilt, da nichts anderes vereinbart ist, die gesetzliche Kündigungsfrist, also drei Monate zum Ende eines Kalendermonats. Er hat also nur eine Kündigungsmöglichkeit bis zum 31. März. Treu zahlt ihm eine Weihnachtsgratifikation in Höhe eines Monatsgehalts. Ein Rückzahlungsvorbehalt ist vereinbart. Danach soll Wechsel, wenn er vor dem 1. Juli des folgenden Jahres kündigt, die Gratifikation zurückzahlen. Wechsel kündigt zum 30. Juni. Muss er die Gratifikation zurückzahlen?

Nein. Dieser Rückzahlungsvorbehalt ist unwirksam. Wechsel braucht die Weihnachtsgratifikation nicht zurückzuzahlen; hätte er jedoch zum 31. März gekündigt, müsste er sie zurückzahlen. Insoweit ist der Vorbehalt wirksam. ∎

Wichtig ist, dass der Arbeitnehmer trotz Rückzahlungsvorbehalt zur Rückzahlung nicht verpflichtet ist, wenn **seine Kündigung durch schuldhaftes Verhalten des Arbeitgebers** veranlasst wurde (der Arbeitgeber hat ihn z.B. schwer beleidigt) oder die Kündigung seitens des Arbeitgebers aus betriebsbedingten Gründen erfolgte. In letzterem Fall ist zu prüfen, ob nicht ein Tarifvertrag oder eine Betriebsvereinbarung einen Ausschluss von der Gratifikation vorsehen.

Wird das Arbeitsverhältnis im gegenseitigen Einvernehmen **(Aufhebungsvertrag)** gelöst, ist der Arbeitnehmer auch nicht zur Rückzahlung verpflichtet, es sei denn, es ist ausdrücklich etwas anderes vereinbart. Dies ist bereits dann der Fall, wenn der Rückzahlungsvorbehalt sich nicht auf die Kündigung, sondern auf die Beendigung des Arbeitsverhältnisses schlechthin bezieht.

2.1.6 Ruhegeld

Das betriebliche Ruhegeld (Ruhegehalt, Betriebsrente, Pension) ist eine Rente, die der Arbeitgeber dem Arbeitnehmer oder seinen Hinterbliebenen nach Ausscheiden aus dem Dienst zahlt. Diese betriebliche Altersversorgung ist neben der gesetzlichen Rentenversicherung und der privaten Altersvorsorge die dritte Säule der Altersversorgung, der nach Einführung der so genannten „Riester-Rente" eine neue Bedeutung zukommt.

Nicht jeder Arbeitnehmer hat einen Anspruch auf Ruhegeld gegen seinen Arbeitgeber. Ein Rechtsanspruch auf Ruhegeld besteht nur dann, wenn durch **Arbeitsvertrag, Betriebsvereinbarung oder Tarifvertrag** ein Ruhegeld zugesagt wurde. Auch durch **betriebliche Übung** kann ein Ruhegeldanspruch entstehen. Daran hat sich auch nach In-Kraft-Treten des Gesetzes zur „Verbesserung der betrieblichen Altersversorgung" vom 20. Dezember 1974, zuletzt geändert am 26. November 2001, nichts geändert. Nur dann, wenn der Arbeitgeber sich verpflichtet hat, ein Ruhegeld zu gewähren, hat der Arbeitnehmer einen Rechtsanspruch.

Das Gesetz brachte eine wesentliche Verbesserung: **unter bestimmten Voraussetzungen verfällt die einmal erworbene Versorgungsanwartschaft auf Ruhegeld nicht mehr.** Die Arbeitnehmer behalten ihre Versorgungsanwartschaft, wenn sie aus dem Betrieb ausscheiden, zu diesem Zeitpunkt mindestens 35 Jahre alt sind und entweder eine Versorgungszusage mindestens zehn Jahre besteht oder die Versorgungszusage drei Jahre besteht, der Arbeitnehmer aber mindestens zwölf Jahre im Betrieb beschäftigt ist.

Dabei kommt es nicht darauf an, ob der Arbeitnehmer oder der Arbeitgeber gekündigt hat oder ob sich beide über die Auflösung des Arbeitsverhältnisses geeinigt haben. Sind die vorgenannten Voraussetzungen erfüllt, ist z.B. auch bei einer Kündigung des Arbeitnehmers der Anspruch unverfallbar.

Die Höhe der unverfallbaren Anwartschaft richtet sich nach der Dauer der Betriebszugehörigkeit. Die Dauer der Betriebszugehörigkeit wird in Verhältnis gesetzt zu der Zeit, die der Arbeitnehmer insgesamt hätte in diesem Betrieb erreichen können, wenn er bis zum 65. Lebensjahr oder bis zu einer festgesetzten Altersgrenze im Betrieb geblieben wäre. Hat der Arbeitnehmer eine unverfallbare Anwartschaft erworben, ist ihm bzw. den Hinterbliebenen die Betriebsrente zu zahlen, wenn der Versorgungsfall eintritt, d.h. wenn er die Altersgrenze erreicht hat, wenn er Invalide geworden ist oder verstorben ist.

Der Arbeitgeber kann das Ruhegeld unmittelbar zuwenden; er kann aber auch eine Betriebskasse, sei es in Form einer Pensionskasse oder einer Unterstützungskasse, ins Leben rufen. Er kann auch einen Lebensversicherungsvertrag für den betreffenden Arbeitnehmer abschließen. Der Anspruch des Ruhegeldberechtigten kann sich demnach unmittelbar gegen den Arbeitgeber, gegen die Pensionskasse, die Unterstützungskasse oder eine Lebensversicherung richten.

Nach dem Gesetz über die betriebliche Altersversorgung darf auch die alljährliche Erhöhung der Rente aus der gesetzlichen Rentenversicherung nicht mehr zu einer

Die Lohnzahlungspflicht

Auszehrung der Betriebsrente führen. **Erhöht sich diese Rente, darf die Betriebsrente nicht entsprechend gekürzt werden.**

Gemäß § 6 BetrAVG bestehen auch bei vorzeitiger Inanspruchnahme von Altersrente grundsätzlich Ansprüche aus der betrieblichen Altersvorsorge.

Einen besonderen Schutz für den Fall der Insolvenz des Arbeitgebers definiert § 7 des BetrAVG. Danach besteht ein direkter Anspruch der Arbeitnehmer gegenüber dem Insolvenzversicherer oder gegen den Versicherer in Form einer Direktversicherung oder gegenüber einer Pensions- und Unterstützungskasse.

2.1.7 Vermögensbildung

Viele Arbeitnehmer glauben, der Arbeitgeber sei auf Grund des Vermögensbildungsgesetzes verpflichtet, zum Lohn einen Anteil der vom Arbeitnehmer angelegten vermögenswirksamen Leistungen zu zahlen. Das ist falsch. Das Vermögensbildungsgesetz sieht eine Beteiligung des Arbeitgebers nicht vor. Der Arbeitnehmer hat auf Grund dieses Gesetzes lediglich die Möglichkeit, einen Teil seines Verdienstes vom Arbeitgeber an eine Bank oder eine Sparkasse zur vermögenswirksamen Anlage abführen zu lassen.

Jedoch sehen viele **Tarifverträge eine Beteiligung des Arbeitgebers** vor, dass er ein Viertel, die Hälfte oder einen noch größeren Anteil an der vermögenswirksamen Leistung erbringt. Auch durch Betriebsvereinbarung und Einzelarbeitsvertrag kann der Arbeitgeber zu einer Beteiligung verpflichtet werden.

Keinen Anspruch auf Abführung der vermögenswirksamen Leistungen durch den Arbeitgeber hat eine Arbeitnehmerin während der Schutzfrist des Mutterschutzgesetzes (§ 3 Abs. 2 und § 6 Abs. 1), weil diese bei der Berechnung des Zuschusses des Arbeitgebers zum Mutterschutzlohn eingehen (BAG vom 15. August 1984).

2.1.8 Zeit und Ort der Lohnauszahlung

Nach § 614 BGB ist die Vergütung (Lohn oder Gehalt) erst fällig, wenn der Arbeitnehmer die Leistung erbracht hat. Der Arbeitnehmer ist also grundsätzlich zur Vorleistung verpflichtet (vertragliche Abweichungen – z.B. in einem Tarifvertrag oder Einzelarbeitsvertrag – sind möglich). Beim Angestellten wird das Gehalt in der Regel monatlich ausgezahlt. Bei Arbeitern erfolgt die Entlohnung oft nach Wochen, in den letzten Jahren aber immer häufiger ebenfalls nach Monaten. Bei Arbeitern wird mitunter eine Abschlagszahlung gewährt.

2.1.9 Rückzahlung von Lohn

Nehmen wir einmal an, Ihr Arbeitgeber zahlt Ihnen versehentlich zu viel Lohn aus und Sie sind im Glauben, es handele sich um die lang verdiente Lohnerhöhung. Aus Freude über die Lohnerhöhung laden Sie Ihre Freunde zu einem Umtrunk ein und für den Rest des Geldes, das Sie mehr erhalten haben, kaufen Sie ein paar Flaschen Sekt, die Sie zu Hause gemeinsam mit Ihrer Frau zur Feier des Tages trinken. Am anderen Tage teilt man Ihnen mit, dass es sich nicht um eine Lohnerhöhung, sondern um einen Irrtum gehandelt habe, und man verlangt von Ihnen das zu viel gezahlte Geld zurück. Wie ist die Rechtslage?

Sie haben Glück. Grundsätzlich hat der Arbeitnehmer das zu viel erhaltene Geld gemäß § 812 BGB als ungerechtfertigte Bereicherung zurückzugeben. Nur dann, wenn er gutgläubig war, also nicht wusste, dass er zu viel erhalten hatte, und wenn die Bereicherung weggefallen ist, kann er die Rückzahlung verweigern. Das ist bei Ihnen der Fall. Sie waren gutgläubig, weil Sie glaubten, es handele sich um eine Lohnerhöhung. Sie sind nicht mehr bereichert, weil Sie den zu viel erhaltenen Lohnanteil für nicht notwendige Dinge ausgegeben, d.h. hier also vertrunken haben. Hätten Sie mit dem zu viel erhaltenen Lohnanteil Anschaffungen gemacht oder Schulden getilgt, müssten Sie zurückzahlen.

2.1.10 Rückzahlung von Ausbildungskosten

Nach ständiger Rechtsprechung des BAG (vgl. etwa BAG, NZA 1994, 937) sind einzelvertragliche Vereinbarungen über die Rückzahlung von Ausbildungskosten, die der Arbeitgeber aufgewendet hat, grundsätzlich zulässig, wenn der Arbeitnehmer das Arbeitsverhältnis vor Ablauf bestimmter Fristen beendet. Zahlungsverpflichtungen, die an die vom Arbeitnehmer ausgehende Kündigung anknüpfen, können gegen Treu und Glauben (§ 242 BGB) verstoßen. Die für den Arbeitnehmer tragbaren Bindungen sind auf Grund einer Güter- und Interessenabwägung nach Maßgabe des Verhältnismäßigkeitsprinzips unter Beachtung des jeweiligen Einzelfalls zu ermitteln. Bei der Interessenabwägung ist zum einen von Bedeutung, ob dem Arbeitnehmer durch die Teilnahme an Fortbildungsveranstaltungen eine wirtschaftliche, den Marktwert seiner Arbeitskraft erhöhende Ausbildung zufließt und zum anderen das Interesse des Arbeitgebers, die erworbene Qualifikation des Arbeitnehmers möglichst langfristig für den Betrieb nutzen zu können. Hat der Arbeitgeber den Arbeitnehmer unzulässig lange gebunden, so ist nach der ständigen Rechtsprechung des 5. Senats die Bindungsdauer auf das zulässige Maß zurückzuführen. Allerdings, so das BAG, ist die Höhe der Rückzahlungsverpflichtung in doppelter Hinsicht begrenzt. Der Arbeitgeber kann höchstens den Betrag zurückverlangen, den er tatsächlich aufgewandt hat.

Eine Rückzahlungsklausel muss eindeutig zum Grund und zum Umfang der Rückzahlungsverpflichtung formuliert sein. Das BAG hält eine generelle Erstattungsregelung in Bezug auf Fortbildungskosten wegen Verstoß gegen Treu und Glauben für unwirksam.

● **Hinweis: Eine Rückzahlungsklausel ist unwirksam, wenn die Fortbildung im ausschließlichen Interesse des Arbeitgebers liegt, bzw. wenn die Maßnahme Vertragsgegenstand (etwa Ausbildungsinhalt) ist.**

Des Weiteren ist die zulässige Bindungsdauer abhängig von der Dauer der Aus- oder Fortbildung. In der Rechtsprechung hat sich folgendes Stufenmodell entwickelt: Eine Lehrgangsdauer bis zu zwei Monaten rechtfertigt eine Bindungsdauer bis zu einem Jahr (BAG v. 15. Dezember 1993, BB 94, 433), eine von sechs bis 16 Monaten bis zu drei Jahren (BAG v. 23. Februar 1983, NJW 83, 1871). Über drei Jahre ist eien Bindungsdauer nur zulässig, wenn durch die Maßnahme eine besonders hohe Qualifikation erreicht wird.

Die Lohnzahlungspflicht

2.1.11 Lohnzahlung bei Nichtleistung

Annahmeverzug

In Ausnahmefällen besteht ein Anspruch auf Lohnzahlung, ohne dass die Arbeitsleistung erbracht wurde; so bei **Annahmeverzug des Arbeitgebers** (§ 615 BGB). Annahmeverzug liegt dann vor, wenn der Arbeitnehmer seine Arbeitsleistung ordnungsgemäß angeboten hat, der Arbeitgeber deren Annahme ablehnt.

Beispiel:

Feurig ist bei Hitzig beschäftigt. Sie haben eine heftige Auseinandersetzung. Hitzig ärgert sich so, dass er Feurig zum nächstmöglichen Termin kündigt. Das ist in etwa acht Wochen. Als Feurig am folgenden Morgen zur Arbeit erscheint, erklärt im Hitzig, er sei bis zur Beendigung des Arbeitsverhältnisses beurlaubt. Feurig erwidert, ihm stehe kein Urlaub mehr zu. Darauf erklärt Hitzig, das sei ihm egal, er wolle ihn nicht mehr in seinem Betrieb sehen.

Hier handelt es sich um einen typischen Fall von Annahmeverzug. Der Arbeitgeber ist auf Grund des Arbeitsvertrages verpflichtet, die Arbeitsleistung des Arbeitnehmers bis zur Beendigung des Arbeitsverhältnisses anzunehmen. Hitzig hat aber die ihm ordnungsgemäß von Feurig angebotene Arbeitsleistung abgelehnt. Dadurch kommt er in Annahmeverzug und ist deshalb verpflichtet, das Gehalt des Feurig bis zum Ende des Arbeitsverhältnisses – also noch etwa acht Wochen – weiterzuzahlen. ∎

Vorübergehende Verhinderung des Arbeitnehmers

Auch dann, wenn die Arbeitsleistung ohne Verschulden des Arbeitnehmers unmöglich geworden ist, kann er unter gewissen Voraussetzungen Lohn vom Arbeitgeber verlangen, ohne dass er eine Arbeitsleistung erbracht hat. **Der Arbeitnehmer hat, wenn er für eine verhältnismäßig geringfügige Zeit durch einen in seiner Person liegenden Grund ohne sein Verschulden an der Arbeitsleistung verhindert ist, Anspruch auf Lohn** (§ 616 Abs. 1 BGB).

Beispiel:

Jung möchte heiraten. Er geht zu Alt, seinem Arbeitgeber, und fragt, ob er einen Tag freibekommen kann. Alt erklärt, selbstverständlich könne er freibekommen, er habe ja noch etliche Tage Erholungsurlaub zugute. Jung erwidert, seiner Ansicht nach stehe ihm ein Tag Arbeitsbefreiung wegen seiner Eheschließung zu. Alt ist anderer Ansicht und besteht darauf, dass Jung sich Erholungsurlaub anrechnen lässt. Wer hat Recht?

Jung hat Recht, denn er kann am Tage seiner Eheschließung die Arbeitsleistung, zu der er nach dem Arbeitsverhältnis verpflichtet ist, nicht erbringen, d.h. die Leistung ist ihm unmöglich geworden. Da die Unmöglichkeit nur für eine verhältnismäßig geringfügige Zeit besteht und Jung die Unmöglichkeit nicht verschuldet hat, muss Alt ihm für die Zeit der Verhinderung den Lohn weiterzahlen. Jung hat also Anspruch auf einen Tag Arbeitsbefreiung. ∎

Das gilt nicht nur für die **Eheschließung,** sondern auch bei **Geburt oder Tod naher Angehöriger, bei gerichtlichen Ladungen** und nach einer Entscheidung des Bundesarbeitsgerichts **auch bei der goldenen Hochzeit der Eltern.** Muss der Arbeitnehmer während der Arbeitszeit **aus akutem Anlass dringend zum Arzt** oder ist er vom Arzt für einen bestimmten Termin bestellt worden, so kann er sich auch auf § 616 Abs. 1 BGB berufen. Im letzteren Fall muss er eine entsprechende Bescheinigung des Arztes vorlegen. In allen anderen Fällen muss der Arbeitnehmer außerhalb der Arbeitszeit zum Arzt gehen, es sei denn, er kann sich auf einen Tarifvertrag berufen, in dem etwas anderes geregelt ist. Zu beachten ist, dass – wenn diese Fälle im Tarifvertrag geregelt sind – nur die tarifvertraglichen Regelungen zur Anwendung kommen.

Die Dauer der Freistellung ist nicht im Gesetz, aber in vielen Tarifverträgen festgelegt. Arbeitnehmer, die sich nicht auf einen Tarifvertrag berufen können, haben in den vorgenannten Fällen nach § 616 Abs. 1 BGB in der Regel nur Anspruch auf einen Tag Arbeitsbefreiung bzw. beim Arztbesuch nur auf die unbedingt notwendige Zeit. § 616 BGB ist aber abdingbar, d.h. die Regelung kann vertraglich abgeändert werden.

Entgeltfortzahlung im Krankheitsfall

Grundsätzlich hat jeder Arbeitnehmer Anspruch auf Fortzahlung seines Entgeltes für die Dauer von sechs Wochen (42 Tage). Rechtliche Grundlage hierfür ist das seit dem 1. Juni 1994 geltende Entgeltfortzahlungsgesetz. Mit seinem In-Kraft-Treten wurde die früher nach Arbeitern, Angestellten und Auszubildenden differenzierte Entgeltfortzahlung für alle Arbeitnehmer auf eine einheitliche Rechtsgrundlage gestellt[1].

Lohnzahlung bei Betriebsstörung

Ist die Arbeitsleistung der Arbeitnehmer durch **Störungen im Produktionsablauf** des Betriebes unmöglich geworden, die weder vom Arbeitgeber verschuldet noch von der Arbeitnehmerseite zu vertreten sind, verliert der Arbeitnehmer seinen Lohnanspruch ebenfalls nicht.

Beispiel:

Infolge einer Überschwemmung muss die Produktion des Betriebes vorübergehend eingestellt werden. Die Arbeitnehmer haben dann Anspruch auf Fortzahlung des Lohnes. Das Gleiche gilt, wenn die Betriebsstörung z. B. auf eine Unterbrechung der Stromversorgung, Mangel an Rohstoffen, Brand der Fabrik, Maschinenschaden oder auf Anordnung von Landestrauer zurückzuführen ist. ∎

---

[1] Wegen der Einzelheiten verweisen wir auf die AK-Broschüre „Entgeltfortzahlungsgesetz".

Die Lohnzahlungspflicht 57

Dieses so genannte Betriebsrisiko muss der Arbeitgeber tragen, es sei denn, das Betriebsrisiko ist einzelvertraglich oder kollektivrechtlich abbedungen (BAG, 30. Januar 1991, Hinweis auf § 615 BGB).

Beispiel:
Eine Überschwemmung hat erheblichen Schaden angerichtet. Bis zur Wiederaufnahme der Produktion vergehen mehrere Monate. Ebbe kann gerade so viel Kapital auftreiben, dass er die Fabrik wieder instand setzen kann. Würde er auch noch Lohn weiterzahlen, müsste er die Fabrik aufgeben. ∎

Der Arbeitnehmer hat auch dann keinen Anspruch auf Fortzahlung des Lohnes, wenn die **Betriebsstörung aus der Sphäre der Arbeitnehmer** selbst herrührt.

Beispiel:
In einem Teil der Firma Zäh wird gestreikt, der gesamte Betrieb kommt zwei Wochen zum Erliegen. Die Arbeiter, die nicht gestreikt haben, fordern ihren Lohn für diese zwei Wochen mit der Begründung, sie seien zur Arbeit bereit gewesen. Zäh verweigert die Lohnzahlung. Wie würden Sie entscheiden?

Zäh hat Recht. Er braucht den Lohn nicht zu zahlen, da die Betriebsstörung aus der Sphäre der Arbeitnehmer kommt. Das gilt auch dann, wenn es sich um einen wilden Streik handelt. ∎

Besonderheiten gelten dann, wenn die Störung auf einem **Streik in einem anderen Betrieb beruht.**

Nach der Rechtsprechung des Bundesarbeitsgerichts gilt die Regel, wonach der Arbeitgeber das Betriebs- und das Wirtschaftsrisiko trägt, bei arbeitskampfbedingten Betriebsstörungen nur eingeschränkt.

In seinen grundlegenden Beschlüssen vom 22. Dezember 1980 hatte sich das BAG mit Störungen zu befassen, die auf Streiks oder Aussperrungen in anderen Betrieben beruhten und die die Fortsetzung des Betriebs ganz oder teilweise unmöglich oder wirtschaftlich unzumutbar machten. Für diese Fälle hat das Bundesarbeitsgericht erkannt, dass dann, wenn solche Fernwirkungen eines Arbeitskampfs das Kräfteverhältnis der kampfführenden Parteien beeinflussen können, beide Seiten das jeweils auf sie entfallende Arbeitskampfrisiko zu tragen haben. Das bedeutet für die betroffenen Arbeitnehmer, dass sie für die Dauer der Betriebsstörung ihre Beschäftigungs- und Vergütungsansprüche verlieren. Diese Regel hat das Bundesarbeitsgericht aus dem Grundsatz der Kampfparität abgeleitet, der in der Tarifautonomie wurzelt. Die Rechtsordnung darf keiner Seite so starke Kampfmittel zur Verfügung stellen, dass dem sozialen Gegenspieler keine gleichwertige Verhandlungschance bleibt. Dabei ist der Druck entscheidend, der durch die Kampffolgen auf den jeweiligen Verhandlungsgegner ausgeübt wird. Würde dem Arbeitgeber, der von den Fernwirkungen eines Streiks betroffen ist, in jedem Fall das Lohnrisiko auferlegt, so könnte das im Ergebnis die kampfführenden Arbeitgeber schwächen und die gegnerische Gewerkschaft einseitig begünstigen, weil sie diese mittelbaren Wirkungen des Streiks nicht durch entsprechende Lohneinbußen der Arbeitnehmer erkaufen muss.

Ein Arbeitnehmer, der vor Beginn eines Arbeitskampfes für einen festliegenden Zeitraum von seiner Arbeitspflicht unter Fortzahlung des Arbeitsentgelts befreit war, verliert seinen Anspruch auf Fortzahlung des Arbeitsentgelts nicht allein dadurch, dass während dieser Zeit der Betrieb bestreikt wird. Unerheblich ist, ob der Arbeitnehmer sich am Streik beteiligt hätte, wenn er für diese Zeit nicht von seiner Arbeitspflicht befreit gewesen wäre, solange er nicht seine Teilnahme am Streik trotz der Arbeitsbefreiung erklärt oder sich tatsächlich am Streikgeschehen beteiligt (BAG vom 15. Januar 1991).

Muss der Arbeitgeber den Betrieb stilllegen (außerhalb von Arbeitskampfmaßnahmen), weil er Auftrags- oder Absatzschwierigkeiten hat, handelt es sich nicht um die Frage des Betriebsrisikos, sondern um das so genannte Wirtschaftsrisiko, das der Arbeitgeber immer tragen muss, vorausgesetzt, dass nicht etwas anderes vereinbart wurde.

2.1.12 Verfristung, Verwirkung und Verjährung des Lohnanspruchs

In Tarifverträgen finden sich sehr oft **Ausschlussfristen,** wonach Ansprüche aus dem Tarifvertrag – also auch der Lohnanspruch – innerhalb einer Frist schriftlich geltend gemacht werden müssen. Tarifgebundene Arbeitnehmer müssen also innerhalb dieser tarifvertraglichen Ausschlussfrist ihre Ansprüche geltend machen. Tun sie es nicht, ist der Anspruch erloschen.

Der Grund, warum solche selbstverständlich für beide Seiten geltenden Ausschlussfristen vereinbart werden, ist der, dass im Bereich des Arbeitsrechts Rechtsklarheiten bestehen und Rechtsunsicherheiten vermieden werden sollen.

Neben dem Fristverlauf kennt die Rechtsprechung noch den Begriff der Verwirkung. Voraussetzung der Verwirkung eines Anspruches sind:

1. Ein gewisser Zeitablauf ist nötig.
2. Auf Grund des Verhaltens des Gläubigers der Leistung kann der Schuldner davon ausgehen, dass dieser den Anspruch nicht mehr geltend macht.

> **Beispiel:**
> Lahm macht schon längere Zeit täglich Überstunden. Die Überstunden werden ihm nicht bezahlt. Er wagt es aber nicht, diese Ansprüche dem Arbeitgeber gegenüber geltend zu machen, weil er befürchtet, ihm werde gekündigt. Als ihm nach einiger Zeit wegen Arbeitsmangels gekündigt wird, geht er zum Arbeitsgericht und klagt die von ihm über zwei Jahre hinweg erbrachten Überstunden ein. Er ist der Meinung, die Ansprüche seien noch nicht verjährt. Hat die Klage Aussicht auf Erfolg?
>
> Nur teilweise. Lahm hat zwar insoweit Recht, als die Ansprüche noch nicht verjährt sind. Sie sind aber zum Großteil verwirkt, da Lahm über zwei Jahre hinweg die Ansprüche nicht geltend gemacht hat und der Arbeitgeber daher damit rechnen konn-

Die Lohnzahlungspflicht 59

te, dass er sie nicht mehr geltend machen werde. Nur die Ansprüche, die noch nicht länger als etwa acht Monate zurückliegen, werden ihm zugesprochen. Zu welchem Zeitpunkt die Verwirkung eintritt, ist abhängig von der Situation im Einzelfall. Die Verwirkung kann demnach zu verschiedenen Zeitpunkten eintreten. ■

Somit steht bei Ansprüchen aus dem Arbeitsvertrag die Verwirkung im Vordergrund. Die **Verjährung**, die z.B. bei Lohnansprüchen erst nach drei Jahren, vom 1. Januar des folgenden Jahres an gerechnet, eintritt, **verliert daher erheblich an Bedeutung**. Es wird deshalb empfohlen, **arbeitsrechtliche Ansprüche so rasch wie möglich geltend zu machen**.

2.1.13 Lohnsicherung

Der Lohn bzw. das Gehalt bilden in der Regel für den Arbeitnehmer und seine Familie die wirtschaftliche Existenzgrundlage. Um diese nicht zu gefährden, hat der Gesetzgeber Lohn und Gehalt unter einen besonderen gesetzlichen Schutz gestellt.

Beschränkung der Lohnpfändung

Nach den §§ 850 ff. ZPO ist eine Pfändung von Lohn und Gehalt nur in beschränktem Umfang möglich. Dem Arbeitnehmer muss immer noch so viel verbleiben, dass **sein Unterhalt und der seiner Familie gesichert ist**.

Bei der Ermittlung des Pfändungsfreibetrages ist von dem gesamten Arbeitseinkommen auszugehen. Ist ein Arbeitnehmer bei mehreren Arbeitgebern tätig, so werden die Löhne bzw. die Gehälter auf Antrag des Gläubigers zusammengezählt. Zum Arbeitseinkommen im Sinne dieser Bestimmungen zählen nicht nur Lohn und Gehalt, sondern auch Zulagen jeder Art, Prämien, Provisionen, Gratifikationen usw.

Aus sozialen Erwägungen sind allerdings **gewisse Teile des Arbeitseinkommens schlechthin unpfändbar**. So z.B. die Hälfte der Mehrarbeitsvergütung, Urlaubsgelder über den normalen Verdienst hinaus, Treuegelder, Aufwandsentschädigungen, Auslösungsgelder, Gefahrenzulage, Schmutz- und Erschwerniszulagen, Weihnachtsgratifikationen bis zur Hälfte des monatlichen Einkommens (höchstens aber bis 500 €), Heirats- und Geburtsbeihilfen usw. Sie sind also vor Ermittlung des Pfändungsfreibetrages vom Arbeitseinkommen abzuziehen. Ebenfalls vom Arbeitseinkommen abzuziehen sind die Lohnsteuer und die Beiträge zur Sozialversicherung. Man kann unter Berücksichtigung der vorgenannten Regeln bei der Ermittlung der Pfändungsgrenze von dem Nettolohn bzw. -gehalt ausgehen.

Sie werden nun fragen: Bis zu welchem Betrag können Löhne bzw. Gehälter gepfändet werden? Das ist ganz verschieden und hängt im Wesentlichen von der Höhe des Nettoeinkommens und der Zahl der Unterhaltsberechtigten ab, die der betreffende Arbeitnehmer zu versorgen hat.

Das Gesetz nimmt folgende Einteilung vor:

1. § 850a ZPO: unpfändbare Bezüge wie etwa Weihnachtsvergütung bis zur Höhe von 500 €, Gefahrenzulagen, Geburtsbeihilfen etc.
2. § 850b ZPO: bedingt pfändbare Bezüge wie etwa Unterhaltsrenten, Witwen- und Waisenrenten, die nur in Ausnahmefällen der Pfändung unterliegen (wenn der Gläubiger sonst nicht befriedigt werden kann)
3. § 850c ZPO: pfändbare Bezüge, die jedoch bestimmte Freigrenzen kennen. Dabei wird neben der Frage einer absoluten Freigrenze und einer Erhöhung bei bestehenden Unterhaltspflichten unterschieden, die dann wiederum abhängig von der jeweiligen Höhe des Nettoentgeltes sind.

Da die Darstellung dieser Freigrenzen, die bei Bezügen, die monatlich 930 € übersteigen, sehr schwierig ist, wird auf die Anlage Bezug genommen.

Schutz der Lohnauszahlung

So weit Lohn und Gehalt nicht gepfändet werden können, kann der Arbeitgeber auch nicht mit einer Gegenforderung gegen den Lohn bzw. das Gehalt des Arbeitnehmers aufrechnen.

Beispiel:

Tappig hat fahrlässig eine wertvolle Maschine seines Arbeitgebers beschädigt. Da es sich nicht um eine gefahrgeneigte Tätigkeit handelt, ist er zum Schadensersatz verpflichtet. Sein Arbeitgeber kann mit der Schadensersatzforderung nur so weit aufrechnen, als der Lohn pfändbar ist. ■

Eine Ausnahme von diesem Grundsatz gilt aber dann, wenn der Arbeitnehmer den Schaden durch eine vorsätzliche unerlaubte Handlung verursacht hat.

Beispiel:

Hitzig hat wegen seines Lohnes Meinungsverschiedenheiten mit Knausrig, seinem Chef. Bei einer Auseinandersetzung gerät er so in Wut, dass er mit einem schweren Vorschlaghammer eine Maschine beschädigt. Knausrig rechnet seine Schadensersatzforderung mit dem Lohn des Hitzig bis unter die Pfändungsgrenze auf.

Knausrig darf das, weil Hitzig den Schaden vorsätzlich verursacht hat. ■

Hat der Arbeitgeber für die Arbeitnehmer Beiträge zur Sozialversicherung (Renten-, Kranken-, Arbeitslosenversicherung) verauslagt, gilt das Gleiche, d.h. also, dass der Arbeitgeber hinsichtlich dieser Forderung ebenfalls über die Pfändungsgrenze hinaus aufrechnen kann.

Auch in Bezug auf die **Zurückbehaltung** des Lohnes gilt das Vorhergesagte entsprechend, d.h. grundsätzlich ist eine Zurückbehaltung des Lohnes bzw. Gehalts möglich, soweit eine Pfändung möglich ist. Das gilt aber nur für Geldforderungen. Richtet sich der Anspruch des Arbeitgebers z. B. auf Herausgabe von Werkzeugen, kann er unter Umständen den Lohn bzw. das Gehalt – auch soweit nicht pfändbar – zurückbehalten.

Soweit Lohn und Gehalt nicht gepfändet werden können, kann eine **Abtretung** nicht erfolgen. Der Arbeitnehmer kann also z. B. seinen Lohnanspruch an ein Kreditinstitut zur Sicherung eines Bankkredits nur abtreten, soweit er pfändbar ist. In diesem Fall ist sogar eine zeitlich unbefristete Vorausabtretung künftiger Lohnforderungen auch für den Fall, dass der Arbeitnehmer den Arbeitgeber mehrmals wechselt, möglich (so das Bundesarbeitsgericht). So weit die Arbeitsvergütung der Pfändung nicht unterworfen ist, besteht auch nicht die Möglichkeit für den Arbeitnehmer, seinen Lohn bzw. sein Gehalt zu verpfänden.

Insolvenz

Seit 1. Januar 1999 ist an die Stelle der Konkursordnung die neue Insolvenzordnung getreten. Danach besteht Anspruch auf Insolvenzgeld, wenn

- das Insolvenzverfahren über das Vermögen des Arbeitgebers eröffnet wurde,

- die Eröffnung des Verfahrens mangels Masse abgelehnt wurde,

- die Betriebstätigkeit im Inland vollständig beendet wurde, ohne dass ein Antrag auf Eröffnung des Insolvenzverfahrens gestellt worden ist und eine Verfahrenseröffnung mangels Masse offensichtlich nicht in Betracht kommt und

- ein Anspruch auf Arbeitsentgelt für die vorausgehenden drei Monate des Arbeitsverhältnisses besteht (§ 183 Abs. 1 SGB III).

Das Insolvenzgeld wird in Höhe des Nettoarbeitsentgelts, das sich nach Abzug der gesetzlichen Abgaben errechnet, gezahlt. Abfindungen aus Anlass der Beendigung des Arbeitsverhältnisses zählen nicht zu den Entgelten im Sinne des § 183 SGB III. Nach § 186 SGB III sind auch Vorschussleistungen auf das Insolvenzgeld durch die Agentur für Arbeit möglich.

Die Agentur für Arbeit erstattet nicht nur die rückständigen Nettoarbeitsvergütungen, sondern es entrichtet auch die Pflichtbeiträge zur Sozialversicherung.

Nicht durch das Insolvenzgeld gesichert sind Ansprüche des Arbeitnehmers aus Sozialplänen und Abfindungen nach dem Kündigungsschutzgesetz.

2.2 Die Fürsorgepflicht

Das Arbeitsverhältnis ist ein personenrechtliches Gemeinschaftsverhältnis. Das hat zur Folge, dass für den Arbeitgeber nicht nur die Pflicht zur Lohnzahlung, sondern als Gegenstück zur Treuepflicht des Arbeitnehmers eine Fürsorgepflicht besteht.

Die Fürsorgepflicht durchzieht das ganze Arbeitsverhältnis und besagt, dass der Arbeitgeber im Rahmen des Arbeitsverhältnisses verpflichtet ist, bei allen Maßnahmen, die er ergreift – auch bei der Ausübung eigener Rechte –, **das Interesse des Arbeitnehmers wahrzunehmen und ihm Schutz und Fürsorge angedeihen zu lassen.**

Zu der Fürsorgepflicht gehören insbesondere:

2.2.1 Schutz für Leben und Gesundheit des Arbeitnehmers

Diese Fürsorgepflicht ist sehr wichtig. Sie hat daher Eingang in das Gesetz gefunden. Nach § 618 BGB hat der Arbeitgeber **Räume, Vorrichtungen und Gerätschaften,** die er zur Verrichtung der Dienste zu beschaffen hat, **so einzurichten und zu unterhalten, dass der Arbeitnehmer gegen Gefahr für Leben und Gesundheit so weit geschützt ist,** als die Natur der Arbeit es gestattet (vgl. auch § 62 HGB).

Der Arbeitgeber hat also z.B. dafür zu sorgen, dass die Arbeitsräume, aber auch Nebenräume und Zugänge zur Arbeitsstätte, insbesondere Treppen, gut beleuchtet sind, dass sie eine ausreichende Belüftung haben, sauber und – soweit erforderlich – gut beheizt sind, dass die Arbeitsgeräte zur Verfügung stehen und in Ordnung und vor allem mit den nötigen Schutzvorrichtungen versehen sind. Wasch- und Ankleideräume hat der Arbeitgeber ebenfalls einzurichten[1].

> **Beispiel:**
>
> Warmblut ist bei Kühle als Buchhalter beschäftigt. Im Winter sinkt die Temperatur in seinem Zimmer auf 15 Grad[2]. Er weigert sich, die Arbeit fortzusetzen. Darf er das? Ja.

Darüber hinaus hat der Arbeitgeber die Arbeitsleistungen, die unter seiner Anordnung oder Leitung vorzunehmen sind, so zu regeln, dass ebenfalls keine Gefahr für Leben und Gesundheit des Arbeitnehmers entsteht. Er hat z.B. die Arbeit sachgemäß anzuweisen und zu beaufsichtigen bzw. beaufsichtigen zu lassen, vor Gefahr zu warnen, den Arbeitnehmer vor Überanstrengung zu bewahren usw. (jetzt auch § 81 Abs. 1 S. 2 BetrVG). Verletzt der Arbeitgeber diese Fürsorgepflicht, hat der Arbeitnehmer zunächst die Möglichkeit, auf Erfüllung zu klagen. Er hat aber auch das Recht, die Arbeitsleistung zu verweigern, ohne dass der Lohnanspruch verloren geht oder ihm deswegen gekündigt werden kann.

Hat der Arbeitgeber die Fürsorgepflicht schuldhaft (vorsätzlich oder fahrlässig) verletzt, haftet er dem Arbeitnehmer auf Schadensersatz. Auch für das Verschulden seiner Vertreter und Gehilfen hat der Arbeitgeber einzustehen.

---

[1] Vgl. hierzu die Arbeitsstättenverordnung.

[2] Vgl. wegen der Raumtemperaturen die Richtlinien zur Arbeitsstättenverordnung.

Die Fürsorgepflicht

Dieser Schadensersatzanspruch gegen den Arbeitgeber verliert aber in der Praxis durch die Bestimmungen des Sozialgesetzbuches viel an Bedeutung. Ist der Schaden nämlich durch einen Arbeitsunfall entstanden, dann haftet in der Regel die Unfallversicherung (Berufsgenossenschaft). Der Arbeitgeber haftet nur, wenn er den Unfall vorsätzlich herbeigeführt hat oder der Unfall bei Teilnahme am allgemeinen Verkehr eingetreten ist.

Beispiel:
Emma ist Hausgehilfin im Haushalt bei Knausrig. Wenn sie die Fenster putzt, muss sie, da es an einer Sicherheitsleiter fehlt, eine Fußbank auf einen Stuhl stellen, um an die Oberlichter zu kommen. Obwohl sie sich wiederholt bei Knausrig beschwert hat, wurde ihr keine Leiter zur Verfügung gestellt. Eines Tages verliert sie, ohne dass sie ein Verschulden trifft, das Gleichgewicht, stürzt und verletzt sich. Was kann sie tun?

Nach § 618 BGB war Knausrig verpflichtet, ihr für diese Arbeit eine Sicherheitsleiter zur Verfügung zu stellen. Da er dies nicht getan hat, hat er die Fürsorgepflicht verletzt. Nach §§ 276 ff. ist er daher zum Schadensersatz verpflichtet. Jedoch kommen hier, da es sich um einen Arbeitsunfall handelt, die Bestimmungen der Reichsversicherungsordnung zum Zuge, nach der die Unfallversicherung (Berufsgenossenschaft) für den Schaden aufkommt. ∎

2.2.2 Fürsorge für das Eigentum des Arbeitnehmers

Sie werden vergeblich nach einer Regelung im Gesetz suchen, aus der sich ergibt, dass der Arbeitgeber für die Sicherheit der Sachen, die der Arbeitnehmer in den Betrieb mitbringt, sorgen muss. Das heißt aber nicht, dass eine derartige Pflicht – wenn auch nur in begrenztem Umfang – für ihn nicht besteht. Sie leitet sich aus der allgemeinen Fürsorgepflicht ab.

Danach ist der Arbeitgeber verpflichtet, **eine sichere Aufbewahrung** der Gegenstände, die der Arbeitnehmer notwendiger- oder üblicherweise zur Arbeit mitbringt, wie z.B. **Kleider, Uhren, Fahrräder, Werkzeuge** usw., zu gewährleisten. Diese Fürsorgepflicht geht jedoch nicht so weit, dass der Arbeitgeber nun schlechthin dafür haftet, dass die betreffenden Gegenstände nicht gestohlen und beschädigt werden, sondern er hat geeignete Abstell- bzw. Verschlussmöglichkeiten zur Verfügung zu stellen. Aber auch hierzu ist er nur insoweit verpflichtet, als ihm die damit verbundene Belastung zugemutet werden kann. So ist er im Allgemeinen verpflichtet, abschließbare Spinde zum Unterbringen der Kleider, Abstellmöglichkeiten für Fahrräder und Krafträder bereitzustellen; es ist aber den meisten Arbeitgebern auch heute noch nicht zuzumuten, **Parkplätze für die Kraftwagen** ihrer Arbeitnehmer zu schaffen. Ob eine derartige Pflicht vorliegt oder nicht, ist im Einzelfall zu prüfen. Dabei spielt die Platz-, Kosten- und Dringlichkeitsfrage – so das Bundesarbeitsgericht – eine große Rolle. Man kann z.B. vom Arbeitgeber nicht verlangen, dass er sein Unternehmen wirtschaftlich gefährdet, nur um einen Parkplatz zu errichten. Ist ein geeigneter Platz vorhanden und lässt er sich ohne großen Kostenaufwand in einen Parkplatz ausbauen, ist bei der heutigen Verkehrssituation – immer mehr Arbeitnehmer fahren mit dem eigenen PKW – der Arbeitgeber auf Grund der allgemeinen Fürsorgepflicht gehalten, diesen Parkplatz zu schaffen.

Hat der Arbeitgeber einen Parkplatz erst einmal bereitgestellt, wobei es gleich ist, ob er hierzu verpflichtet war oder nicht, geht die Fürsorgepflicht dahin, dafür zu sorgen, dass die abgestellten Fahrzeuge nicht durch sein Verschulden beschädigt werden. Verletzt er diese Sorgfaltspflicht, haftet er auf Schadensersatz.

Beispiel:

Schnell fährt mit seinem PKW jeden Tag zur Arbeit und stellt den Wagen auf einem Parkplatz von Nett, seinem Arbeitgeber, ab. Nett war nicht verpflichtet, einen Parkplatz zur Verfügung zu stellen, da das Unternehmen nicht sehr finanzkräftig ist und die Arbeitnehmer bequem mit öffentlichen Verkehrsmitteln den Arbeitsplatz erreichen können. Durch Witterungseinflüsse haben sich auf dem Parkplatz Schlaglöcher gebildet. Arbeitskollegen des Schnell transportieren einen schweren Schrank mit einem Handkarren. Sie müssen den Parkplatz überqueren, dabei gerät der Karren in ein Schlagloch. Der Schrank stürzt um und beschädigt den Wagen des Schnell. Schnell verklagt Nett auf Schadensersatz. Hat die Klage Aussicht auf Erfolg?

Ja. Nach der allgemeinen Fürsorgepflicht ist der Arbeitgeber verpflichtet, den Parkplatz in Ordnung zu halten. Das Verschulden des Nett besteht darin, dass er die Schlaglöcher nicht beseitigen ließ. Er muss also den Schaden von Schnell ersetzen.

Anders ist die Rechtslage, wenn der Schaden am Fahrzeug ausschließlich von einem Dritten verursacht worden ist.

Beispiel:

Nett lässt den Parkplatz durch Markierungen in einzelne Einstellplätze unterteilen und überdachen. Diese stellt er den Arbeitnehmern gegen Zahlung von monatlich 10 € zur ausschließlichen Benutzung zur Verfügung. An der Rückwand der Überdachung lässt Nett das polizeiliche Kennzeichen des abstellungsberechtigten Fahrzeugs anbringen. Schnell hat den Einstellplatz Nr. 28. Nach Dienstschluss stellt er fest, dass ein unbekanntes Besucherfahrzeug an seinem Wagen einen Schaden von 250 € verursacht hat. Schnell verlangt von Nett, dass er diesen Schaden ersetze. Nett lehnt dieses Ansinnen ab. Wer hat Recht?

Der Schaden ist durch einen Dritten verursacht worden. Nett hat weder die ihm obliegende Verkehrssicherungs- noch die Fürsorgepflicht verletzt. Man kann den Ar-

Die Fürsorgepflicht 65

beitgeber nicht für Schäden verantwortlich machen, vor denen der Eigentümer des Wagens auch im Straßenverkehr kaum wirksam geschützt werden kann. Daran ändert auch die Zahlung der 10 € nichts, denn dies ist nur ein Unkostenbeitrag für den reservierten Parkplatz. Weitere Rechte kann Schnell aus dieser Leistung nicht ableiten. Nett braucht den Schaden nicht zu ersetzen. ■

Lässt der Arbeitgeber den Parkplatz bewachen, haftet er für ein Verschulden des Wächters (Haftung für die Erfüllungsgehilfen, § 278 BGB), auch wenn er nicht verpflichtet war, einen Parkplatz einzurichten.

Beispiel:

Nett hat den Pförtner seines Betriebes beauftragt, den Parkplatz zu bewachen. Der Pförtner kümmert sich aber wenig um den Parkplatz. Eines Tages gelingt es Kindern, sich in den Betrieb einzuschleichen. Sie finden eine schwere Kugel und trainieren auf dem Parkplatz „Kugelstoßen". Dabei wird Schnells Wagen beschädigt. Die Kinder verschwinden spurlos. Kann Schnell Schadensersatz geltend machen?

Nach den vorstehenden Ausführungen können Sie diese Frage mit Ja beantworten. Auf Grund der allgemeinen Fürsorgepflicht ist Nett zum Schadensersatz verpflichtet, da er für das Verschulden seines Erfüllungsgehilfen haften muss und die Schädiger nicht bekannt sind. ■

Die dem Arbeitgeber obliegende Fürsorgepflicht (Sorgfaltspflicht) kann er nicht durch Vertrag bzw. Anordnung ganz ausschließen. Jedoch kann er anordnen, dass die Kleider nur an bestimmten Stellen aufzubewahren oder die Fahrräder an Fahrradständern abzustellen sind. Kommt der Arbeitnehmer dieser Aufforderung nicht nach, haftet der Arbeitgeber nicht.

2.2.3 Beachtung sozialversicherungsrechtlicher Vorschriften

Eine öffentlich-rechtliche Pflicht besteht für den Arbeitgeber hinsichtlich der richtigen und rechtzeitigen Anmeldung des bei ihm beschäftigten Arbeitnehmers zur Sozialversicherung sowie hinsichtlich der Abführung der Sozialversicherungsbeiträge in der richtigen Höhe und der Erstattung der erforderlichen Anzeigen (z.B. Unfallanzeigen).

Kommt der Arbeitgeber dieser Verpflichtung nicht nach, hat der Arbeitnehmer einen aus der Fürsorgepflicht abgeleiteten vertraglichen Anspruch gegen den Arbeitgeber auf Ersatz des ihm entstandenen Schadens.

Dass dem Arbeitnehmer ein vertraglicher Anspruch zusteht, ist insoweit wichtig, als der Arbeitgeber auch für das Verhalten des Angestellten haften muss, den er mit der Erledigung der sozialversicherungsrechtlichen Angelegenheiten beauftragt hat.

Hat demnach Ihr Arbeitgeber z.B. die Beiträge zur Rentenversicherung nicht ordnungsgemäß abgeführt und trifft ihn diesbezüglich ein Verschulden, haben Sie, wenn dadurch Ihre Angestellten- oder Invalidenrente verringert wird, Anspruch auf Zahlung des Unterschiedsbetrages gegen den Arbeitgeber. Diese Ansprüche verjähren nun nach drei Jahren. Dagegen tritt bei Ansprüchen auf Sozialleistungen die Verjährung in vier Jahren nach Ablauf des Kalenderjahres ein, in dem sie entstanden sind.

2.2.4 Richtige Berechnung und Abführung der Lohnsteuer

Wie das Bundesarbeitsgericht in mehreren Entscheidungen festgestellt hat, beinhaltet die Fürsorgepflicht des Arbeitgebers auch die Pflicht zur richtigen Berechnung und Abführung der Lohnsteuer.

Hat der Arbeitgeber die Lohnsteuer zu niedrig berechnet und nimmt ihn deswegen das Finanzamt in Anspruch, kann er grundsätzlich volle Erstattung der nachträglich gezahlten Steuern von dem betreffenden Arbeitnehmer verlangen, da dieser der Schuldner der Lohnsteuer ist. Jedoch gilt dieser Grundsatz nicht uneingeschränkt. Der Arbeitgeber ist verpflichtet, sich um eine sachgerechte Bearbeitung der Lohnsteuer zu bemühen. Ist die Nachforderung zweifelhaft, hat er eine Klärung des Sachverhalts beim Finanzamt herbeizuführen. Ungerechtfertigte Steuernachforderungen hat er abzulehnen. Insbesondere muss er den Arbeitnehmer von einer drohenden oder durchgeführten Lohnsteuernachforderung unterrichten. Kommt der Arbeitgeber dieser aus der Fürsorgepflicht erwachsenen Verpflichtung nicht nach, entfällt der Erstattungsanspruch.

Der Erstattungsanspruch entfällt auch dann, wenn dem Arbeitnehmer durch die Fürsorgepflichtverletzung des Arbeitgebers ein besonderer Nachteil entstanden ist.

Beispiel:

Bei einer Betriebsprüfung durch das Finanzamt stellt sich heraus, dass Schlamp dem bei ihm beschäftigten Ärmlich über Jahre hinaus schuldhaft zu wenig Steuern abgezogen hat. Das Finanzamt wendet sich, da das Einkommen des Ärmlich gering ist, an Schlamp. Schlamp zahlt und verlangt Erstattung der von ihm gezahlten Summe von Ärmlich. Wie ist die Rechtslage?

Gehen wir davon aus, dass dem Arbeitnehmer ein besonderer Nachteil nicht entstanden ist, so muss Ärmlich dem Schlamp grundsätzlich die von diesem nachgezahlte Steuer erstatten. Ist aber dem Ärmlich ein besonderer Nachteil entstanden, ist er z.B. wegen der Erstattung nicht mehr in der Lage, seine Wohnungsmiete zu zahlen und muss er sich nach einer billigeren Wohnung umsehen, kann er den Schaden, der ihm dadurch entsteht, dem Schlamp gegenüber geltend machen. ∎

Die Fürsorgepflicht

2.2.5 Erläuterung der Lohnberechnung

Der Arbeitgeber ist verpflichtet, seinen Arbeitnehmern die Berechnung des Lohnes bzw. Gehalts zu erklären bzw. erklären zu lassen, ihnen die erforderlichen Unterlagen zur Verfügung zu stellen und Akteneinsicht zu gewähren (§§ 82 Abs. 2 und 83 Betriebsverfassungsgesetz).

2.2.6 Beschäftigungspflicht

Das Bundesarbeitsgericht steht auf dem Standpunkt, dass auf Grund der Artikel 1 und 2 des Grundgesetzes (Beeinträchtigungen der Würde des Menschen und der freien Entfaltung der Persönlichkeit; vgl. auch § 75 Abs. 2 BetrVG) der Arbeitnehmer während des Bestehens des Arbeitsverhältnisses Anspruch hat, beschäftigt zu werden. Der Arbeitgeber kann den Arbeitnehmer ohne dessen Zustimmung unter Fortzahlung des Lohnes bzw. Gehaltes nur in Ausnahmefällen bei besonders schutzwürdigen Interessen des Arbeitgebers freistellen.

> **Beispiel:**
>
> Schlau möchte Eifer entlassen, ihm aber nicht selbst kündigen. In der Hoffnung, dass Eifer selbst kündigt, weist er ihm keine Arbeit mehr an, zahlt ihm aber den Lohn weiter. Eifer kann auf Beschäftigung klagen. ■

2.2.7 Pflicht zur Gleichbehandlung

Der Arbeitgeber ist seinen Arbeitnehmern gegenüber zur Gleichbehandlung verpflichtet. Diese Pflicht ergibt sich einmal aus Artikel 3 des Grundgesetzes, aber auch aus § 75 Abs. 1 BetrVG. Der Arbeitnehmer kann sich jedoch nur dann auf den Grundsatz der Gleichbehandlung berufen, wenn der Sachverhalt gleich ist. Ist der Sachverhalt nicht gleich, kann der Arbeitgeber auch Unterschiede in der Leistung machen.

> **Beispiel:**
>
> Großmut zahlt den bei ihm beschäftigten Arbeitnehmern eine Weihnachtsgratifikation. Die Höhe der Gratifikation richtet sich nach der Dauer der Betriebszugehörigkeit, d.h. wer erst ein Jahr im Betrieb ist, erhält 100 €, alle anderen einen Monatslohn. Bissig, der als einziger erst ein Jahr im Betrieb ist, ärgert sich über diese Regelung. Er vertritt die Ansicht, auf Grund des Gleichbehandlungsgrundsatzes habe er Anspruch auf die gleiche Summe wie die anderen. Als Großmut eine Gleichstellung ablehnt, erhebt er Klage vor dem Arbeitsgericht. Hat er Aussicht auf Erfolg?
>
> Nein. Die Abstufung nach Dauer der Betriebszugehörigkeit ist sachlich gerechtfertigt, da dadurch die langjährige Tätigkeit im Betrieb honoriert werden soll. ■

Die Pflichten des Arbeitgebers

Selbst bei gleichem Sachverhalt kann der Arbeitgeber die Arbeitnehmer unterschiedlich behandeln, denn er verstößt nur dann gegen den Gleichbehandlungsgrundsatz, wenn die **unterschiedliche Behandlung aus sachfremden und willkürlichen Beweggründen erfolgt oder diskriminierend wirkt.**

Beispiel:

Bissig beschwert sich bei Großmut, weil er nur 100 €, alle anderen aber mehr Weihnachtsgeld erhalten. Das nimmt ihm Großmut sehr übel, so dass er Bissig überhaupt kein Weihnachtsgeld auszahlt. Hat die Klage des Bissig auf Zahlung der Weihnachtsgratifikation in diesem Fall Erfolg?

Ja. Der Arbeitgeber darf eine sachlich gerechtfertigte Gruppierung vornehmen. An diese ist er dann aber gebunden. Er kann nicht willkürlich – z.B. weil er sich geärgert hat – einen einzelnen Arbeitnehmer von dieser Gruppierung ausnehmen (vgl. hierzu auch § 612 a BGB, im Anhang). ■

Wie Sie aus den beiden Beispielen ersehen, findet der Grundsatz der Gleichbehandlung vor allem Anwendung auf die zusätzlichen sozialen Leistungen des Arbeitgebers wie etwa Gratifikation, Ruhegeld, Sozialzulagen usw. Darüber hinaus hat der Arbeitgeber den Gleichbehandlungsgrundsatz insbesondere auch bei der Anwendung allgemeiner Dienstvorschriften, die für eine größere Anzahl von Arbeitnehmern gelten, zu beachten, so z. B. bei der Ein- und Durchführung von Torkontrollen, Rauchverboten, bei der Heranziehung der Arbeitnehmer zu Mehr-, Nacht- und Feiertagsarbeit, Einführung von Kurzarbeit usw.

Umstritten ist, ob der Gleichbehandlungsgrundsatz auch in Bezug auf Lohn bzw. Gehalt anwendbar ist. Grundsätzlich wird eine Anwendung abgelehnt, jedoch hat das Bundesarbeitsgericht einige Ausnahmen zugelassen.

Beispiel:

Lieb, Willig und Nett arbeiten mit Wild und weiteren 20 Kollegen bei Weihrauch. Alle verrichten die gleiche Arbeit. Lieb, Willig und Nett verstehen es, sich bei Weihrauch besonders beliebt zu machen. Weihrauch zahlt ihnen daher, obwohl sie die gleiche Arbeit verrichten wie die anderen, mehr Lohn. Wild ist damit nicht einverstanden. Unter Berufung auf den Gleichbehandlungsgrundsatz erhebt er Klage. Wird er den Prozess gewinnen?

Nein. Die Vertragsfreiheit – so das Bundesarbeitsgericht – geht der Gleichbehandlung vor. Der Arbeitgeber kann also einzelne Arbeitnehmer besser stellen als die Masse der Arbeitnehmer, weil der Grundsatz der Gleichbehandlung sein Recht, Arbeitsverträge abzuschließen, wie er will, in der Regel nicht einschränken kann. Wild hat also, obwohl er die gleiche Arbeit leistet, keinen Anspruch auf gleichen Lohn. ■

Die Fürsorgepflicht

Wie ist aber die Rechtslage im folgenden Fall?

Wild, Bissig und Rau arbeiten mit 20 weiteren Kollegen bei Senz. Alle verrichten die gleiche Arbeit. Da Senz Wild, Bissig und Rau nicht mag, zahlt er ihnen weniger als den anderen. Wild, Bissig und Rau erheben Klage. Wie ist die Rechtslage?

Hier kommt der Grundsatz der Gleichbehandlung zum Zuge, denn die Schlechterstellung einzelner Arbeitnehmer ist eine Diskriminierung. Insoweit verstößt eine unterschiedliche Behandlung gegen den Gleichbehandlungsgrundsatz, der – wie eingangs erwähnt – eine Diskriminierung verbietet. ∎

Wie beurteilen Sie folgenden Fall?

Senz zahlt seinen Arbeitnehmern, die alle die gleiche Arbeit verrichten, auch das gleiche Entgelt. Bei einer allgemeinen Lohnwelle erhöht er die Löhne aller Arbeitnehmer seines Betriebes, jedoch schließt er Wild, Bissig und Rau von der Lohnerhöhung aus, weil er sie nicht mag. Wie ist hier die Rechtslage?

Die Rechtslage ist hier die gleiche wie im vorhergehenden Fall. Wild, Bissig und Rau können sich auf den Grundsatz der Gleichbehandlung berufen und denselben Lohn wie alle Kollegen beanspruchen. ∎

Wie sieht es aber in dem folgenden Fall aus?

Auf Grund eines in Kraft getretenen Tarifvertrages erhöht Senz die Löhne aller Arbeitnehmer mit Ausnahme von Wild, Bissig und Rau; sie berufen sich auf den Grundsatz der Gleichbehandlung und fordern gleiche Entlohnung wie die anderen. Senz lehnt dies aber mit der Begründung ab, dass der Tarifvertrag nicht für allgemein verbindlich erklärt worden ist. Deshalb hätten nur die Gewerkschaftsmitglieder Anspruch auf den im Tarifvertrag festgesetzten Lohn. Da Wild, Bissig und Rau nicht organisiert seien, hätten sie auch keinen Anspruch auf den Tariflohn; diese sind aber anderer Meinung. Wer hat Recht?

Senz hat Recht. Durch den Tarifvertrag wird der Arbeitgeber verpflichtet, den gewerkschaftlich organisierten Arbeitnehmern den im Tarifvertrag vereinbarten Lohn zu zahlen. Den so genannten Außenseitern gegenüber besteht diese Pflicht nur dann, wenn der Tarifvertrag für allgemein verbindlich erklärt wurde. Ist dies nicht der Fall, können sich die Außenseiter nicht auf den Gleichbehandlungsgrundsatz berufen, da nicht der gleiche Sachverhalt gegeben ist. ∎

Die Gleichbehandlung von Männern und Frauen durch den Arbeitgeber sollte inzwischen selbstverständlich sein. In der Praxis sieht es aber oft anders aus. Hier ist auf § 611 a BGB (vgl. S. 157) hinzuweisen; nach dieser Bestimmung hat der Arbeitgeber z.B. bei der Einstellung Männer und Frauen gleich zu behandeln. Lehnt er eine Frau mit der Begründung ab, Männer seien ihm für die Besetzung dieser Stelle lieber, so kann die betroffene Bewerberin zwar nicht auf Einstellung, wohl aber auf Schadensersatz klagen (so BAG vom 14. März 1989).

Nach der Rechtsprechung des EuGH müsste der deutsche Gesetzgeber die Begrenzung des Schadensersatzes auf drei Monatsverdienste (§ 611 a Abs. 2 BGB) aufgeben. Lediglich bei der diskriminierenden Nichtberücksichtigung weniger qualifizierter Bewerber verbleibt es bei der Obergrenze (§ 611 a Abs. 3 BGB).

Abschließend ist noch festzustellen, dass der Gleichbehandlungsgrundsatz bei der Kündigung grundsätzlich nicht anwendbar ist. Haben z.B. mehrere Arbeitnehmer gemeinsam eine Verfehlung begangen, so kann der Arbeitgeber frei entscheiden, ob er allen oder nur einzelnen kündigt (anderer Ansicht: Schaub, Arbeitsrechtshandbuch, 2. Auflage, Anmerkung 5 zu § 112). Wegen der Gleichbehandlung von Mann und Frau vgl. § 611 a und b sowie § 612 Abs. 3 BGB (s. Anhang).

2.3 Die Pflicht zur Gewährung von Erholungsurlaub

Eine wesentliche Verpflichtung des Arbeitgebers aus dem Arbeitsverhältnis ist die Gewährung von Erholungsurlaub. Unter Erholungsurlaub versteht man die **Freistellung des Arbeitnehmers von der Arbeit für eine bestimmte Zeit zum Zwecke der Erholung unter Fortzahlung des Arbeitsentgelts.** Der Urlaubsanspruch hat sich aus der Fürsorgepflicht entwickelt.

2.3.1 Rechtsgrundlage des Erholungsurlaubs

Der Urlaubsanspruch kann sich aus dem Gesetz, aus dem Tarifvertrag, einer Betriebsvereinbarung (selten) **oder aus dem Einzelarbeitsvertrag ergeben.**

Die wesentliche gesetzliche Grundlage des Erholungsurlaubs ist das **Bundesurlaubsgesetz.** Daneben finden sich **Sonderregelungen** für einzelne Arbeitnehmergruppen **im Jugendarbeitsschutzgesetz, im Schwerbehindertengesetz und im Seemannsgesetz.**

Sie werden jetzt fragen: Auf welche Rechtsgrundlage kann ich mich hinsichtlich meines Urlaubsanspruchs berufen?

Beispiel:

Wild, Nett und Klug sind Abteilungsleiter in verschiedenen Großhandelsgeschäften. Sie haben die gleiche Ausbildung, üben die gleiche Tätigkeit aus, haben die gleiche Anzahl von Berufsjahren und sind 32 Jahre alt. An ihrem gemeinsamen

Die Pflicht zur Gewährung von Erholungsurlaub

> Skatabend stellen sie fest, dass sie verschieden lang Urlaub machen können: Wild werden von seinem Arbeitgeber 24 Werktage, Nett 27 Werktage und Klug 29 Werktage Urlaub gewährt. Wild kann nicht verstehen, wieso den anderen mehr Urlaub gewährt wird als ihm. Klug kann ihm aber diese Unterschiede erklären.
>
> Klug ist Mitglied der zuständigen Gewerkschaft. Sein Arbeitgeber ist Mitglied des entsprechenden Arbeitgeberverbandes. Zwischen der Gewerkschaft und dem Arbeitgeberverband wurde ein Tarifvertrag ausgehandelt, in dem der Erholungsurlaub festgelegt ist. Auf Grund dieses Tarifvertrages hat Klug Anspruch auf 29 Tage Erholungsurlaub. Nett hat mit seinem Arbeitgeber im Einzelarbeitsvertrag einen Urlaub von 27 Tagen vereinbart. Da Wild weder der Gewerkschaft angehört noch seinen Anspruch auf eine Vereinbarung im Einzelarbeitsvertrag stützen kann, verbleibt ihm als Rechtsgrundlage nur das Gesetz. Nach § 3 Abs. 1 Bundesurlaubsgesetz erhält er 24 Werktage Urlaub.
>
> Weder Nett noch Wild können ihren Anspruch auf den Tarifvertrag stützen. Das könnten sie nur, wenn der Tarifvertrag für allgemein verbindlich erklärt worden wäre. ∎

Wir werden uns in den folgenden Abschnitten **in erster Linie mit den Bestimmungen des Bundesurlaubsgesetzes befassen.** Denken Sie aber immer daran, dass diese Bestimmungen durch Tarifvertrag, Betriebsvereinbarung (selten) oder Einzelarbeitsvertrag abgeändert werden können.

Dabei ist zu bemerken, dass die Vorschriften des Bundesurlaubsgesetzes zu Gunsten der Arbeitnehmer zwingend sind. Vertragliche Abweichungen sind nur zulässig, soweit sie den Arbeitnehmer besser stellen. Jedoch kann in Tarifverträgen mit Ausnahme der §§ 1, 2, 3 Abs. 1 auch zu Ungunsten der Arbeitnehmer vom Bundesurlaubsgesetz abgewichen werden.

2.3.2 Urlaubsanspruch

Anspruch auf Urlaub haben nach § 2 BUrlG **alle Arbeitnehmer** einschließlich **Aushilfskräfte** sowie Arbeitnehmer, die in **Berufsausbildung** stehen. Zu den Letzteren gehören nach dem Berufsbildungsgesetz Auszubildende (Lehrlinge, Anlernlinge, Praktikanten, Volontäre), aber auch Umschüler, soweit die Umschulung nicht ausschließlich in einem Schulverhältnis durchgeführt wird. Das Bundesurlaubsgesetz gilt auch für Schüler und Studenten, die während ihrer Ferien in einem Betrieb arbeiten, und für arbeitnehmerähnliche Personen, d.h. für Personen, die wirtschaftlich von einem Auftraggeber abhängig sind, wie z.B. Künstler, Reporter, Mitarbeiter beim Rundfunk und Heimarbeiter. Für Letztere besteht allerdings nach § 12 BUrlG eine Sonderregelung.

Die Pflichten des Arbeitgebers

In der Praxis wird sehr oft die Ansicht vertreten, dass Personen, die nur halbtags oder nur stundenweise am Tag oder nur an zwei oder drei Tagen in der Woche arbeiten (z. B. Putzfrauen), keinen Urlaubsanspruch hätten. Das ist falsch, da es sich in diesen Fällen meist um Arbeitnehmer handelt, d. h. um Personen, die auf Grund eines Arbeitsvertrages ihrem Arbeitgeber zur Leistung von Arbeit nach Weisung verpflichtet sind.

Selbstverständlich haben auch Arbeitnehmer, die eine geringfügige Beschäftigung ausüben, also nicht mehr als 400 € monatlich verdienen oder deren Beschäftigung innerhalb eines Kalenderjahres auf längstens zwei Monate oder 50 Arbeitstage begrenzt ist, Anspruch auf Erholungsurlaub.

Arbeitnehmer mit mehreren Arbeitsverhältnissen haben Anspruch auf Urlaub gegen jeden ihrer Arbeitgeber. Das gilt auch für Arbeitnehmer, die einen Nebenberuf ausüben. Auch in ihrem Nebenberuf haben sie Anspruch auf Urlaub.

2.3.3 Urlaubsdauer

Nach § 3 Abs. 1 BUrlG beträgt der Erholungsurlaub für Arbeitnehmer **mindestens 24 Werktage.** Gesetzliche Feiertage bleiben ebenso wie Sonntage bei der Berechnung des Urlaubs außer Betracht, d.h. fällt ein Wochenfeiertag in den Urlaub, dann verlängert sich der Urlaub um diesen Tag.

Die Urlaubsdauer ist für Arbeitnehmer, die stunden-, tageweise oder nebenberuflich arbeiten, genau die gleiche wie für die ganztägig Beschäftigten.

> **Beispiel:**
>
> Frau Emsig arbeitet halbtags. Ihr stehen vier volle Wochen (24 Werktage) Urlaub zu. ∎

Das Gesetz geht von 24 Werktagen aus. Werktage sind gemäß § 3 Abs. 2 BUrlG alle Kalendertage, die nicht Sonn- oder Feiertage sind. Zum Zeitpunkt des In-Kraft-Tretens des Bundesurlaubsgesetzes (1963) gab es die Fünf-Tage-Woche so gut wie nicht. Es gab daher auch keine Probleme: Werktage und Arbeitstage waren identisch. Das ist nach Einführung der Fünf-Tage-Woche nicht mehr der Fall.

Das Bundesarbeitsgericht rechnet daher, um Missverständnisse zu vermeiden, die im Gesetz angegebenen **Werktage in Arbeitstage** um. In seiner Entscheidung vom 27. Januar 1987 geht das Bundesarbeitsgericht von folgendem Berechnungsverfahren aus: Die Anzahl der Werktage wird durch sechs geteilt und mit der Anzahl der Arbeitstage, die der Arbeitnehmer innerhalb der Woche erbringt, multipliziert. 24 Werktage ergeben somit $24 : 6 = 4 \times 5 = 20$ Arbeitstage.

Eine abweichende Berechnung ergibt sich, wenn die regelmäßige Arbeitszeit eines Arbeitnehmers auf einen Zeitraum verteilt ist, der mit einer Kalenderwoche nicht

Die Pflicht zur Gewährung von Erholungsurlaub

übereinstimmt. Hierbei muss für die Umrechnung eines nach Arbeitstagen bemessenen Urlaubsanspruchs auf längere Zeitabschnitte als eine Woche, gegebenenfalls auf ein Kalenderjahr abgestellt werden (BAG vom 22. Januar 1991).

Durch die in den letzten Jahren immer stärker werdende Teilzeitarbeit ist das Problem noch vergrößert worden: Wie ist der Urlaub zu berechnen, wenn der Arbeitnehmer nur an drei Tagen in der Woche arbeitet?

Beispiel:
Frau Teilzeit arbeitet nur an drei Tagen in der Woche. Daraus ergibt sich folgende Rechnung: 24 : 6 = 4 x 3 = 12 Arbeitstage. Würde Frau Teilzeit nur zwei Tage in der Woche arbeiten, so hätte sie Anspruch auf acht Arbeitstage (24 : 6 = 4 x 2 = 8). ■

Damit kein Missverständnis aufkommt, wird nochmals darauf hingewiesen, dass den Teilzeitbeschäftigten genauso viel Urlaub zusteht wie den Vollzeitbeschäftigten. Geht man von Werktagen aus, so ist der Anspruch immer der gleiche. Arbeitet der Arbeitnehmer aber keine sechs Werktage in der Woche, so ist eine Umrechnung auf Arbeitstage erforderlich und führt zu den vorgenannten Ergebnissen. Von den errechneten Arbeitstagen werden dann auch nur die Arbeitstage, an denen der Arbeitnehmer Urlaub genommen hat, abgezogen.

Beispiel:
Frau Teilzeit arbeitet an drei Tagen in der Woche, nämlich montags, mittwochs und freitags. Nimmt sie von Montag bis einschließlich Mittwoch Urlaub, so werden von den neun Arbeitstagen Urlaub zwei Arbeitstage, nämlich Montag und Mittwoch, abgezogen.

Entsprechend ist auch bei Teilurlaubsansprüchen zu verfahren. ■

Jugendliche haben nach dem Jugendarbeitsschutzgesetz **einen höheren Urlaubsanspruch** als erwachsene Arbeitnehmer. Jugendliche, die zu Beginn des Kalenderjahres noch nicht 16 Jahre alt sind, haben Anspruch auf 30 Werktage Urlaub, Jugendliche, die zu Beginn des Kalenderjahres noch nicht 17 Jahre alt sind, haben Anspruch auf 27 Werktage Urlaub, Jugendliche, die zu Beginn des Kalenderjahres noch nicht 18 Jahre alt sind, haben Anspruch auf 25 Werktage Urlaub.

Schwerbehinderte Menschen haben gemäß § 125 SGB IX Anspruch auf einen zusätzlichen Urlaub von fünf Arbeitstagen. Verteilt sich die Arbeitszeit des schwerbehinderten Menschen auf mehr oder weniger Arbeitstage in der Kalenderwoche, erhöht oder vermindert sich der Zusatzurlaub entsprechend.

Hinsichtlich der Neuregelung ist zu beachten, dass – wenn sich die regelmäßige Arbeitszeit des schwerbehinderten Menschen auf mehr oder weniger als fünf Arbeitstage in der Kalenderwoche verteilt – sich der Zusatzurlaub entsprechend erhöht oder vermindert, d.h. also, dass der schwerbehinderte Mensch, wenn er sechs Tage in der Woche arbeitet, Anspruch auf sechs Arbeitstage hat. Arbeitet eine Arbeitnehmerin, die schwerbehindert ist, an drei Tagen in der Woche, stehen ihr nur drei Arbeitstage Zusatzurlaub zu.

Zu erwähnen ist, dass Zusatzurlaub den Gleichgestellten im Sinne des § 2 SGB IX nicht gewährt wird.

Die Dauer des Urlaubs kann durch **Tarifvertrag, Betriebsvereinbarung und Einzelarbeitsvertrag zwar verlängert, aber nicht verkürzt werden.** Von der Urlaubsverlängerung wird häufig Gebrauch gemacht. Nur dann, wenn Sie sich weder auf einen Tarifvertrag noch auf eine Betriebsvereinbarung noch auf eine Vereinbarung Ihres Arbeitsvertrages berufen können, gilt für Sie die Regelung des Bundesurlaubsgesetzes.

Gewährt der Arbeitgeber aus Anlass eines Betriebsjubiläums oder eines Volksfestes (Rosenmontag, Kirchweih usw.) einen oder mehrere freie Tage, so dürfen diese ebenso wenig auf den Erholungsurlaub angerechnet werden (es sei denn, es ist ausdrücklich etwas anderes vereinbart worden) wie die Tage, an denen aus Anlass des Betriebsausfluges oder wegen eines Streiks nicht gearbeitet wurde. (Eine andere Frage ist es, ob der Arbeitgeber für diese Tage Lohn zahlen muss.) Im Vorjahr zu viel gewährte Urlaubstage dürfen nicht von dem Urlaub des laufenden Urlaubsjahres abgezogen werden.

2.3.4 Wartezeit, voller Urlaub, anteiliger Urlaub

Fangen Sie auf einer neuen Arbeitsstelle an, so haben Sie nicht sofort einen Anspruch auf Urlaub. **Sie müssen sechs Monate warten** (§ 4 BUrlG). Dies gilt nach dem Jugendarbeitsschutzgesetz auch für jugendliche Arbeitnehmer (§ 19 Abs. 4 JArbSchG). Erst nach dieser Wartezeit können Sie den vollen bzw. anteiligen Urlaub beanspruchen. In der Folgezeit entsteht der Anspruch auf den vollen Jahresurlaub zu Beginn eines jeden Kalenderjahres, d.h. aber nicht, dass sie dann eigenmächtig Urlaub machen können (vgl. Ziffer 2.3.5).

Anspruch auf den vollen Jahresurlaub haben Sie nach dem Bundesurlaubsgesetz auch dann, wenn Sie nach erfüllter Wartezeit in der zweiten Hälfte des Kalenderjahres aus Ihrem Arbeitsverhältnis ausscheiden. Sind Sie z.B. schon **länger als sechs Monate im Betrieb und kündigen Sie zum 15. Juli, muss Ihnen Ihr derzeitiger Arbeitgeber den vollen Jahresurlaub gewähren.** Er kann Sie also nicht auf den neuen Arbeitgeber verweisen. Beachten Sie aber, dass diese Bestimmung in vielen Tarifverträgen anders geregelt wird, d.h. dort ist sehr oft vereinbart, dass der Arbeitnehmer, wenn er in der zweiten Jahreshälfte ausscheidet, nur Anspruch auf anteiligen Urlaub hat.

Die Pflicht zur Gewährung von Erholungsurlaub **75**

Anders ist die Rechtslage, wenn Sie nach erfüllter Wartezeit **in der ersten Hälfte (d.h. bis zum 30. Juni) des Kalenderjahres ausscheiden.** Hier haben Sie nur **Anspruch auf anteiligen Urlaub** (Teilurlaub), d.h. Sie erhalten für jeden vollen Monat des Bestehens des Arbeitsverhältnisses ein Zwölftel des Jahresurlaubs (§ 5 Abs. 1 Buchst. c BUrlG).

> **Beispiel:**
> Wechsel kündigt zum 31. Mai. Die Wartezeit hat er erfüllt. Weil er in der ersten Hälfte des Kalenderjahres ausscheidet, hat er lediglich Anspruch auf anteiligen Urlaub. Für fünf volle Monate erhält Wechsel fünf Zwölftel des Jahresurlaubs = 24 : 12 = 2 x 5 = 10. ■

Hat der Arbeitgeber dem in der ersten Hälfte des Kalenderjahres ausscheidenden Arbeitnehmer bereits den gesamten Jahresurlaub gewährt, kann er das dafür gezahlte Urlaubsentgelt nicht zurückverlangen (§ 5 Abs. 3 BUrlG).

> **Beispiel:**
> Wechsel hat seinen gesamten Urlaub im Februar genommen, um in den Wintersport zu fahren. Als er zum 31. Mai kündigt, verlangt Geiz, sein Arbeitgeber, für den über zehn Tage hinausgehenden Urlaub das Urlaubsentgelt zurück.
>
> Wechsel beruft sich auf § 5 Abs. 3 BUrlG. Daraufhin verzichtet Geiz auf eine Klage. ■

Durch Tarifvertrag kann eine abweichende Regelung getroffen werden.

Anteiliger Urlaub ist auch dann zu gewähren, wenn Sie wegen Nichterfüllung der Wartezeit in dem laufenden Kalenderjahr keinen vollen Urlaubsanspruch erwerben (§ 5 Abs. 1 Buchst. a BUrlG). Treten Sie z.B. am 15. August in ein neues Arbeitsverhältnis ein, haben Sie Anspruch auf vier Zwölftel Jahresurlaub. Da nur volle Beschäftigungsmonate berücksichtigt werden, werden die 14 Tage, die über die vier Monate hinausgehen, nicht mitgerechnet.

Dieser Teilurlaub kann selbstverständlich erst genommen werden, wenn die Wartezeit abgelaufen ist. Auf Verlangen des Arbeitnehmers – das man in der Regel unterstellen kann – ist dieser **Teilurlaubsanspruch auf das nächste Kalenderjahr zu übertragen** und kann gemeinsam mit dem für dieses Jahr anfallenden Jahresurlaub genommen werden (vgl. § 7 Abs. 3 S. 4 BUrlG). Anspruch auf anteiligen Urlaub entsteht auch dann, wenn Sie das Arbeitsverhältnis beenden, bevor die Wartezeit erfüllt ist (§ 5 Abs. 1 Buchstabe b BUrlG).

> **Beispiel:**
> Treten Sie am 3. April in eine Firma ein und scheiden am 12. Juli wieder aus, erhalten Sie, da das Arbeitsverhältnis drei volle Monate (es wird auf den Beschäftigungsmonat, nicht auf den Kalendermonat abgestellt) bestanden hat, drei Zwölftel Ihres Jahresurlaubs. ∎

Auch in diesen beiden Fällen (§ 5 Abs. 1 Buchstabe a bzw. b BUrlG) kann der Arbeitgeber, wenn dem Arbeitnehmer mehr Urlaub gewährt worden ist, als ihm zustand, das zu viel gezahlte Urlaubsentgelt nicht zurückverlangen. Das entspricht zwar nicht dem Wortlaut des Gesetzes, da § 5 Abs. 3 BUrlG sich nur auf § 5 Abs. 1 Buchstabe c bezieht. Jedoch wird in Rechtsprechung und Literatur die Ansicht vertreten, dass § 5 Abs. 3 allgemein, also auch auf die vorgenannten Fälle, anzuwenden ist.

Hat Ihnen Ihr Arbeitgeber vor dem Ausscheiden aus seinem Betrieb den gesamten Urlaub gewährt, können Sie bei dem neuen Arbeitgeber keinen Urlaub mehr beanspruchen (§ 6 Abs. 1 BUrlG). Haben Sie anteiligen Urlaub erhalten, haben Sie nach Erfüllung der Wartezeit gegen den neuen Arbeitgeber nur Anspruch auf anteiligen Urlaub; es sei denn, Sie sind in der ersten Hälfte des Kalenderjahres ausgeschieden. Dann haben Sie nach Erfüllung der Wartezeit Anspruch gegen den neuen Arbeitgeber auf den gesamten Jahresurlaub, vermindert um den bereits vom alten Arbeitgeber gewährten Teilurlaub.

Haben Sie beim alten Arbeitgeber keinen Urlaub erhalten und erfüllen Sie im laufenden Urlaubsjahr beim neuen Arbeitgeber die Wartezeit, haben Sie ebenfalls Anspruch auf den gesamten Jahresurlaub gegen den neuen Arbeitgeber.

> **Beispiel:**
> Sauer scheidet am 31. Mai bei der Firma Bruch & Co., die Zahlungsschwierigkeiten hat, überraschend aus. Urlaub hat er noch keinen gehabt. Anfang Dezember will er in Urlaub gehen. Er macht beim neuen Arbeitgeber seinen gesamten Jahresurlaub geltend. Dieser ist der Ansicht, Sauer habe nur Anspruch auf anteiligen Urlaub, nämlich für die Zeit, die er bei ihm gearbeitet hat. Steht Sauer der gesamte Jahresurlaub zu?
>
> Ja. Da Sauer beim alten Arbeitgeber keinen Urlaub genommen hat, kann er den gesamten Jahresurlaub bei seinem neuen Arbeitgeber geltend machen. Der neue Arbeitgeber kann Sauer nicht auf den Abgeltungsanspruch, den Sauer gegen seinen alten Arbeitgeber hat, verweisen. Freizeit geht vor Abgeltung. ∎

Der Arbeitgeber ist verpflichtet, dem ausscheidenden Arbeitnehmer eine Bescheinigung über den im laufenden Kalenderjahr gewährten oder abgegoltenen Urlaub auszuhändigen (§ 6 Abs. 2 BUrlG). Nur so ist der folgende Arbeitgeber in der Lage festzustellen, ob und in welcher Höhe er seinem neuen Arbeitnehmer Urlaub gewähren muss.

Die Pflicht zur Gewährung von Erholungsurlaub

2.3.5 Zeitpunkt des Urlaubs

Der Urlaub muss im laufenden Urlaubsjahr – das ist in der Regel das Kalenderjahr – gewährt, aber auch genommen werden. Nur in Ausnahmefällen kann der Urlaub auf das nächste Jahr übertragen werden (vgl. Ziffer 2.3.11).

Innerhalb des Urlaubsjahres bestimmt grundsätzlich der Arbeitgeber kraft seines Direktionsrechts den Zeitpunkt des Urlaubs. Ein Arbeitnehmer, der ohne Einverständnis des Arbeitgebers seinen Urlaub nimmt, muss mit seiner fristlosen Kündigung rechnen. Der Arbeitgeber hat aber die Wünsche des Arbeitnehmers zu berücksichtigen, es sei denn, es stehen dringende betriebliche Bedürfnisse oder die Urlaubswünsche anderer Arbeitnehmer entgegen, die aus sozialen Gründen den Vorrang verdienen (§ 7 Abs. 1 BUrlG). So geht z.B. der Urlaubswunsch eines Arbeitnehmers mit schulpflichtigen Kindern, der nur in den Schulferien in Urlaub fahren kann, dem eines ledigen Arbeitnehmers in der Regel vor. Ist die Urlaubszeit einmal zwischen Arbeitgeber und Arbeitnehmer festgelegt, ist auch der Arbeitgeber an diese Vereinbarung gebunden.

Eine Festlegung des Urlaubs erfolgt in vielen Betrieben durch die Aufstellung eines Urlaubsplanes, der nach Auslegung einer Urlaubsliste durch den Betriebsrat mit dem Arbeitgeber vereinbart wird (vgl. § 87 Abs. 1 Nr. 5 BetrVG). Der Arbeitgeber kann dann die Urlaubszeit nicht mehr einseitig, sondern nur mit Zustimmung des Arbeitnehmers ändern.

Nur in Notfällen (so z.B. bei Erkrankungen im Betrieb, plötzlichem Ausscheiden anderer Arbeitnehmer u.ä.) kann der Arbeitgeber ausnahmsweise von der festgelegten Urlaubszeit abweichen. Dann hat er aber dem Arbeitnehmer die durch die Änderung der Urlaubszeit entstandenen Unkosten zu ersetzen.

Beispiel:

Sommer soll laut Urlaubsplan am 1. August seinen Urlaub antreten. Einige seiner Kollegen haben gekündigt, andere sind erkrankt. Da es sich um einen kleinen Betrieb handelt, droht ein erheblicher Produktionsausfall. Sorge, sein Arbeitgeber, teilt ihm daher mit, er könne nicht am 1. August in Urlaub gehen. Sommer sieht das ein. Er muss die im Frühjahr nach Aufstellung des Urlaubsplanes gebuchte Reise für sich und seine Familie absagen. Das Reisebüro verlangt von Sommer wegen der kurzfristigen Absage 100 € Stornogebühren; er zahlt und verlangt die 100 € von Sorge. Als Sorge sich weigert, erhebt Sommer Klage. Hat die Klage Aussicht auf Erfolg?

Ja. Da eine Notlage vorliegt, kann Sorge von Sommer die Verschiebung des Urlaubs verlangen. Er muss aber Sommer den dadurch entstandenen Schaden, also hier die Stornogebühren, ersetzen. ■

Wie ist die Rechtslage im folgenden Fall?

> **Beispiel:**
>
> Die Situation ist die gleiche wie im vorstehenden Beispiel, jedoch lehnt Sommer eine Verschiebung seines Urlaubs ab, obwohl er weiß, dass seinem Arbeitgeber dadurch ein erheblicher Schaden entsteht. Sommer geht am 1. August in Urlaub; als er nach Hause kommt, findet er in seinem Briefkasten die fristlose Kündigung. Gegen die Kündigung erhebt er Klage.
>
> Die Klage wird abgewiesen. Da eine Notlage vorgelegen hat, hatte Sorge die Möglichkeit, vom Urlaubsplan abzuweichen. Er konnte daher mit Recht von Sommer verlangen, seinen Urlaub zu verschieben. Da Sommer trotzdem seinen Urlaub angetreten hat, ist er unbefugt der Arbeit ferngeblieben. Dadurch hat er einen Grund zur fristlosen Kündigung geschaffen. Sorge war zur fristlosen Kündigung berechtigt. ∎

In Betrieben, in denen ein Betriebsrat besteht, hat dieser in den Fällen, in denen es zwischen dem Arbeitgeber und den beteiligten Arbeitnehmern nicht zu einer Einigung hinsichtlich der zeitlichen Lage des Urlaubs kommt, ein Mitbestimmungsrecht. Der Arbeitgeber kann den Urlaub dann nicht kraft seines Direktionsrechts allein festlegen, sondern muss sich mit dem Betriebsrat auseinander setzen. Kommt es auch hier zu keiner Einigung, entscheidet die Einigungsstelle (§ 87 Abs. 1 Nr. 5, Abs. 2 BetrVG).

Der Arbeitgeber ist berechtigt, die gesamte Belegschaft gleichzeitig in Urlaub gehen zu lassen **(Betriebsferien),** soweit dies aus betriebsbedingten Gründen erforderlich ist. Jedoch hat er auch hier die Interessen der Arbeitnehmer ausreichend zu berücksichtigen. So darf er die Betriebsferien nicht regelmäßig außerhalb der Schulferienzeit oder in die Wintermonate legen. Bei Betriebsferien zwischen Weihnachten und Neujahr ist insbesondere zu beachten, dass eine Urlaubserteilung im Vorgriff auf das kommende Urlaubsjahr unzulässig ist. Verlangt der Arbeitgeber von seinen Arbeitnehmern, dass sie Urlaub im Vorgriff nehmen, muss er damit rechnen, dass diese den Urlaub im kommenden Jahr noch einmal geltend machen.

Umstritten ist die Frage, ob der Arbeitnehmer während der Kündigungsfrist eigenmächtig in Urlaub gehen kann, wenn ihm der Arbeitgeber den Urlaub grundlos verweigert. Das Bundesarbeitsgericht vertritt den Standpunkt, dass auch in diesem Falle der Arbeitnehmer nicht ohne Einverständnis des Arbeitgebers in Urlaub gehen darf (BAG AP Nr. 58 zu § 611 BGB Urlaubsrecht). Das LAG Rheinland-Pfalz dagegen hält in einer Entscheidung vom 25. Januar 1991 eine Selbstbeurlaubung dann für zulässig, wenn der Arbeitgeber den Urlaub ohne triftigen Grund verweigert und ein Verlust des Urlaubsanspruchs droht.

2.3.6 Zusammenhängender Urlaub

Der Urlaub ist grundsätzlich zusammenhängend zu gewähren. Nur dann, wenn dringende betriebliche Erfordernisse oder in der Person des Arbeitnehmers liegende Gründe es erforderlich machen, kann der Urlaub geteilt werden (§ 7 Abs. 2 BUrlG).

Die Pflicht zur Gewährung von Erholungsurlaub

Kann der Urlaub aus den vorgenannten Gründen nicht zusammenhängend gewährt werden und hat der Arbeitnehmer Anspruch auf Urlaub von mehr als zwölf Werktagen, muss einer der Urlaubsteile **mindestens zwölf aufeinander folgende Werktage** umfassen. Verstößt der Arbeitgeber gegen diesen Grundsatz, bleibt der Anspruch auf Erholungsurlaub bestehen, es sei denn, der Arbeitnehmer hat selbst die Teilung verlangt. Von der Bestimmung, dass mindestens zwölf aufeinander folgende Werktage als Urlaub zu nehmen sind, kann durch Tarifvertrag, Betriebsvereinbarung, aber auch durch Einzelarbeitsvertrag abgewichen werden (§ 13 Abs. 1 S. 3 BUrlG).

2.3.7 Erwerbstätigkeit während des Urlaubs

Zweck des Urlaubs ist die Erholung. Der Arbeitnehmer darf während des Urlaubs keine dem Urlaubszweck widersprechende Erwerbstätigkeit ausüben, d.h. der Arbeitnehmer darf **während des Urlaubs grundsätzlich nicht gegen Entgelt für einen anderen Arbeitgeber tätig werden** (§ 8 BUrlG).

Sind Sie aber dabei, sich selbst ein Haus zu bauen, dürfen Sie selbstverständlich auch während des Urlaubs daran arbeiten. Das gleiche gilt, wenn Sie während des Urlaubs aus Gefälligkeit einem anderen helfen.

In beiden Fällen üben Sie ja keine Erwerbstätigkeit – gegen Entgelt – aus. Aber auch nicht jede Erwerbstätigkeit widerspricht dem Urlaubszweck.

Beispiel:

Traub ist Büroangestellter. Als Sitzberufler benutzt er den Urlaub immer zum körperlichen Ausgleich. Schon lange wollte er einmal bei der Weinlese helfen. Er nimmt sich im Herbst Urlaub und hilft einem Moselwinzer bei der Lese. Er arbeitet, wie es ihm gerade Spaß macht, etwa zwei bis drei Stunden am Tag. Der Winzer lässt es sich nicht nehmen, ihn dafür zu bezahlen. Als Hart, sein Arbeitgeber, von dieser Tätigkeit erfährt, kündigt er ihm fristlos. Traub möchte nun wissen, ob er mit Erfolg gegen die Kündigung klagen kann.

Der Arbeitgeber kann unter Umständen bei einem Verstoß gegen das Verbot der Erwerbstätigkeit fristlos kündigen. Wird aber durch die Erwerbstätigkeit der Urlaubszweck, nämlich die Erholung, nicht vereitelt, dient sie z. B. dem körperlichen Ausgleich und handelt es sich um eine zeitlich geringe oder leicht zu verrichtende Tätigkeit, liegt ein Verstoß gegen das Verbot anderer Erwerbstätigkeit nicht vor. Der Arbeitnehmer darf in diesen Fällen auch gegen Bezahlung tätig werden. Da diese Voraussetzungen bei Traub gegeben sind, hat seine Klage Aussicht auf Erfolg. ■

Der Arbeitgeber kann dem Arbeitnehmer aber nicht nur kündigen, sondern ihn unter Umständen auch wegen Schadensersatz in Anspruch nehmen. Verletzt sich z. B. der Arbeitnehmer bei Ausübung einer anderen Erwerbstätigkeit und kann er nach Beendigung des Urlaubs die Arbeit bei seinem Arbeitgeber nicht antreten, haftet er diesem für den dadurch entstandenen Schaden.

> **Beispiel:**
>
> Faß ist Maurer. Während des Urlaubs arbeitet er von morgens bis abends gegen Entgelt bei einem Winzer. In Ausübung dieser Tätigkeit bricht er sich ein Bein. Da er nach Beendigung seines Urlaubs die Arbeit bei Kummer, seinem Arbeitgeber, nicht wieder aufnehmen kann, muss dieser einen Aushilfsmaurer einstellen.
>
> Die Kummer dadurch entstehenden Kosten kann er von Faß zurückverlangen. ■

Unter Aufgabe seiner früheren Rechtsprechung vertritt das Bundesarbeitsgericht in seiner Entscheidung vom 25. Februar 1988 nunmehr den Standpunkt, dass der Arbeitgeber dann, wenn der Arbeitnehmer durch eine Erwerbstätigkeit während des Urlaubs den Urlaubszweck vereitelt, nicht das Recht hat, für die Tage der anderweitigen Erwerbstätigkeit das von ihm gezahlte Urlaubsentgelt zurückzufordern.

2.3.8 Urlaubsentgelt

Wesentliches Merkmal des Erholungsurlaubs ist seine Bezahlung. Der Arbeitnehmer hat grundsätzlich **Anspruch darauf, so gestellt zu werden, als beziehe er den bisherigen Verdienst weiter.** Dieser Grundsatz ist unabdingbar. Von ihm kann weder durch Tarifvertrag, Dienstvereinbarung noch Einzelarbeitsvertrag abgewichen werden. Abreden, nach denen der Arbeitnehmer während des Urlaubs eine geringere Vergütung erhalten soll als während seiner Beschäftigung, sind nichtig.

Probleme ergeben sich zurzeit durch die tarifvertragliche Verkürzung der wöchentlichen Arbeitszeit. So stellt sich die Frage gerade bei dem so genannten Freischichtmodell, welche Arbeitszeit während des Urlaubs zu berücksichtigen ist, die acht Stunden, die täglich gearbeitet werden, oder die verkürzte tägliche Arbeitszeit? Diese Frage lässt sich nicht generell, sondern nur mit Hilfe des einschlägigen Tarifvertrages und der dazu erlassenen Betriebsvereinbarung beantworten (vgl. hierzu BAG vom 18. November 1988).

Bei der Berechnung des Urlaubsentgelts geht man von den letzten abgerechneten 13 Wochen vor Urlaubsbeginn aus (§ 11 Abs. 1 S. 1 BUrlG). Wird monatlich abgerechnet, geht man von den letzten drei Monaten aus. In Tarifverträgen ist mitunter eine andere Berechnung vorgesehen. Bei festen Lohn- und Gehaltsbezügen gibt es keine Schwierigkeiten; das Gehalt bzw. der Lohn wird weitergezahlt.

Ist der Lohnzahlungsabschnitt, der vor dem Urlaubsbeginn liegt, noch nicht endgültig abgerechnet (z.B. bei Abschlagszahlung), so geht man von den letzten 13 Wochen aus, die vor diesem noch nicht abgerechneten Lohnzahlungsabschnitt liegen.

Wird innerhalb der 13 Wochen Lohn bzw. Gehalt nicht nur vorübergehend erhöht (z.B. Tariflohn, aber auch sonstige Lohnerhöhungen), geht man von der neuen Vergütung aus. Das gleiche gilt, wenn die Erhöhung während des Urlaubs erfolgt (§ 11 Abs. 1 S. 2 BUrlG), jedoch erst von dem Zeitpunkt, zu dem die Erhöhung eingetreten ist.

Die Pflicht zur Gewährung von Erholungsurlaub

Das Urlaubsentgelt bemisst sich nach dem durchschnittlichen Arbeitsverdienst der letzten 13 Wochen vor Urlaubsbeginn mit Ausnahme des zusätzlich für Überstunden gezahlten Arbeitsverdienstes.

Entgegen seiner früher vertretenen Ansicht steht das Bundesarbeitsgericht nunmehr auf dem Standpunkt, dass auch Zeitzuschläge für Nachtarbeit gezahlt werden müssen (BAG vom 12. Januar 1989). Bei Akkordlöhnen ist von dem tatsächlichen Verdienst der letzten 13 Wochen auszugehen. Das gleiche gilt, wenn der Arbeitnehmer auf Provisionsbasis arbeitet, Prämien oder Bedienungsprozente (Kellner) erhält, hinsichtlich der Provision bzw. der Prämien und der Bedienungsprozente. Dagegen gehören nicht zu der Vergütung Gratifikationen (z.B. Weihnachtsgeld, aber auch das zusätzliche Urlaubsgeld), Umsatzprovisionen und Gewinnbeteiligungen, soweit sie für das ganze Jahr gezahlt werden. Letzteres gilt auch für die Aufwandsentschädigung, es sei denn, sie fällt auch im Urlaub an.

Beispiel:

Frau Emsig arbeitet als Hausgehilfin bei Pfiffig. Neben dem Lohn erhält sie freie Verpflegung und freie Wohnung. Als sie ihren Urlaub antritt, verlangt sie sowohl Barauszahlung der Verpflegung als auch der Wohnung für die Urlaubszeit. Pfiffig weigert sich, Verpflegung und Wohnung bar abzugelten. Wie ist die Rechtslage?

Frau Emsig hat Anspruch auf Barauszahlung der Verpflegung. Hinsichtlich der Abgeltung der Wohnung kommt es darauf an, ob Pfiffig das von Frau Emsig bewohnte Zimmer während des Urlaubs benutzt oder nicht. Beschäftigt er während des Urlaubs für Frau Emsig eine Ersatzkraft und lässt er diese das Zimmer der Emsig benutzen, so kann Frau Emsig Abgeltung verlangen, auch wenn sie selbst noch Sachen auf diesem Zimmer untergebracht hat. ∎

Bei der Barabgeltung ist von dem wirklichen Wert der Sachleistung, nicht von den Sozialversicherungssätzen oder den steuerlich maßgebenden Sätzen auszugehen.

Verdienstkürzungen sind bei der Berechnung des Urlaubsentgelts nicht zu berücksichtigen (§ 11 Abs. 1 S. 3 BUrlG). Das gilt vor allem für Kurzarbeit, aber auch für Arbeitsausfälle, die der Arbeitgeber zu vertreten hat, so z.B. bei Strommangel oder Maschinenreparatur, soweit eine Entgeltkürzung überhaupt eingetreten ist. Das gleiche gilt für Arbeitsausfälle, die durch Streik und Aussperrung entstanden sind.

Ein Arbeitsversäumnis wird nur dann nicht bei der Berechnung des Urlaubsentgelts berücksichtigt, wenn es nicht vom Arbeitnehmer verschuldet wurde (z.B. bei Krankheit, Sonderurlaub). Hat dagegen der Arbeitnehmer die Arbeit unberechtigt und verschuldet versäumt (z.B. Bummel, Verkehrsunfall durch Trunkenheit am Steuer), ist das Arbeitsversäumnis in den Berechnungszeitraum einzubeziehen und vermindert das Urlaubsentgelt.

Das Urlaubsentgelt wird nach **Werktagen** berechnet. Um den Durchschnittsverdienst für einen Werktag zu erhalten, wird der Verdienst der letzten abgerechneten 13 Wochen vor Urlaubsantritt durch 78 (13 x 6 Werktage) geteilt. Das Ergebnis ist mit der Anzahl der Urlaubstage (Werktage) zu multiplizieren.

Wird die Vergütung **monatlich** abgerechnet, wie z.B. beim Angestellten, so ist von dem Verdienst der letzten drei Monate auszugehen. Die Vergütung der letzten drei abgerechneten Monate wird dann ebenfalls durch 78 geteilt. Ist das Gehalt oder der Monatslohn immer gleich, so kann der Monatsverdienst auch durch 26 geteilt werden.

Soll das Urlaubsentgelt pro **Arbeitstag** – also nicht pro Werktag – errechnet werden, so sind die 13 der Berechnung zu Grunde liegenden Wochen mit der Anzahl der Arbeitstage zu multiplizieren.

> **Beispiel:**
>
> Frau X arbeitet an drei Tagen in der Woche. So ist der Verdienst der letzten 13 Wochen durch 13 x 3 = 39 zu teilen. ■

Das Urlaubsentgelt ist vor Antritt des Urlaubs auszuzahlen (§ 11 Abs. 2 BUrlG). Irrtümlich zu viel gezahltes Urlaubsentgelt kann der Arbeitgeber vom Arbeitnehmer zurückverlangen. Das gilt nicht für den bereits erwähnten Fall, dass der Arbeitnehmer mehr Urlaub erhalten hat, als ihm beim Ausscheiden während des Urlaubsjahres zustand (vgl. Ziffer 2.3.4).

Von dem Urlaubsentgelt ist das **Urlaubsgeld** zu unterscheiden. Das Urlaubsgeld wird in der Regel kraft Tarifvertrages zusätzlich zum Urlaubsentgelt gewährt.

> **Beispiel:**
>
> Holz ist als Schreiner tätig, sein Freund Guss als Schlosser. Holz ist überrascht, dass Guss ein zusätzliches Urlaubsgeld in Höhe von 250 € erhält.
>
> Guss erklärt ihm, dass das Bundesurlaubsgesetz zwar Urlaubsentgelt, nicht aber ein zusätzliches Urlaubsgeld vorsieht. Er erhalte das Urlaubsgeld auf Grund eines Tarifvertrages, den die zuständige Gewerkschaft, der er angehöre, mit dem zuständigen Arbeitgeberverband abgeschlossen habe. ■

2.3.9 Krankheit und Urlaub

Erkrankt der Arbeitnehmer vor Antritt eines bereits festgelegten Urlaubs, kann der Arbeitgeber nicht auf Einhaltung der Urlaubstage bestehen, sondern der Arbeitnehmer hat Anspruch darauf, dass der Urlaub neu festgelegt wird.

Erkrankt der Arbeitnehmer während des Urlaubs, **werden die Krankheitstage nicht auf den Urlaub angerechnet, wenn ein ärztliches Attest über die Arbeitsunfähigkeit vorgelegt wird** (§ 9 BUrlG). Glauben Sie aber nicht, dass Sie Ihren Urlaub

Die Pflicht zur Gewährung von Erholungsurlaub **83**

nun ohne weiteres um die Krankheitstage verlängern können. Dazu bedarf es des Einverständnisses des Arbeitgebers. Denn die Urlaubszeit muss neu festgesetzt werden, weil – wie bereits ausgeführt – der Arbeitgeber kraft seines Direktionsrechts den Zeitpunkt des Urlaubs bestimmt.

Sind Sie also irgendwo im Ausland und wollen Sie Ihren Urlaub um die Krankheitstage verlängern, dann setzen Sie sich am besten telefonisch mit Ihrem Arbeitgeber in Verbindung und holen sein Einverständnis ein. Selbstverständlich hat er auch Ihre Wünsche zu berücksichtigen, soweit nicht betriebliche oder Interessen anderer Arbeitnehmer entgegenstehen.

Entgegen seiner früheren Rechtsprechung hat das Bundesarbeitsgericht in seiner Entscheidung vom 28. Januar 1982 den Urlaubsanspruch auch dann bejaht, wenn der Arbeitnehmer krankheitsbedingt im Urlaubsjahr nur eine geringe oder gar keine Arbeitsleistung erbracht hat. Somit liegt nunmehr ein Rechtsmissbrauch auch dann nicht vor, wenn der Arbeitnehmer, obwohl er keinen einzigen Tag im Urlaubsjahr gearbeitet hat, seinen Urlaub beansprucht. Eine Ausnahme gilt nur für den Fall, dass Arbeitgeber und Arbeitnehmer tarifgebunden sind und im Tarifvertrag eine anderweitige Regelung getroffen ist.

Der Erholungsurlaub des laufenden Kalenderjahres, der auf Grund von Arbeitsunfähigkeit nicht genommen werden kann, wird auf das kommende Kalenderjahr übertragen und ist bis spätestens 31. März zu nehmen (es sei denn, beispielsweise ein Tarifvertrag regelt einen abweichenden Übertragungszeitraum). Ist bis dahin die Arbeitsfähigkeit nicht wieder hergestellt, verfällt der Urlaub, auch wenn der Urlaub auf Grund der Arbeitsunfähigkeit nicht genommen werden konnte.

Entbindet eine Arbeitnehmerin im Laufe des Urlaubsjahres, darf der Arbeitgeber ihr für die Schutzfrist vor (sechs Wochen) und nach der Entbindung (acht bzw. zwölf Wochen) keine Urlaubstage abziehen.

Anders ist die Rechtslage bei der Elternzeit, der nach dem Bundeserziehungsgeldgesetz vom 6. Dezember 1985 auf Antrag der Arbeitnehmerin vom Arbeitgeber zu gewähren ist. Hier kann der Arbeitgeber für jeden vollen Kalendermonat ein Zwölftel des Jahresurlaubs abziehen (§ 17 Abs. 1 BErzGG).

2.3.10 Anrechnung von Kur- und Heilverfahren auf den Urlaub

Kuren (Maßnahmen der medizinischen Vorsorge oder Rehabilitation) dürfen nicht auf den Urlaub angerechnet werden, soweit ein Anspruch auf Fortzahlung des Arbeitsentgelts nach den gesetzlichen Vorschriften über die Entgeltfortzahlung im Krankheitsfalle besteht (§ 10 BUrlG).

Nach der Neuregelung der Entgeltfortzahlung gibt es für Arbeiter und Angestellte eine einheitliche Rechtsgrundlage im Entgeltfortzahlungsgesetz vom 1. Juni 1994.

Zu beachten ist, dass ein Anspruch nur bei Heil-, Vorbeugungs- oder Genesungskuren besteht, nicht dagegen bei Erholungskuren. Zudem muss es sich grundsätzlich um eine von einem öffentlich-rechtlichen Sozialleistungsträger bewilligte Maßnahme handeln, die stationär durchgeführt wird.

Ferner ist die Regelung über die Entgeltfortzahlung im Falle ärztlich verordneter Schonungszeiten im Anschluss an das Heilverfahren entfallen. Dagegen hat der Arbeitnehmer Anspruch auf Gewährung von Urlaub, wenn er dies im Anschluss an eine Maßnahme der medizinischen Vorsorge oder Rehabilitation verlangt. Wird aber dem Arbeitnehmer für die Zeit nach Beendigung der Maßnahme Arbeitsunfähigkeit attestiert, so kann Anspruch auf Entgeltfortzahlung bestehen.

2.3.11 Übertragung des Urlaubs

Der Urlaub ist **grundsätzlich an das Urlaubsjahr gebunden.** Das ist nach dem Bundesurlaubsgesetz, aber auch nach vielen Tarifverträgen das Kalenderjahr. Der Arbeitgeber ist verpflichtet, den Urlaub im Urlaubsjahr zu gewähren, der Arbeitnehmer ist verpflichtet, den Urlaub im Urlaubsjahr zu nehmen (§ 7 Abs. 3 S. 1 BUrlG).

In zahlreichen Urteilen hat das BAG entschieden, dass der Anspruch auf Erholungsurlaub nach dem Bundesurlaubsgesetz (BUrlG) nur jeweils während dem Urlaubsjahr sowie bei Vorliegen der Merkmale nach § 7 BUrlG bis zum Ende des Übertragungszeitraums am 31. März des folgenden Jahres besteht.

Auch eine lang andauernde **Arbeitsunfähigkeit,** die den Arbeitnehmer daran hinderte, den Erholungsurlaub in dem genannten Zeitraum zu nehmen, ändert daran nichts. Der Urlaubsanspruch ist in seinem Bestand auf die genannten Zeiträume beschränkt (BAG 8 AZR 314/86 und 6 AZR 360/80 und 9 AZR 552/93).

Ist der Arbeitnehmer im laufenden Urlaubsjahr erkrankt, wird der **Urlaubsanspruch** auf das nächste Kalenderjahr übertragen, ohne dass es einer Handlung von Arbeitgeber oder Arbeitnehmer bedarf (BAG 8 AZR 140/87).

Ist der Arbeitnehmer im folgenden Jahr weiterhin arbeitsunfähig und wird er zum Zwecke der Wiedereingliederung auf Veranlassung des Arztes wieder erwerbstätig, ruhen während dieser Zeit im Allgemeinen die arbeitsvertraglichen Pflichten, so dass in dieser Zeit der Urlaubsanspruch nicht erfüllbar ist. Auch in diesem Fall gilt wie bereits oben erwähnt, dass der Anspruch auf Erholungsurlaub nur bis 31. März besteht.

Bei **Arbeitsunfähigkeit im Urlaubsjahr** ist nach Auffassung des BAG der Urlaubsanspruch in ihrem Entstehen und Bestand nicht an die Arbeitsleistung geknüpft. Auch wenn der Arbeitnehmer wegen Arbeitsunfähigkeit im Urlaubsjahr nur geringe oder gar keine Arbeitsleistung erbracht hat, besteht der Anspruch auf Erholungsurlaub bis zum 31. März des Folgejahres (BAG 6 AZR 457/82), verfällt aber, wenn der Arbeitnehmer bis dahin nicht wieder arbeitsfähig wird.

Dies gilt grundsätzlich. Ausnahmsweise ist jedoch eine Übertragung des Urlaubs auf das nächste Kalenderjahr möglich, wenn **dringende betriebliche oder in der Person des Arbeitnehmers liegende Gründe dies rechtfertigen** (§ 7 Abs. 3 S. 2

Die Pflicht zur Gewährung von Erholungsurlaub

BUrlG). Dringende betriebliche Gründe liegen z.b. vor, wenn der Arbeitnehmer dringend benötigt wird, weil Arbeitskollegen durch Krankheit ausfallen, überraschend starker Arbeitsanfall eingetreten ist, wenn Waren zu verderben drohen oder Terminarbeiten wegen widriger Umstände nicht rechtzeitig fertig werden. Der Arbeitgeber kann auch hier den Urlaub nur versagen, wenn er die beiderseitigen Interessen unter Berücksichtigung der Wünsche des Arbeitnehmers abgewägt hat.

Ein persönlicher Grund, der zur **Übertragung des Urlaubs** berechtigt, liegt z.b. vor, wenn der Arbeitnehmer krank war und daher seinen Urlaub nicht rechtzeitig nehmen konnte. Aber auch dann, wenn ein Krankheitsfall in der Familie ihn hinderte, den Urlaub wie vorgesehen zu nehmen, ist eine Übertragung gerechtfertigt. Das gleiche gilt, wenn die Wartezeit erst spät im Jahr (Oktober und später) erfüllt ist. Dann ist es dem Arbeitnehmer nicht mehr zuzumuten, in der schlechten Jahreszeit seinen Urlaub zu nehmen.

Hat der Arbeitnehmer eine neue Stelle z.B. erst am 1. September angetreten, erhält er nur anteiligen Urlaub. In diesem Fall kann der Arbeitnehmer eine Übertragung des Teilurlaubs in das neue Urlaubsjahr verlangen. Ist er vom Arbeitgeber aus betrieblichen Gründen aus dem Urlaub zurückgerufen worden oder während des Urlaubs krank geworden und stehen ihm deswegen nur noch wenige Tage Resturlaub zu, kann der Arbeitnehmer ebenfalls eine Übertragung in das neue Urlaubsjahr verlangen, da der Urlaub, um den erstrebten Urlaubszweck zu erreichen, im Zusammenhang genommen werden soll. Der Resturlaub ist daher dem neuen Urlaub hinzuzuschlagen.

Abgesehen vom Falle der Erkrankung des Arbeitnehmers kann der Arbeitgeber in den angeführten Beispielen eine Übertragung des Urlaubs aus dringenden betrieblichen Interessen ablehnen. Dabei hat er auch hier eine Interessenabwägung vorzunehmen und dabei die Wünsche der Arbeitnehmer weitgehend zu berücksichtigen.

Gewährt der Arbeitgeber den Urlaub pflichtwidrig im Urlaubsjahr nicht, geht der Urlaubsanspruch auf das nächste Jahr über.

Die Übertragung des Urlaubs hängt allein davon ab, ob einer der vorgenannten Gründe vorliegt. Die Übertragung erfolgt dann automatisch. Dabei kommt es nicht darauf an, ob der Arbeitnehmer seinen Urlaub im Urlaubsjahr vom Arbeitgeber verlangt hat. Der Arbeitgeber hat den Urlaub von sich aus zu gewähren und vor allem auch festzusetzen. Tut er dies nicht, kann der Arbeitnehmer deswegen nicht benachteiligt werden. Jedoch muss der Arbeitnehmer im neuen Urlaubsjahr möglichst bald zu erkennen geben, dass er auf Urlaubsgewährung für das abgelaufene Jahr besteht. Kann er dies nicht, weil er z.B. krank ist, muss er nach seiner Genesung so bald wie möglich seinen Anspruch geltend machen.

Sind die Voraussetzungen für eine Übertragung des Urlaubs gegeben, ist der Urlaub als bezahlte Freizeit nachzugewähren. Er darf nicht abgegolten werden.

Das **Bundesurlaubsgesetz** schreibt vor, dass der Urlaub in den ersten drei Monaten des folgenden Jahres gewährt, aber auch genommen werden muss. Dies gilt nicht für Teilurlaub, der für Zeiten des vorhergehenden Kalenderjahres wegen Nichterfüllung der Wartezeit entstanden ist. Daher können alle Arbeitnehmer, die nach dem 1. Juli eine neue Arbeitsstelle angetreten haben, ohne Begründung verlangen, dass ihr anteiliger Urlaub auf das gesamte nächste Jahr übertragen und zusammen mit dem Urlaub des folgenden Jahres gewährt wird (§ 7 Abs. 3 S. 4 BUrlG).

Abweichend von seiner früheren Rechtsprechung vertrat das Bundesarbeitsgericht in seiner Entscheidung vom 13. Mai 1982 die Auffassung, dass auch dann, wenn der Arbeitnehmer infolge lang dauernder Arbeitsunfähigkeit gehindert war, den Urlaub vor Ablauf des Übertragungszeitraums zu nehmen, der Urlaubsanspruch verfristet.

Beispiel:

Zart erkrankt im Jahre 1998, bevor er seinen Jahresurlaub nehmen kann. Erst im Mai 1999 wird er wieder arbeitsfähig. Sein Urlaub aus dem Jahre 1998 ist verfristet.

Nur dann, wenn der Arbeitgeber den Arbeitnehmer daran gehindert hat, den Urlaub zu nehmen weil dieser aus betriebsbedingten Gründen nicht abkömmlich war, kann der Urlaub auch nach dem 31. März beansprucht werden. In diesem Falle verfristet der Urlaub erst mit dem 31. Dezember des nachfolgenden Jahres. Urlaub, der schon einmal übertragen wurde, kann nämlich nicht noch einmal übertragen werden.

Nach § 17 Abs. 2 des Erziehungsgeldgesetzes tritt auch dann eine Verfristung des Urlaubs mit dem 31. März nicht ein, wenn ein Arbeitnehmer vor dem Beginn des Erziehungsurlaubs nicht oder nicht vollständig seinen Urlaub erhalten hat. In diesem Fall hat der Arbeitgeber den Resturlaub nach der Elternzeit im laufenden oder im nächsten Urlaubsjahr zu gewähren[1].

2.3.12 Abgeltung des Urlaubs

Nach § 7 Abs. 4 Bundesurlaubsgesetz ist eine Urlaubsabgeltung nur dann möglich, wenn der Urlaub infolge der Beendigung des Arbeitsverhältnisses nicht mehr genommen werden kann. Eine Urlaubsabgeltung kommt also nicht in Betracht, solange die Möglichkeit besteht, den Urlaubsanspruch durch Gewährung von Freizeit zu erfüllen.

Es besteht also – abgesehen von der vorgenannten Ausnahme – ein **Abgeltungsverbot.** Verstößt der Arbeitgeber gegen dieses Verbot, zahlt er also dem Arbeitnehmer die Urlaubsabgeltung aus, ist er trotzdem verpflichtet, dem Arbeitnehmer auf dessen Verlangen bezahlten Urlaub zu gewähren. Er kann dann grundsätzlich die bereits gewährte Abgeltung nicht zurückverlangen. Erfolgt die unzulässige Urlaubsabgeltung jedoch auf Veranlassung des Arbeitnehmers, muss er sich diese auf das Urlaubsentgelt anrechnen lassen.

Das Gesetz lässt eine Urlaubsabgeltung nur dann zu, **wenn der Urlaub** wegen Beendigung des Arbeitsverhältnisses ganz oder teilweise **nicht mehr gewährt werden kann.** Weitere Voraussetzung ist, dass ein Urlaubsanspruch entstanden ist und zur

---

[1] Wegen weiterer Einzelheiten zu dem Erziehungsurlaub vgl. die AK-Broschüre „Mutterschutz, Erziehungsgeld, Elternzeit".

Die Pflicht zur Gewährung von Erholungsurlaub 87

Zeit der Beendigung des Arbeitsverhältnisses noch besteht. Hat der Arbeitnehmer keinen Urlaubsanspruch, hat er auch keinen Abgeltungsanspruch.

Wird das Arbeitsverhältnis durch eine ordentliche Kündigung beendet, ist in der Regel die Voraussetzung für eine Abgeltung nicht gegeben, da der Arbeitnehmer noch die Möglichkeit hat, innerhalb der Kündigungsfrist den ausstehenden Urlaub zu nehmen. Das gleiche gilt, wenn das Arbeitsverhältnis durch Aufhebungsvertrag, Zeitablauf oder Erreichung der Altersgrenze beendet wird, da auch hier grundsätzlich die Möglichkeit besteht, den Urlaub noch vor Beendigung des Arbeitsverhältnisses zu nehmen.

Beispiel:

Schlau hat im Jahre 1998 aus betriebsbedingten Gründen den Urlaub nicht nehmen können. Anfang 1999 zahlt ihm Meister, sein Arbeitgeber, unaufgefordert die Urlaubsabgeltung. Zwei Wochen nach Zahlung der Urlaubsabgeltung verlangt Schlau von Meister, dass ihm der Urlaub für 1998 in das neue Urlaubsjahr (1999) übertragen und in Form von bezahlter Freizeit gewährt wird. Meister erklärt sich dazu bereit, aber nur unter der Bedingung, dass die bereits gezahlte Urlaubsabgeltung auf das Urlaubsentgelt angerechnet wird. Schlau ist der Meinung, er habe Anspruch auf den Urlaub in Form bezahlter Freizeit, er brauche sich aber auch nicht die ihm von Meister gewährte Urlaubsabgeltung anrechnen zu lassen. Wer hat Recht?

Schlau hat Recht. Meister muss ihm den Urlaub gewähren, kann aber die Urlaubsabgeltung nicht anrechnen. Schlau hat also ein gutes Geschäft gemacht. Das hat er dem Umstand zu verdanken, dass Meister gegen das zwingende gesetzliche Gebot des § 1 BUrlG verstoßen hat (so das Bundesarbeitsgericht).

Anders wäre die Rechtslage nur dann, wenn Schlau Meister dazu veranlasst hätte, ihm die Urlaubsabgeltung auszuzahlen. In diesem Fall müsste Schlau sich die Urlaubsabgeltung auf das Urlaubsentgelt anrechnen lassen. ■

Wesentliche praktische Bedeutung hat die Urlaubsabgeltung somit in erster Linie im Falle der fristlosen Kündigung.

Beispiel:

Schmal beleidigt seinen Arbeitnehmer Großehr schwer. Großehr kündigt fristlos. Da Großehr den Urlaub nicht mehr nehmen kann, hat er Anspruch auf Abgeltung. ■

Bemerkenswert ist, dass der Abgeltungsanspruch beim Tode des Arbeitnehmers nicht auf die Erben übergeht, da es sich um einen höchstpersönlichen Anspruch handelt. Endet also das Arbeitsverhältnis durch den Tod des Arbeitnehmers, geht der Abgeltungsanspruch unter. Das gilt dann nicht, wenn der Anspruch zur Zeit des Todes rechtshängig (d.h. bei Gericht anhängig) oder anerkannt war.

Durch die Urlaubsabgeltung wird das **Arbeitsverhältnis nicht verlängert,** wie mitunter angenommen wird. Das hat insoweit Bedeutung, als keine Bedenken bestehen, wenn ein Arbeitnehmer – obwohl er eine Urlaubsabgeltung erhalten hat – unmittelbar nach Beendigung des Arbeitsverhältnisses ein neues Arbeitsverhältnis begründet.

Der Abgeltungsbetrag soll es dem Arbeitnehmer ermöglichen, sich bis zum Antritt einer neuen Stelle eine dem Urlaub entsprechende Freizeit zu nehmen. Die Urlaubsabgeltung ist daher nach den gleichen Grundsätzen zu errechnen wie das Urlaubsentgelt. Es wird daher auf diesen Abschnitt verwiesen.

Entgegen der früheren Rechtsprechung des 5. Senats des Bundesarbeitsgerichts hat der 6. Senat in seinem Urteil vom 23. Juni 1983 entschieden, dass **kein Urlaubsabgeltungsanspruch** im Sinne von § 7 Abs. 4 Bundesurlaubsgesetz entsteht, **wenn ein Arbeitnehmer nach dauernder Arbeitsunfähigkeit aus dem Arbeitsverhältnis ausscheidet, ohne die Arbeitsfähigkeit wieder zu erlangen.**

> **Beispiel:**
>
> Alt ist vom 31. Januar 1998 bis zur Beendigung des Arbeitsverhältnisses, aus dem er am 27. Februar 1999 als Rentner erwerbsunfähig ausgeschieden ist, ununterbrochen arbeitsunfähig krank gewesen. Laut Tarifvertrag steht ihm für 1999 der gesamte Jahresurlaub zu, da er wegen Erwerbsunfähigkeit ausgeschieden ist. Wegen der Beendigung des Arbeitsverhältnisses kann er den Urlaub nicht mehr in Form von Freizeit, sondern nur als Abgeltung beanspruchen. Der Arbeitgeber verweigert die Zahlung der Abgeltung. Alt will den Anspruch einklagen. Hat die Klage Aussicht auf Erfolg?
>
> Nein. Nach dem Urteil des 6. Senats des Bundesarbeitsgerichts steht ihm ein Abgeltungsanspruch nicht zu, weil er aus dem Arbeitsverhältnis ausgeschieden ist, ohne die Arbeitsfähigkeit wieder erlangt zu haben. ■

Allerdings gilt dieser Grundsatz nicht, wenn durch **Tarifvertrag eine anderweitige Regelung** vorgesehen ist. Beschäftigte des öffentlichen Dienstes hatten bis zum 31. Dezember 1986 gemäß § 51 Abs. 1 S. 3 BAT trotzdem einen Anspruch auf Urlaubsabgeltung, wenn der Urlaub wegen Arbeitsunfähigkeit bis zur Beendigung des Arbeitsverhältnisses nicht mehr genommen werden konnte. Durch Änderung des Tarifvertrags vom 9. Januar 1987 wurde diese Regelung aber aufgehoben, so dass für diesen Personenkreis jetzt auch der durch das obige Beispiel erläuterte Grundsatz (kein Abgeltungsanspruch) gilt.

Das Vorhergesagte gilt immer nur für den Fall, dass es sich um eine dauernde Arbeitsunfähigkeit handelt, d.h. wenn der Arbeitnehmer zum Zeitpunkt des Ausscheidens und danach über das Ende des Urlaubsjahres hinaus und im Übertragungszeitraum arbeitsunfähig ist. Endet dagegen die Arbeitsunfähigkeit im Urlaubs-

Die Pflicht zur Gewährung von Erholungsurlaub

jahr, für das der Urlaubsanspruch entstanden ist bzw. im Übertragungszeitraum so rechtzeitig, dass bei bestehendem Arbeitsverhältnis der Urlaub hätte verwirklicht werden können, handelt es sich also um eine vorübergehende Arbeitsunfähigkeit, behält der Arbeitnehmer seinen Anspruch auf Urlaubsabgeltung (so das Bundesarbeitsgericht in seiner Entscheidung vom 28. Juni 1984).

Beispiel:

Kummer, der schon seit mehreren Jahren bei Großmann beschäftigt ist, wird Anfang Januar krank. Da er infolge seiner Krankheit seine bisherige Tätigkeit als Berufskraftfahrer nicht mehr ausüben kann, scheidet er im gegenseitigen Einvernehmen, also durch Aufhebungsvertrag, am 30. Juni aus. Seine Arbeitsunfähigkeit dauert bis zum 7. Juli. Am 15. Juli tritt er eine neue Arbeitsstelle an.

Großmann ist der Ansicht, Kummer habe keinen Anspruch auf Urlaubsabgeltung, da er beim Ausscheiden arbeitsunfähig war. Das ist nicht richtig! Denn Kummer war nicht dauernd arbeitsunfähig, sondern er hätte, wenn das Arbeitsverhältnis nicht beendet worden wäre, nach dem 7. Juli seinen Urlaub antreten können. Er ist nur vorübergehend arbeitsunfähig gewesen. Dies gilt auch dann, wenn Kummer erst im Übertragungszeitraum, d. h. also im Januar, Februar, März des folgenden Jahres, arbeitsfähig geworden wäre. ■

Entgegen früherem Recht entfällt der Abgeltungsanspruch dann nicht, wenn der Arbeitnehmer das Arbeitsverhältnis unberechtigterweise, d.h. durch Vertragsbruch, löst oder wenn ihm der Arbeitgeber berechtigt fristlos kündigt. Auch in diesen Fällen hat der Arbeitnehmer einen Anspruch auf Abgeltung des entstandenen Urlaubsanspruchs. Ein Verfall des Urlaubsanspruchs tritt nicht mehr ein. Nur in Ausnahmefällen, dann nämlich, wenn die Geltendmachung des Urlaubsanspruchs rechtsmissbräuchlich wäre, ist ein Verfall des Urlaubsanspruchs und damit des Abgeltungsanspruchs denkbar.

Der Arbeitnehmer kann nach Beendigung des Arbeitsverhältnisses auf den **gesetzlichen Abgeltungsanspruch nicht rechtswirksam verzichten.** Unterschreiben Sie also – wie das oft in der Praxis geschieht – eine so genannte Ausgleichsquittung, in der festgestellt wird, dass Sie keinerlei Ansprüche mehr gegen den Arbeitgeber haben, behalten Sie trotzdem Ihren Abgeltungsanspruch.

Der Abgeltungsanspruch verjährt drei Jahre nach Ende des Jahres, in dem der Anspruch entstanden ist. Haben Sie also im Jahre 2003 ein Arbeitsverhältnis beendet, können Sie den Abgeltungsanspruch bis zum 31. Dezember 2006 geltend machen. Rechtskräftig festgestellte Ansprüche können 30 Jahre lang vollstreckt werden. Tarifgebundene Arbeitnehmer müssen auch hier die im Tarifvertrag festgelegten Ausschlussfristen (oft nur drei Monate) beachten.

Wird der Abgeltungsanspruch nicht innerhalb der Ausschlussfrist beim Arbeitgeber in der im Tarifvertrag vorgesehenen Form (meist schriftlich) geltend gemacht, ist er verfallen.

Ebenso wie das Urlaubsentgelt unterliegt die Urlaubsabgeltung sowohl der Steuer- als auch der Sozialversicherungspflicht.

Findet der Arbeitnehmer keine neue Arbeitsstelle und hat er daher Anspruch auf Arbeitslosengeld, so wird die Abgeltung entgegen der früheren gesetzlichen Regelung auf das Arbeitslosengeld angerechnet.

Eine Aufhebung des Abgeltungsverbots ist weder im Einzelarbeitsvertrag noch in einer Betriebsvereinbarung, aber auch nicht in einem Tarifvertrag möglich. Das Abgeltungsverbot ist zwingendes Recht. Wegen des Übergangs des Abgeltungsanspruchs auf die Erben vgl. Ziffer 3 auf Seite 142.

2.3.13 Sonderurlaub (Arbeitsbefreiung)

Neben dem Erholungsurlaub hat der Arbeitnehmer unter gewissen Voraussetzungen unter Fortzahlung seines Arbeitsentgelts Anspruch auf Freistellung von der Arbeit. So nach § 616 Abs. 1 BGB bei der **Eheschließung, goldenen Hochzeit der Eltern, Niederkunft der Ehefrau, Tod oder schwerer Erkrankung von nahen Angehörigen,** unter Umständen auch bei Wohnungswechsel. In diesen Fällen darf der Arbeitgeber den Arbeitnehmer nicht auf den Erholungsurlaub verweisen. Hat der Arbeitnehmer aber Erholungsurlaub und tritt dann einer der vorgenannten Fälle ein, hat er Pech gehabt; denn dann besteht kein Anspruch auf Freistellung.

Der Arbeitnehmer hat auch die Möglichkeit, unbezahlten Urlaub zu nehmen. Jedoch ist der Arbeitgeber nur dann zur Gewährung von unbezahltem Urlaub verpflichtet, wenn betriebliche Bedürfnisse nicht entgegenstehen.

Einen Sonderfall der Arbeitsbefreiung regelt § 629 BGB. Nach dieser Bestimmung hat der Arbeitgeber dem Arbeitnehmer nach der Kündigung, d.h. also innerhalb der Kündigungsfrist, **eine angemessene Zeit zum Aufsuchen einer neuen Stelle zu gewähren.** Angemessen heißt, dass der Arbeitgeber mehr Zeit zur Verfügung stellen muss, wenn der Arbeitnehmer sich z.B. in einer anderen Stadt um eine neue Stelle bewerben will. Der Arbeitgeber hat für diese Zeit den Lohn weiterzuzahlen (§ 616 BGB).

Das Arbeitskampfrecht

Innerhalb des Arbeitsrechts wird zwischen dem **kollektiven** und dem bereits behandelten **Individualarbeitsrecht** unterschieden.

Das kollektive Arbeitsrecht regelt die Beziehung zwischen den Verbänden der im Arbeitsverhältnis Beteiligten (Gewerkschaften, Arbeitgeberverband), ihre Befugnisse zum Abschluss der Tarifverträge, des Arbeitskampfrechts sowie die Stellung und die Befugnisse des Betriebsrats. Nachfolgend soll das Arbeitskampfrecht näher erläutert werden, dessen wichtigste Mittel Streik und Aussperrung sind.

Das Streikrecht wird verfassungsrechtlich geschützt: Art. 9 Abs. 3 GG schützt die Koalitionen und als Kernbereich ihrer Tätigkeit den Abschluss von Tarifverträgen; damit fällt aber auch der Arbeitskampf als zwar letztes, aber doch notwendiges Mittel, um Tarifverträge zu Stande zu bringen, unter den Schutzbereich des Art. 9 Abs. 3 GG.

Eine gesetzliche Anerkennung des Streikrechts findet sich in einigen Landesverfassungen (Bremen, Hessen, Saarland), es liegt aber die Bedeutung dieser Garantie lediglich darin, dass dem Landesgesetzgeber die Einschränkung und Abschaffung des Streikrechts untersagt ist.

1 Streik

1.1 Begriffliches Vorliegen eines Streiks

Ein Streik liegt dann vor, wenn eine größere Zahl von Arbeitnehmern die Arbeit planmäßig und gemeinsam einstellt, um für sich oder andere eine Verbesserung der Lohn- und Arbeitsbedingungen zu erreichen.

Sollen durch kollektive Maßnahmen keine Verbesserungen von Arbeitsbedingungen erzielt, diese vielmehr erhalten werden (Arbeitsniederlegung bei Lohnrückständen), liegt kein Streik, sondern die Ausübung eines – individualrechtlich zu beurteilenden – Zurückbehaltungsrechts nach §§ 320 bzw. 273 BGB vor, wenn die Arbeitnehmer dies eindeutig erklären.

1.2 Voraussetzungen des rechtmäßigen Streiks

Der Streik muss von einer **Gewerkschaft** geführt, d.h. gebilligt und organisiert werden. Es braucht jedoch der einzelne streikende Arbeitnehmer nicht dieser Gewerkschaft anzugehören. Den Gegensatz bildet der wilde Streik, der rechtswidrig ist. Übernimmt die Gewerkschaft allerdings den wilden Streik, legitimiert sie ihn rückwirkend. Etwas anderes gilt, wenn sie die Streikenden nur unterstützt, dann haftet sie neben diesen (BAG, AP Nr. 33 zu Art. 9 GG).

Weitere Voraussetzung für die Rechtmäßigkeit eines Streiks ist, dass ein **Ziel** verfolgt werden muss, das zulässigerweise **Gegenstand eines Tarifvertrages** sein kann. Rechtswidrig ist deshalb zum Beispiel ein Streik, mit dem in einem Tarifvertrag unterschiedliche Löhne für Männer und Frauen bei gleicher Arbeit oder eine Organisationsklausel festgelegt werden soll. Ein politischer Streik, der sich gegen den Staat richtet, kann arbeitsrechtlich nie gerechtfertigt sein. Ein Sympathiestreik ist unzulässig (BAG, Der Betrieb 1985, S. 1695).

Des Weiteren darf der Streik nicht gegen die **Friedenspflicht** verstoßen. Damit ist jeder Streik während der Laufzeit eines Tarifvertrages unzulässig, sprich rechtswidrig, wenn er Fragen betrifft, die in diesem Tarifvertrag geregelt sind. Bereits die Durchführung einer Urabstimmung ist eine Verletzung dieser Friedenspflicht.

Die Gewerkschaft muss das für den Streik in ihrer Satzung vorgegebene Verfahren einhalten, also zum Beispiel eine Urabstimmung durchführen. Ein satzungswidriger Streik ist rechtswidrig. Auch muss der Streik, um rechtmäßig zu sein, **verhältnismäßig** sein, das heißt, es müssen alle zumutbaren Verhandlungsmöglichkeiten ausgeschöpft sein. Kurze Warnstreiks, die tarifbezogen und gewerkschaftlich organisiert sind, sind bis zu drei Stunden zulässig, falls die Friedenspflicht abgelaufen ist. Die Mittel des Streiks müssen **angemessen** sein, das heißt, es dürfen keine unerlaubten, unfairen oder zur Erreichung des Ziels nicht notwendige Kampfmittel eingesetzt werden.

1.3 Rechtmäßigkeit der Beteiligung am Streik

An einem rechtmäßigen Streik können sich die Mitglieder der aufrufenden Gewerkschaft, aber auch Unorganisierte und Mitglieder anderer Gewerkschaften im bestreikten Betrieb beteiligen.

1.4 Rechtsfolgen des rechtmäßigen Streiks

Die **arbeitsvertraglichen Hauptpflichten** sind während des Streiks **suspendiert**. Das bedeutet, dass die Arbeitnehmer während des Streiks nicht arbeiten müssen.

Eine **Ausnahme** gilt für alle **notwendigen Erhaltungsarbeiten**. Zu beachten gilt jedoch insoweit, dass sämtliche Modalitäten eines eventuell einzurichtenden Notdienstes der individualrechtlichen Ebene zwischen Arbeitgeber und Arbeitnehmer entzogen sind. Der Notdienst ist Sache der Koalition bzw. Regelungsangelegenheit der streikführenden Gewerkschaft. Eine einseitige Notdienstverpflichtung des streikwilligen Arbeitnehmers aus Vertrag kommt deshalb nicht in Betracht. Einer gleichwohl ausgesprochenen Notdienstanweisung des Arbeitgebers braucht der Arbeitnehmer nicht Folge zu leisten.

Streik

Die Lohnzahlungspflicht des Arbeitgebers ruht. Die Arbeitnehmer erhalten, soweit sie organisiert sind, Streikunterstützung; anderenfalls Sozialhilfe, sofern sie bedürftig sind. Der Anspruch auf Arbeitslosengeld ruht bis zur Beendigung des Arbeitskampfes (§ 146 SGB III). Dadurch soll verhindert werden, dass die Kampfparität zu Ungunsten des Arbeitgebers verschoben wird.

1.5 Rechtsfolgen des rechtswidrigen Streiks

Wie bereits erwähnt, spricht man bei einer kollektiven Arbeitsniederlegung, die von der zuständigen Gewerkschaft weder von vornherein organisiert noch nachträglich genehmigt und übernommen wird, von einem wilden (nicht gewerkschaftlichen) und damit rechtswidrigen Streik.

Aus einer Beteiligung an einem rechtswidrigen Streik kommen nachfolgende Rechtsfolgen in Betracht:

a) aus Vertrag

Der Arbeitgeber kann nach § 626 BGB, ohne Anhörung des Betriebsrates, grundsätzlich fristlos kündigen, muss dabei aber eine Interessenabwägung im Einzelfall vornehmen. Kann, wie es regelmäßig der Fall ist, die Arbeitspflicht nicht nachgeholt werden, ist sie für den Zeitraum des Streiks schuldhaft unmöglich geworden und der Arbeitnehmer haftet auf Schadensersatz gemäß § 325 Abs. 1 BGB. Wenn die Streikenden über das bloße Nichtstun hinaus auch andere Arbeitnehmer von der Arbeit abhalten, haften sie für den hieraus entstandenen Schaden zusätzlich aus so genannter „positiver Vertragsverletzung".

b) aus Delikt

Folgende Ansprüche kommen in Betracht:

1) § 823 Abs. 1 BGB: Eingriff in den eingerichteten und ausgeübten Gewerbebetrieb.

2) § 823 Abs. 2 BGB i. V. m. § 240 StGB, wenn die Androhung des Übels (Streik) zu dem angestrebten Ziel als verwerflich anzusehen ist.

3) § 826 BGB, wenn eine vorsätzliche sittenwidrige Schädigung bejaht werden kann.

Eine Haftung von Gewerkschaften für die Schäden eines wilden Streiks kommt nur in Betracht, wenn sie sich am Streik beteiligen und diese Beteiligung illegitim ist, sie also den Streik unterstützen, ohne ihn organisationsmäßig zu übernehmen. Haftungsgrundlage ist dann § 823 Abs. 1 BGB (Beihilfe zur unerlaubten Handlung der Arbeitnehmer).

2 Aussperrung

Nach herrschender Meinung ist die Aussperrung jedenfalls als **Abwehraussperrung** zulässig, weil sie, wie der Wortlaut des Grundgesetzes in Art. 9 Abs. 3 Satz 3 zeigt („Arbeitskampf"), durch die Verfassung mitgeschützt wird und nur so die Kampfparität bei den wirtschaftlichen Auseinandersetzungen gewahrt bleibt.

2.1 Begriffliches Vorliegen einer Aussperrung

Von einer Aussperrung spricht man, wenn ein oder mehrere Arbeitgeber planmäßig unter Verweigerung der Lohnzahlung die Nichtzulassung einer Mehrzahl von Arbeitnehmern zur Arbeit vornimmt, um damit bestimmte Ziele zu erreichen.

2.2 Rechtmäßigkeit der Aussperrung

Rechtmäßig ist die Abwehraussperrung, wenn ohne ihren Einsatz das Kräftegleichgewicht der Tarifvertragspartner gefährdet oder gar beseitigt würde. Aussperrungsobjekt sind alle Arbeitnehmer im Tarifgebiet. Jedoch besteht das **Verbot der selektiven Aussperrung** von Gewerkschaftsmitgliedern.

Was den Grundsatz der Verhältnismäßigkeit angeht, so ist die Aussperrung **auf das umkämpfte Tarifgebiet** zu begrenzen; eine bundesweite Aussperrung wäre also unzulässig. Ansonsten ist nach dem Bundesarbeitsgericht der Umfang des Angriffsstreiks maßgebend. Streiken mehr als die Hälfte aller Arbeitnehmer, so ist die Aussperrung unzulässig. Werden mehr als ein Viertel der Arbeitnehmer zum Streik aufgerufen, sind Abwehraussperrungen regelmäßig nur in dem Umfang zulässig, bis etwa die Hälfte der Arbeitnehmer des Tarifgebiets entweder von einem Streik- oder Aussperrungsbeschluss betroffen sind.

2.3 Rechtsfolgen der rechtmäßigen Aussperrung

Wie der Streik hat die Aussperrung grundsätzlich nur suspendierende Wirkung, das heißt, die **Hauptpflichten der Parteien ruhen** und leben mit Beendigung des Arbeitskampfes wieder auf.

Andere Rechtsfolgen können sich bei einer lösenden Aussperrung ergeben. Nach dem Gebot der Verhältnismäßigkeit, so die Rechtsprechung, kann eine Aussperrung auch einmal zur fristlosen Kündigung des Arbeitsverhältnisses führen. So ist zum Beispiel eine lösende Aussperrung zulässig, wenn es sich um einen sehr langen und erbitterten Arbeitskampf oder um einen rechtswidrigen Streik handelt.

Aussperrung

Eine lösende Aussperrung gegenüber Personen mit besonderem Kündigungsschutz (Mitglieder des Betriebsrates, werdende Mütter usw.) ist dagegen nicht möglich.

Da bei einer lösenden Aussperrung das Arbeitsverhältnis fristlos beendet wird, ist nach Beendigung des Arbeitskampfes eine Wiedereinstellung erforderlich; soweit der Arbeitsplatz noch vorhanden ist, hat der Arbeitnehmer hierauf einen Anspruch.

2.4 Rechtsfolgen der rechtswidrigen Aussperrung

Der Arbeitnehmer hat einen **Anspruch auf Beschäftigung und auf Lohnzahlung** infolge Annahmeverzugs des Arbeitgebers (§ 615 BGB).

Die Beendigung des Arbeitsverhältnisses

Sind Sie mit Ihrer derzeitigen Arbeitsstelle nicht zufrieden oder sehen Sie für sich in einem anderen Unternehmen bessere Chancen, können Sie Ihr Arbeitsverhältnis durch Kündigung beenden. Selbstverständlich hat Ihr Arbeitgeber ebenfalls die Möglichkeit, Ihnen zu kündigen.

Die meisten Arbeitsverhältnisse enden durch Kündigung. Deshalb wird zunächst einmal ausführlich auf **Kündigung** und **Kündigungsschutz** eingegangen. Danach werden die übrigen Möglichkeiten aufgezeigt, durch die ein Arbeitsverhältnis beendet werden kann.

1 Grundsätzliches über die Kündigung

1.1 Die wesentlichen Regeln des Kündigungsrechts

Sicher wissen Sie, dass es zwei Arten der Kündigung gibt, nämlich die fristlose oder außerordentliche Kündigung und die fristgemäße oder ordentliche Kündigung.

Die meisten Arbeitsverhältnisse sind auf unbestimmte Zeit abgeschlossen. Sie können durch Kündigung einseitig beendet werden. Liegt ein wichtiger Grund zur Kündigung vor, kann der Arbeitnehmer fristlos kündigen (außerordentliche Kündigung, § 626 BGB). Hat er keinen wichtigen Grund, kann er fristgemäß kündigen (ordentliche Kündigung, § 622 BGB). Das Gleiche gilt auch für den Arbeitgeber. Nur ist die ordentliche Kündigung für ihn durch das Kündigungsschutzgesetz erschwert.

Eine außerordentliche Kündigung, die deswegen nicht rechtswirksam ist, weil ein wichtiger Grund fehlt, kann in eine ordentliche Kündigung umgedeutet werden. Dies gilt jedoch nicht, wenn dadurch das Widerspruchsrecht des Betriebsrats nach § 102 Abs. 3 BetrVG umgangen würde.

In beiden Arten der Kündigung handelt es sich um einseitige empfangsbedürftige Willenserklärungen. Was bedeutet das: einseitige Willenserklärung?

> **Beispiel:**
>
> Falk kündigt Meiser fristgerecht zum 30. Juni. Meiser erklärt: „Ich bin mit der Kündigung nicht einverstanden!" Er glaubt, dadurch sei die Kündigung nicht wirksam. Hat er Recht?

Grundsätzliches über die Kündigung

Nein. Da die Kündigung eine einseitige Willenserklärung ist, bedarf sie nicht des Einverständnisses des Vertragspartners. Im Gegensatz zu dem Aufhebungsvertrag, wo beide Vertragspartner mit der Aufhebung des Arbeitsverhältnisses einverstanden sein müssen, wird bei der Kündigung das Arbeitsverhältnis durch eine einseitige Erklärung des einen oder anderen Vertragspartners beendet. Wichtig ist nur, da es sich um eine empfangsbedürftige Willenserklärung handelt, dass sie dem Vertragspartner zugegangen ist, d.h., dass er die Möglichkeit hat, Kenntnis von der Kündigung zu erlangen. Denn nur dann ist sie wirksam. Näheres siehe Ziffer 1.3. ∎

Zu beachten ist aber hier Folgendes: In dem vorstehenden Beispiel hat Meiser erklärt, er sei mit der Kündigung nicht einverstanden. Das hat keinerlei rechtliche Wirkung auf die Wirksamkeit der Kündigung. Umgekehrt ist es aber von Bedeutung, wenn Meiser erklärt, „ich nehme die Kündigung an". Dann endet nämlich das Arbeitsverhältnis nicht mehr durch eine Kündigung, sondern durch einen Aufhebungsvertrag. Denn in diesem Falle ist die Kündigung als Antrag zum Abschluss eines Aufhebungsvertrages anzusehen. Durch seine Erklärung hat Meiser diesen Antrag angenommen. Damit ist ein Vertrag, d.h. ein Aufhebungsvertrag, zu Stande gekommen. Das ist für den Arbeitnehmer insoweit sehr wichtig, als er durch Annahme der Kündigung den Kündigungsschutz verliert. Erklärt er sich mit der Kündigung einverstanden, kann er sich später nicht mehr auf den Kündigungsschutz berufen, der ihm durch das Gesetz gewährt wird. Im Übrigen hat der Abschluss eines Aufhebungsvertrages in der Regel zur Folge, dass der Arbeitnehmer von der Agentur für Arbeit mit einer Sperre von zwölf Wochen belegt wird [1].

1.1.1 Vertretung der Vertragspartner

Der Arbeitgeber kann dem Arbeitnehmer kündigen und umgekehrt, und selbstverständlich muss dem Arbeitgeber bzw. dem Arbeitnehmer die Kündigung zugehen. Aber wie sieht es z.B. aus, wenn der Arbeitgeber einen Geschäftsführer hat, der dem Arbeitnehmer kündigt? Ist die Kündigung in diesem Fall wirksam?

Vertretung ist sowohl auf der einen als auch auf der anderen Seite möglich. Der betreffende Vertragspartner kann **einem Dritten Vollmacht erteilen.** Diese Vollmacht bedarf in der Regel keiner Form. So genügt es, wenn der Vollmachtgeber seinen Vertragspartner von der Vollmacht in Kenntnis setzt. Hat also der Arbeitgeber seinem Arbeitnehmer mitgeteilt, dass er seinen Geschäftsführer generell zur Kündigung bevollmächtigt hat, ist die Kündigung wirksam; hat er das nicht getan, ist die Kündigung unwirksam, wenn der Geschäftsführer eine schriftliche Vollmacht nicht vorzeigt und der Arbeitnehmer deswegen die Kündigung unverzüglich zurückweist. Jedoch hat das

---

[1] Weitere Einzelheiten sind in dem Abschnitt „Ruhen des Anspruchs wegen Sperrzeit" in der Broschüre „Arbeitslosengeld" behandelt.

Bundesarbeitsgericht in seinem Urteil vom 30. Mai 1972 festgestellt, dass der, der wie der Personalabteilungsleiter eine Stellung bekleidet, mit der das Kündigungsrecht verbunden zu sein pflegt, eine Vollmachtsurkunde nicht vorzulegen braucht.

Minderjährige bedürfen zur Kündigung grundsätzlich **der Einwilligung des gesetzlichen Vertreters** (Eltern, Vormund). Kündigt ein minderjähriger Arbeitnehmer sein Arbeitsverhältnis, ist die Kündigung nur wirksam, wenn der gesetzliche Vertreter seine Einwilligung erteilt hat. Diese Einwilligung bedarf nicht unbedingt der Schriftform. Sie ist aber zu empfehlen. Denn legt der Minderjährige die Einwilligung nicht in schriftlicher Form vor, kann der Arbeitgeber die Kündigung dadurch unwirksam machen, dass er die Kündigung unverzüglich zurückweist (§ 111 BGB). Kündigt der Arbeitgeber einem minderjährigen Arbeitnehmer, ist Erklärungsempfänger nicht der Minderjährige, sondern sein gesetzlicher Vertreter. Die Kündigung wird also nur dann wirksam, wenn sie dem gesetzlichen Vertreter zugeht.

Ausnahmen von diesen Grundsätzen bestehen in zwei Fällen, nämlich nach § 112 und § 113 BGB. Für die Praxis ist jedoch nur folgender Fall interessant: Hat der gesetzliche Vertreter den Minderjährigen ermächtigt, in Dienst oder Arbeit zu treten, kann der minderjährige Arbeitnehmer das Arbeitsverhältnis selbst wirksam kündigen. Ebenso wird die vom Arbeitgeber ausgesprochene Kündigung wirksam, wenn sie dem Minderjährigen zugeht (§ 113 BGB, der aber nicht für Auszubildende gilt; vgl. unter Ziffer 1.1 auf Seite 26).

1.1.2 Form der Kündigung

Gem. § 623 BGB bedarf nun die wirksame Kündigung, aber auch der Auflösungsvertrag, der Schriftform. Somit ist die Beendigung des Arbeitsverhältnisses nur schriftlich möglich.

§ 15 Abs. 3 BBiG schreibt für die Kündigung eines Berufsausbildungsverhältnisses Schriftform vor. Kündigt der Ausbilder oder der Auszubildende, ist die Kündigung, wenn sie nicht schriftlich erfolgt, nach § 125 S. 1 BGB nichtig. Soll sie Wirksamkeit erlangen, muss sie in der vorgeschriebenen Form – also schriftlich – wiederholt werden.

Im Übrigen darf die Kündigung **nicht in ungehöriger Form** erfolgen, so z.B. nicht durch den Pförtner vor dem Fabriktor oder durch einen bevollmächtigten Auszubildenden (vgl. Landesarbeitsgericht Baden-Württemberg BB 68, 334).

1.1.3 Zeitpunkt der Kündigung

Die Kündigung kann jederzeit erfolgen, d.h. sie ist nicht an die Arbeitszeit gebunden, sondern kann auch am Feierabend oder an einem Sonn- oder Feiertag erklärt werden. Jedoch darf sie nicht zur „Unzeit", so z.B. mitten in der Nacht, auf einem Betriebsausflug oder beim Kirchgang vorgenommen werden. Eine derartige Kündigung ist wegen Verstoßes gegen Treu und Glauben und die Verkehrssitte gemäß § 242 BGB jedoch nur dann unwirksam, wenn der Gekündigte sie auf der Stelle zurückweist.

1.1.4 Kündigung vor Arbeitsaufnahme

Liegt ein wichtiger Grund vor, der die eine oder andere Seite zur außerordentlichen Kündigung berechtigt, kann der betreffende Vertragspartner auch zwischen Abschluss des Vertrags und Arbeitsaufnahme kündigen. Gegen die außerordentliche Kündigung bestehen also keine Bedenken.

Das Bundesarbeitsgericht (AP Nr. 1 zu § 620 BGB) vertritt den Standpunkt, dass eine ordentliche Kündigung vor Arbeitsaufnahme zulässig ist, soweit nicht ausdrücklich eine anderweitige Regelung zwischen den Vertragsparteien vereinbart wurde.

Umstritten ist dagegen die Frage, wann die Kündigungsfrist zu laufen beginnt.

Es ist zu unterscheiden:

● Haben die Vertragsparteien eine kurze Vertragslaufzeit oder eine kurze Kündigungsfrist vereinbart, beginnt die Kündigungsfrist mit Zugang der Kündigungserklärung zu laufen.

● Wurde eine lange Vertragslaufzeit oder eine längere Kündigungsfrist vereinbart, beginnt die Kündigungsfrist erst mit Arbeitsaufnahme zu laufen.

1.1.5 Inhalt der Kündigungserklärung

Aus der Kündigungserklärung **muss sich klar der Wille ergeben, das Arbeitsverhältnis zu beenden.** Das heißt aber nicht, dass in der Kündigungserklärung das Wort „kündigen" gebraucht werden muss.

Des Weiteren muss auch aus der Kündigungserklärung zu entnehmen sein, zu welchem **Zeitpunkt** die Kündigung wirksam werden soll. Das kann unter Umständen auch dann der Fall sein, wenn ein Datum nicht angegeben ist, so z.B., wenn die Kündigung zum nächstmöglichen Termin erfolgt. Ist nicht klar ersichtlich, was der Kündigende meint, geht das zu seinen Lasten, d.h. der Gekündigte kann die Kündigungserklärung zu seinen Gunsten auslegen. Ist z.B. nicht zu erkennen, ob es sich um eine ordentliche oder außerordentliche Kündigung handelt, ist die Kündigung als ordentliche Kündigung zu behandeln. Der Zeitpunkt ihres Gültigkeitsbeginns wird bei der fristlosen Kündigung durch ihren Zugang bestimmt.

1.1.6 Angabe des Kündigungsgrundes

Viele Arbeitnehmer sind der Ansicht, dass eine Kündigung, bei der der Grund nicht angegeben ist, unwirksam ist. Das ist falsch. **Grundsätzlich bedarf die Kündigung keiner Begründung.** Dies gilt sowohl für die ordentliche als auch für die außerordentliche Kündigung. Wenn das Gesetz in § 626 Abs. 2 BGB vorschreibt, dass der Gekündigte im Falle der außerordentlichen Kündigung Anspruch darauf hat, dass ihm der Kündigende den Kündigungsgrund unverzüglich schriftlich mitteilt, hat das nur die Bedeutung, dass der Kündigende bei Verletzung dieser Pflicht Schadensersatz zu leisten hat, ändert aber nichts an der Wirksamkeit der Kündigung.

Lediglich beim **Berufsausbildungsverhältnis** muss eine Kündigung, die nach der Probezeit erfolgt, begründet sein (§ 15 Abs. 3 BerBildG), wenn sie rechtswirksam sein soll. Auch in Tarifverträgen oder Betriebsvereinbarungen kann **eine Begründung vorgeschrieben sein,** deren Nichtbeachtung ebenfalls die Unwirksamkeit der Kündigung zur Folge hat.

1.2 Kündigung unter Bedingungen

Da die Kündigung klar und bestimmt sein muss, kann sie **grundsätzlich nicht an eine Bedingung geknüpft** werden. Das gilt jedoch dann nicht, wenn der Eintritt der Bedingung vom Willen des Erklärungsempfängers abhängt. So ist z.B. die Änderungskündigung in ihrer alten Form (vgl. die folgende Ziffer 1.2.1) eine Kündigung, die mit der aufschiebenden Bedingung verbunden ist, dass der Gekündigte die gleichzeitig mit der Kündigung angebotene Änderung des Arbeitsvertrages ablehnt. Der Eintritt der Bedingung hängt hier von dem Erklärungsempfänger ab. Die Kündigung ist somit wirksam, wenn der Gekündigte mit der aufschiebenden Bedingung nicht einverstanden ist.

1.2.1 Die Änderungskündigung

Will ein Vertragspartner, in der Regel wird es der Arbeitgeber sein, irgendeine Bedingung des Arbeitsvertrages einseitig ändern, kann er dies nur im Wege der Änderungskündigung.

Gemäß § 2 KSchG kann der Arbeitnehmer das **Angebot des Arbeitgebers dann unter dem Vorbehalt annehmen,** dass die Änderung der Arbeitsbedingungen gemäß § 1 Abs. 2 und 3 KSchG **nicht sozialwidrig** ist. Der Arbeitnehmer muss diesen Vorbehalt innerhalb der Kündigungsfrist, spätestens innerhalb von drei Wochen, dem Arbeitgeber erklären und innerhalb des gleichen Zeitraumes (drei Wochen) Änderungsschutzklage erheben.

Nimmt der Arbeitnehmer die Änderungskündigung unter Vorbehalt an, so hat er den Vorteil, dass er nach Ablauf der Kündigungsfrist im Betrieb weiter beschäftigt werden muss. **Verliert er in diesem Fall den Prozess, wird das Arbeitsverhältnis unter den geänderten Bedingungen fortgesetzt, er verliert aber seinen Arbeitsplatz nicht.** Damit ist dem Arbeitgeber ein Druckmittel genommen, um eine für den Arbeitnehmer ungünstige Änderung des Arbeitsverhältnisses durchzusetzen. **Gewinnt der Arbeitnehmer den Prozess, so wird das Arbeitsverhältnis unter den alten Arbeitsbedingungen fortgesetzt.**

Nimmt der Arbeitnehmer die Änderungskündigung nicht unter Vorbehalt an, so bleibt es bei den bisherigen Arbeitsbedingungen, er muss aber nach Ablauf der Kündigungsfrist den Betrieb verlassen. Hat er innerhalb von drei Wochen nach Zugang der Änderungskündigung Kündigungsschutzklage beim Arbeitsgericht erhoben, muss er nun den Prozess außerhalb des Betriebes weiterführen. Die Rechtslage ist dann die gleiche, wie nach der eingangs erwähnten früheren Regelung: Gewinnt er den Prozess, so wird das Arbeitsverhältnis unter den alten Bedingungen fortgesetzt. Verliert er den Prozess, so endet das Arbeitsverhältnis.

Ist der Arbeitnehmer mit der Änderung des Arbeitsvertrages einverstanden, so bedarf es selbstverständlich keiner Änderungskündigung.

Wichtig ist, dass der Arbeitgeber erst dann eine Beendigungskündigung aussprechen darf, wenn eine Änderungskündigung nicht mehr möglich ist. Hat der Arbeitgeber z.B. die Möglichkeit, den Arbeitnehmer an einem anderen Arbeitsplatz im Betrieb einzusetzen, weigert sich aber der Arbeitnehmer, dort zu arbeiten, so darf der Arbeitgeber keine Beendigungskündigung aussprechen, sondern eine Änderungskündigung (BAG vom 27. September 1984).

§ 102 BetrVG ist auch auf die Änderungskündigung anzuwenden. Wird z.B. der Betriebsrat zu der Änderungskündigung nicht gehört, ist sie gemäß § 102 Abs. 1 BetrVG unwirksam.

1.2.2 Die vorsorgliche Kündigung

Keine bedingte Kündigung ist die so genannte vorsorgliche Kündigung. Kündigt der Arbeitgeber z.B. wegen der schlechten Auftragslage mit dem Hinweis, dass er – falls sich die Lage bessert – die Kündigung zurücknimmt und das Arbeitsverhältnis auch nach diesem Termin fortsetzt, handelt es sich um eine normale Kündigung. Die Erklärung des Arbeitgebers, er werde die Kündigung zurücknehmen, ist rechtlich ohne jede Bedeutung.

Die vorsorgliche Kündigung ist daher eine Kündigung wie jede andere und entsprechend zu behandeln. Für den Arbeitnehmer ist das insoweit wichtig, als er darauf achten muss, **in diesem Fall die Frist für die Kündigungsschutzklage** (vgl. unter Ziffer 1.5 auf Seite 124) **nicht zu versäumen.**

1.3 Zugang der Kündigung

Die Kündigung ist eine empfangsbedürftige Willenserklärung. Wie erwähnt, wird sie wirksam, wenn sie dem Erklärungsempfänger zugeht; nicht von Bedeutung für den Zugang ist, ob er die Kündigung billigt oder sich mit ihr einverstanden erklärt. **Ist er anwesend, geht ihm die Kündigung nicht mit Ausspruch zu, sondern erst dann, wenn er sie vernimmt.** Das ist ein feiner Unterschied, der aber bei dem **Gastarbeiter,** dem es an den erforderlichen Sprachkenntnissen fehlt, von Bedeutung ist. Bei ihm ist die Kündigung erst zugegangen, wenn sie ihm übersetzt worden ist, also nicht schon bei Ausspruch. Wird sie ihm nicht übersetzt, ist sie auch nicht zugegangen.

Wird die Kündigung dem Erklärungsempfänger durch einen einfachen Brief zugesandt, geht sie in dem Moment zu, wo sie in der Wohnung oder dem Geschäftsbereich des Erklärungsempfängers einer zum Empfang berechtigten Person ausgehändigt oder aber in den Briefkasten geworfen wird. Im letzteren Falle ist die Kündigung zu dem Zeitpunkt zugegangen, zu dem der Briefkasten üblicherweise geleert wird. Die Kündigung gilt nämlich dann als zugegangen, wenn der **Empfänger die Möglichkeit hat, sie zur Kenntnis zu nehmen.** Nicht erforderlich ist, dass er tatsächlich Kenntnis genommen hat. Entscheidend ist, ob die Kündigung in seinen Machtbereich gelangt ist oder nicht. Findet er den Brief im Briefkasten, ist es gleichgültig, ob er ihn öffnet oder nicht. Die Kündigung ist zugegangen.

Der Zugang der Kündigung wird in der Regel auch nicht durch Krankheit oder Abwesenheit verhindert.

Beispiel:

Fröhlich reist im Urlaub mit seiner Familie nach Italien. Seinem Arbeitgeber List hat er dies mitgeteilt. List schickt das Kündigungsschreiben an die Heimatadresse des Fröhlich. Als dieser aus dem Urlaub nach Hause kommt, findet er das Kündigungsschreiben in seinem Briefkasten. Wann ist in diesem Falle die Kündigung zugegangen?

Obwohl List wusste, dass Fröhlich nicht zu Hause war, ist die Kündigung zu dem Zeitpunkt zugegangen, als der Briefträger diese in den Briefkasten von Fröhlich geworfen hat. Will Fröhlich Kündigungsschutzklage erheben, muss er sich so schnell wie möglich zum Arbeitsgericht begeben, damit er die Drei-Wochen-Frist nicht versäumt. Ist die Drei-Wochen-Frist bereits verstrichen, wenn er nach Hause kommt, muss er ebenfalls zum Arbeitsgericht gehen und einen Antrag gemäß § 5 KSchG auf Wiedereinsetzung in den vorigen Stand stellen. Der Antrag auf Wiedereinsetzung wird in diesem Falle vom Arbeitsgericht grundsätzlich genehmigt (vgl. hierzu BAG vom 16. März 1988). ■

Selbstverständlich gilt die Kündigung als zugegangen, wenn der Erklärungsempfänger die Annahme des Kündigungsschreibens verweigert oder der Zugang auf eine andere Weise absichtlich verhindert wurde.

Aus Beweisgründen für den Zugang der Kündigung ist der Einschreibebrief zu empfehlen. Wird dem Empfänger das Einschreiben ausgehändigt, ist die Kündigung zugegangen. Hier ist aber Vorsicht geboten.

Der Zugang der Kündigung ist auch insoweit wichtig, als für die Beurteilung der Rechtmäßigkeit einer Kündigung die objektiven Verhältnisse im Zeitpunkt des Zugangs der Kündigung maßgebend sind.

Zugang der Kündigung

Der Erklärungsempfänger ist verpflichtet, das Schreiben so bald wie möglich abzuholen. Andernfalls gilt die Kündigung als zu dem Zeitpunkt zugegangen, zu dem er sie unter normalen Umständen hätte abholen können.

1.4 Mängel der Kündigung

Die Kündigung ist eine Willenserklärung. Wie jede Willenserklärung kann sie mit Mängeln behaftet sein.

Beispiel:

Schlaf, der sich noch nie verspätet hat, verschläft sich und kommt eine Stunde zu spät zur Arbeit. Fuchs, sein Arbeitgeber, der Schlaf nicht mag, erklärt, er werde ihm wegen der Verspätung fristlos kündigen, wenn er nicht selbst kündige. Schlaf kündigt. Kann er die Kündigung anfechten?

Ja. Fuchs hat ihm mit fristloser Kündigung gedroht. Ein Grund zur fristlosen Kündigung war nicht gegeben, da einmaliges Verspäten kein wichtiger Grund im Sinne des § 626 BGB ist. Schlaf kann daher nach § 123 BGB seine Kündigung anfechten, da er zur Abgabe der Erklärung widerrechtlich durch Drohung bestimmt worden ist. ∎

Zu beachten ist, dass die Drohung nur dann widerrechtlich ist, wenn ein Grund zur fristlosen Kündigung nicht vorlag.

Verstößt die Kündigung gegen ein gesetzliches Verbot, so ist sie nichtig gemäß § 134 BGB.

Beispiel:

Frau Moll ist schwanger. Karg entlässt sie trotzdem.

Nach § 9 MuSchG ist die Kündigung während der Schwangerschaft und vier Monate nach der Niederkunft bzw. bis zu drei Jahren bei Erziehungsurlaub (§ 15 BErzGG) unzulässig. Die Kündigung verstößt gegen ein gesetzliches Verbot und ist daher nichtig. ∎

Das Gleiche gilt, wenn der Arbeitgeber dem Arbeitnehmer kündigt, weil dieser Mitglied einer Gewerkschaft ist, da hier ein **Verstoß gegen das Grundrecht der Koalitionsfreiheit** (Art. 9 Abs. 3 Grundgesetz) vorliegt, oder wenn er einem Betriebsrats- oder Personalratsmitglied kündigt. Eine Kündigung kann auch **sittenwidrig** sein.

> **Beispiel:**
>
> Gut macht seit Monaten Überstunden. Geiz, sein Arbeitgeber, zahlt ihm den vereinbarten Überstundenzuschlag nicht. Als Gut sich deswegen beschwert und auf Nachzahlung besteht, kündigt ihm Geiz.
>
> Die Kündigung ist nach § 138 BGB nichtig. Im Übrigen wäre die Kündigung auch nach § 134 BGB nichtig, da sie wegen Verstoßes gegen § 612 a BGB (siehe Anhang) gesetzwidrig ist. ∎

Das Gleiche gilt, wenn dem Arbeitnehmer nach Ablauf der Kündigungsschutzfrist gemäß § 15 Abs. 3 KSchG deswegen gekündigt wird, weil er für den **Betriebsrat** oder die **Jugend- und Auszubildendenvertretung kandidiert** hat (vgl. auch § 78 BetrVG).

Schließlich kann eine Kündigung wegen **Geschäftsunfähigkeit** des einen oder anderen Vertragspartners nichtig sein.

Klagt der Arbeitnehmer in diesen Fällen, so ist er nicht an die Drei-Wochen-Frist gebunden, die bei einer Kündigungsschutzklage nach dem Kündigungsschutzgesetz sowohl für die ordentliche (§ 4 Abs. 1 KSchG) als auch für die außerordentliche Kündigung (§ 13 Abs. 1 KSchG) einzuhalten ist. Jedoch ist die Drei-Wochen-Frist bei einer sittenwidrigen Kündigung insoweit von Bedeutung, als nach § 13 Abs. 2 KSchG bei ihrer Einhaltung die Vorschriften des Kündigungsschutzgesetzes über die Auflösung des Arbeitsverhältnisses und die Abfindung sowie über das Kündigungsrecht nach § 12 KSchG anzuwenden sind.

Hier handelt es sich um Mängel, die jeder Willenserklärung, nicht nur der Kündigung, anhaften können. Wegen der speziell nur bei der Kündigung möglichen Mängel siehe unter Ziffer 3.1 auf Seite 110 und unter Ziffer 1.2 auf Seite 116.

1.5 Beteiligung des Betriebsrates

> **Beispiel:**
>
> Klau arbeitet in der Kraftfahrzeugwerkstatt von Streng. Streng erwischt ihn beim Diebstahl von Ersatzteilen. Er kündigt ihm auf der Stelle. Dann informiert er den Betriebsrat. Ist die Kündigung rechtswirksam?
>
> Nein. Nach § 102 Abs. 1 BetrVG hat der Arbeitgeber dem Betriebsrat vor jeder Kündigung die Gründe für die Kündigung mitzuteilen und ihn anzuhören. Kommt er dieser gesetzlichen Verpflichtung nicht nach, ist die Kündigung unwirksam. Das gilt sowohl für die ordentliche als auch für die außerordentliche Kündigung. Das nachträgliche Informieren des Betriebsrats ist nicht von Bedeutung. ∎

Hat der Betriebsrat Bedenken gegen eine ordentliche Kündigung, muss er diese dem Arbeitgeber – mit Gründen versehen – **innerhalb einer Woche schriftlich mitteilen.** Äußert er sich in dieser Frist nicht, gilt seine Zustimmung zur Kündigung als erteilt. Der Betriebsrat kann ebenfalls innerhalb dieser Frist unter gewissen Voraussetzungen der ordentlichen Kündigung widersprechen, wenn z.B. der Arbeitgeber bei der Auswahl des zu kündigenden Arbeitnehmers **soziale Gesichtspunkte** nicht oder nicht ausreichend berücksichtigt hat oder der zu kündigende Arbeitnehmer im selben Betrieb oder einem anderen Betrieb des Unternehmens **weiter beschäftigt** werden kann usw. (vgl. § 102 Abs. 3 BetrVG). Kündigt der Arbeitgeber trotz des Widerspruchs des Betriebsrats, hat er dem Arbeitnehmer mit der Kündigung eine Abschrift der Stellungnahme des Betriebsrats zuzuleiten. Gemäß § 1 Abs. 2 KSchG macht der ordnungsgemäße Widerspruch die Kündigung **sozialwidrig.**

Hat der Betriebsrat einer ordentlichen Kündigung frist- und ordnungsgemäß widersprochen und hat der Arbeitnehmer nach dem Kündigungsschutzgesetz Klage auf Feststellung erhoben, dass das Arbeitsverhältnis durch die Kündigung nicht aufgelöst ist, kann der Arbeitnehmer verlangen, dass er auch nach Ablauf der Kündigungsfrist bis zum rechtskräftigen Abschluss des Rechtsstreits bei unveränderten Arbeitsbedingungen weiter beschäftigt wird.

Von dieser Pflicht kann das Gericht den Arbeitgeber durch einstweilige Verfügung entbinden (§ 102 Abs. 5 BetrVG), wenn gewisse Voraussetzungen vorliegen (z.B. die Klage des Arbeitnehmers hat keine hinreichende Aussicht auf Erfolg oder der Widerspruch des Betriebsrats ist offensichtlich unbegründet).

Hat der Betriebsrat Bedenken gegen eine **außerordentliche Kündigung,** hat er diese unter Angabe der Gründe dem Arbeitgeber unverzüglich, spätestens innerhalb von drei Tagen, schriftlich mitzuteilen. Ein Widerspruchsrecht steht dem Betriebsrat in diesem Fall nicht zu.

Der Betriebsrat soll vor jeder Stellungnahme, soweit erforderlich, den betroffenen Arbeitnehmer hören. Für den Personalrat gelten nach den einzelnen Personalvertretungsgesetzen ähnliche Regelungen.

2 Die ordentliche Kündigung

Mit Datum vom 7. Oktober 1993 hat der Bundesgesetzgeber die Folgen aus dem Urteil des Bundesverfassungsgerichts zur Verfassungswidrigkeit der bis dahin geltenden unterschiedlichen Kündigungsfristen für Arbeiter und Angestellte bezogen und eine einheitliche Fristenregelung geschaffen. Diese gesetzlichen Regelungen sollen folgend dargestellt werden:

2.1 Kündigungsfrist

2.1.1 Grundkündigungsfristen

Gemäß § 622 Abs. 1 BGB beträgt die Grundkündigungsfrist für die Vertragsparteien vier Wochen zum 15. oder zum Ende eines Kalendermonats.

Beispiel:

Der Arbeitnehmer Wolf ist von der unsozialen Atmosphäre, die bei seinem Arbeitgeber, den Ackes-Werken, herrscht, so zermürbt, dass er kündigen will. Mit Schreiben vom 13. November 2002 kündigt er seinen Arbeitsvertrag fristgerecht zum nächstmöglichen Zeitpunkt. Das Schreiben vom 13. November 2002 geht am 16. November 2002 bei den Ackes-Werken ein. Kann Wolf am 16. Dezember 2002 zu Hause bleiben?

Ja! Gerechnet vom Zeitpunkt des Zugangs der Kündigung läuft die Vier-Wochen-Frist am 14. Dezember 2002 ab, mithin rechtzeitig zum 15. des Monats Dezember 2002. ■

2.1.2 Verlängerte Kündigungsfristen

Gemäß § 622 Abs. 2 BGB verlängert sich die Kündigungsfrist für den **Arbeitgeber** mit zunehmender Beschäftigungszeit des Arbeitnehmers. Dabei ist zu beachten, dass bei der Berechnung der Beschäftigungszeiten die Zeiten, die vor der Vollendung des 25. Lebensjahres liegen, nicht mitgerechnet werden. Die Fristen lauten – jeweils zum Ende eines Kalendermonats:

1. Wenn das Arbeitsverhältnis 2 Jahre bestanden hat: 1 Monat
2. Wenn das Arbeitsverhältnis 5 Jahre bestanden hat: 2 Monate
3. Wenn das Arbeitsverhältnis 8 Jahre bestanden hat: 3 Monate
4. Wenn das Arbeitsverhältnis 10 Jahre bestanden hat: 4 Monate
5. Wenn das Arbeitsverhältnis 12 Jahre bestanden hat: 5 Monate
6. Wenn das Arbeitsverhältnis 15 Jahre bestanden hat: 6 Monate
7. Wenn das Arbeitsverhältnis 20 Jahre bestanden hat: 7 Monate

Diese Fristen gelten **auch** in so genannten „Kleinbetrieben", d. h. in Betrieben, in denen in der Regel nicht mehr als 20 Arbeitnehmer – ausschließlich Auszubildende – beschäftigt sind. Bei der Feststellung der Betriebsgröße zählen nur solche Beschäftigte, deren Arbeitszeit in der Woche mindestens zehn bzw. im Monat 45 Stunden beträgt. Dann ist eine Verkürzung der Frist per Arbeitsvertrag auf höchstens vier Wochen zulässig (§ 622 Abs. 5 Ziff. 2 BGB).

2.1.3 Schwerbehinderte Menschen

Für schwerbehinderte Menschen besteht eine Sonderregelung. Bei ihnen beträgt die **Kündigungsfrist mindestens vier Wochen** (§ 86 SGB IX). Sie beginnt mit dem Zugang der Kündigung beim schwerbehinderten Menschen. Längere gesetzliche, tarifliche oder einzelvertragliche Kündigungsfristen sind einzuhalten.

2.1.4 Ausbildungsverhältnis

Eine Ausnahme gilt für das **Berufsausbildungsverhältnis,** wo während der Probezeit jederzeit ohne Einhaltung einer Kündigungsfrist gekündigt werden kann (§ 15 Abs. 1 BBiG).

2.1.5 Probearbeitsverhältnis

Gemäß § 622 Abs. 3 BGB kann bei einem befristeten Probearbeitsverhältnis bzw. bei einem unbefristeten Arbeitsverhältnis von bis zu längstens sechs Monaten die Kündigungsfrist zum Zwecke der Erprobung bis zu zwei Wochen verkürzt werden.

2.1.6 Aushilfsarbeitsverhältnis

Im Gegensatz zum Probearbeitsverhältnis ist für das Aushilfsarbeitsverhältnis eine **Sonderregelung im Gesetz** vorgesehen. Dauert das Aushilfsarbeitsverhältnis **nicht länger als drei Monate, können die gesetzlichen Mindestkündigungsfristen unterschritten werden,** kürzere Kündigungsfristen – ja sogar jederzeitige Kündigung ohne Frist – können im Einzelarbeitsvertrag vereinbart werden (§ 622 Abs. 5 Nr. 1 BGB). Dauert das Arbeitsverhältnis **länger als drei Monate, gelten die gesetzlichen Kündigungsfristen,** es sei denn, es ist etwas anderes vereinbart worden.

Im Übrigen ist das Aushilfsarbeitsverhältnis ein Arbeitsverhältnis wie jedes andere Arbeitsverhältnis auch, so dass – abgesehen von dieser einzigen Ausnahme (§ 622 Abs. 5 Nr. 1 BGB) – alle übrigen arbeitsrechtlichen Bestimmungen anzuwenden sind[1].

2.1.7 Ausnahmen

Gemäß § 622 Abs. 4 BGB können durch Tarifverträge andere Kündigungsfristen als die gesetzlich vorgeschriebenen Fristen vereinbart werden. Diese gelten grundsätzlich nur für die tarifgebundenen Vertragsparteien. Problematisch ist die Frage der Fortgeltung ungekündigter tarifvertraglicher Regelung nach der Neufassung des § 622 BGB.

---

[1] Wegen der Aushilfsarbeiten in Form von Teilzeitarbeit wird auf die Broschüre „Teilzeitbeschäftigung" verwiesen.

> **Beispiel:**
>
> Herr Dietz ist Mitglied einer Gewerkschaft, die mit dem zuständigen Arbeitgeberverband des Unternehmens Ackes-Werke einen Tarifvertrag geschlossen hat. Danach beträgt die Kündigungsfrist für beide Vertragsparteien sechs Wochen zum Quartalsende. Nach dem neuen § 622 BGB hätte Dietz eine Kündigungsfrist von drei Monaten zum Monatsende, falls ihm die Ackes-Werke kündigen wollten. Welche Fristen gelten, die älteren tarifvertraglichen oder die neueren gesetzlichen?
>
> Da es sich bei den verlängerten Fristen in § 622 Abs. 2 um Schutzvorschriften für den Arbeitnehmer handelt, müssen in solchen Fällen die „günstigeren" gesetzlichen Normen gelten.
>
> Wie aber ist zu entscheiden, wenn es bei den Grundkündigungsfristen des § 622 Abs. 1 BGB verbleibt, der Tarifvertrag aber sechs Wochen zum Quartalsende vorsieht?
>
> Hier ist im Falle der Arbeitgeberkündigung die tarifvertragliche Frist günstiger und hat mithin Vorrang vor dem Gesetz. ■

Nach § 622 Abs. 5 Nr. 2 kann eine kürzere Kündigungsfrist als die des Abs. 1 (Grundkündigungsfrist von vier Wochen) auch in so genannten „Kleinbetrieben" vereinbart werden, wenn der Arbeitgeber in der Regel nicht mehr als 20 Arbeitnehmer, abzüglich Auszubildender, beschäftigt. Allerdings darf die Frist nicht kürzer als vier Wochen betragen. Mithin ist eine Kündigung unabhängig vom 15. oder vom Kalendermonatsende zulässig.

2.2 Berechnung der Kündigungsfristen

Die Berechnung der Kündigungsfrist richtet sich nach §§ 186 ff. BGB. Nach § 187 Abs. 1 BGB ist der Tag, an dem die Kündigung zugeht, nicht in die Frist einzubeziehen, d.h. die Frist beginnt erst am folgenden Tag zu laufen.

> **Beispiel:**
>
> Wolf soll zum 15. Dezember gekündigt werden. Er ist seit einem Jahr bei den Ackes-Werken beschäftigt. Nach § 622 Abs. 1 BGB beträgt die Kündigungsfrist vier Wochen zum Fünfzehnten oder zum Ende des Kalendermonats, mithin muss die Kündigung spätestens am 16. November zugehen.
>
> Ist der letzte Tag, an dem die Kündigung zugehen muss, ein Sonn- oder Feiertag, so muss die Kündigung am Werktag davor zugehen. ■

Außerordentliche Kündigung 109

Beispiel:

Wie eben, allerdings ist der 16. November ein Sonntag. Dann muss die Kündigung schon am 15. November zugegangen sein. ∎

3 Die außerordentliche Kündigung

Beispiel:

Sauer arbeitet bei Tröpfli als Angestellter. Schon zweimal hat er auf sein Gehalt länger als 14 Tage warten müssen. Als das nochmals passiert, kündigt er fristlos. Tröpfli meint, Sauer müsse die gesetzliche Kündigungsfrist einhalten.

Natürlich braucht Sauer die Kündigungsfrist nicht einzuhalten, denn das wiederholte verspätete Zahlen des Gehalts bzw. Lohns trotz nicht eingehaltener Fristsetzung ist ein wichtiger Grund, der zur fristlosen Kündigung berechtigt. ∎

Liegt also ein wichtiger Grund vor, kann das Arbeitsverhältnis ohne Einhaltung einer Frist gekündigt werden. Da für eine **außerordentliche Kündigung** ein wichtiger Grund vorliegen muss, darf es sich nicht lediglich um verhältnismäßig geringfügige Lohnrückstände oder um nur eine kurzfristige Verzögerung der Lohnzahlung handeln. Allerdings ist zu beachten, dass der Arbeitnehmer für seinen Lebensunterhalt auf das regelmäßige Eingehen der arbeitsvertraglichen Vergütung angewiesen ist. Jedoch muss die außerordentliche Kündigung nicht immer fristlos erfolgen.

Beispiel:

Langmut wird von seinem Angestellten Frech sehr schwer beleidigt. Er kündigt ihm, obwohl er dazu nach § 626 BGB das Recht hat, nicht fristlos, sondern lässt ihm, da Frech sechs Kinder hat, vierzehn Tage Zeit, um sich eine neue Stelle zu suchen.

Trotzdem handelt es sich um eine außerordentliche Kündigung. Jedoch muss Langmut bei Ausspruch der Kündigung klar zum Ausdruck bringen, dass es sich um eine außerordentliche Kündigung handelt. Tut er dies nicht, kann der Erklärungsempfänger davon ausgehen, dass es sich um eine ordentliche Kündigung handelt. ∎

Aber auch (gesetzlich oder vertraglich) „unkündbare" Arbeitnehmer sind außerordentlich kündbar, allerdings muss dann eine so genannte „soziale Auslauffrist" (mit der ansonsten geltenden ordentlichen Kündigungsfrist identisch) eingehalten werden. Die außerordentliche Kündigung kann weder durch Tarifvertrag noch durch Betriebsvereinbarung ausgeschlossen werden. Bei Vorliegen eines wichtigen Grundes im Sinne des § 626 BGB muss jeder der Vertragspartner die Möglichkeit haben, das Arbeitsverhältnis fristlos beenden zu können.

Lediglich in zwei Fällen schließt das Gesetz die außerordentliche Kündigung aus: einmal bei der **werdenden Mutter** (§ 9 MuSchG, § 18 BErzGG), zum anderen bei **schwerbehinderten Menschen** (§ 91 SGB IX). Hier handelt es sich aber nicht um absolute Verbote, denn auch in diesen Fällen ist eine Kündigung möglich, wenn die zuständige Aufsichtsbehörde die Genehmigung erteilt.

Wichtig für den Arbeitnehmer ist, dass er, wenn er die außerordentliche Kündigung für unbegründet hält, **innerhalb von drei Wochen nach Zugang der Kündigung Klage bei dem zuständigen Arbeitsgericht erheben muss** (§ 13 Abs. 1 KSchG).

Beispiel:

Forsch kündigt Lahm fristlos. Die Kündigung ist unbegründet. Vier Wochen nach Zugang der Kündigung geht Lahm zum Arbeitsgericht, um mit einer Klage gegen die Kündigung vorzugehen. Hat er Aussicht auf Erfolg?

Nein. Da er die Drei-Wochen-Frist versäumt hat, ist die Kündigung rechtswirksam geworden (§ 7 KSchG).

3.1 Wichtige Gründe im Sinne des § 626 BGB

Was versteht man unter diesen wichtigen Gründen? Diese Frage lässt sich gar nicht so einfach beantworten. Entscheidend ist, ob dem Kündigenden die **Fortsetzung des Arbeitsverhältnisses** bis zum Ablauf der Kündigungsfrist (oder bis zur vereinbarten Beendigung des Arbeitsverhältnisses) **zugemutet werden kann** oder nicht. Bei der Beurteilung dieser Frage ist vom Einzelfall unter Berücksichtigung aller Umstände unter Abwägung der Interessen beider Vertragsteile auszugehen.

Beispiel:

Wir haben in dem Beispiel auf der vorhergehenden Seite festgestellt, dass ein wichtiger Grund zur fristlosen Kündigung gegeben ist, wenn der Arbeitgeber mit der Lohnzahlung wiederholt in Verzug gerät. Nehmen wir einmal an, ein Teil der Fabrik von Tröpfli sei durch einen Brand zerstört worden. Da die Brandversicherung die Versicherungssumme aus irgendwelchen Gründen nicht gleich auszahlt, kommt Tröpfli in Zahlungsschwierigkeiten.

In diesem Fall hat Sauer keinen wichtigen Grund zur fristlosen Kündigung. Es ist ihm auf Grund der Treuepflicht zuzumuten, trotz verspäteter Auszahlung des Gehalts die Kündigungsfrist einzuhalten.

Kündigungsgründe

Sie müssen daher bedenken, dass **jeder Fall** anders gelagert sein kann. Wenn daher Beispiele aus der Rechtsprechung aufgezählt werden, so denken Sie daran, dass es sich nur um Beispiele handelt und dass man unter Umständen im Einzelfall zu einem anderen Ergebnis kommen kann.

Wird Ihnen z.B. gekündigt, können folgende Kriterien eine Rolle spielen: die Dauer Ihres Arbeitsverhältnisses, ob Sie sich bisher einwandfrei geführt haben oder ob damit gerechnet werden muss, dass Sie sich in Zukunft nochmals Verfehlungen zu Schulden kommen lassen, soziale Gesichtspunkte sowie die Frage, ob Sie bald eine gleichwertige Stelle finden werden.

Ob ein wichtiger Grund vorliegt oder nicht, ist ausschließlich mit Hilfe des Gesetzes und der auf dem Gesetz aufbauenden Rechtsprechung der Arbeitsgerichte festzustellen. Durch Einzelarbeitsvertrag können die Kündigungsgründe für eine außerordentliche Kündigung nicht erweitert werden. Enthält ein Einzelarbeitsvertrag eine Klausel, in der festgelegt ist, dass unter bestimmten Voraussetzungen ein Grund für den Arbeitgeber zur außerordentlichen Kündigung gegeben ist, so ist diese Klausel nichtig, wenn sie nicht mit den von der Rechtsprechung erarbeiteten Grundsätzen übereinstimmt. Entsprechendes gilt, wenn der Arbeitnehmer dem Arbeitgeber kündigt.

3.1.1 Kündigung durch den Arbeitgeber

Bei der Kündigung durch den Arbeitgeber hat die Rechtsprechung als wichtige Gründe anerkannt: Tätlichkeiten oder erhebliche Ehrverletzungen gegenüber dem Arbeitgeber, Diebstahl, Betrug, Untreue, Sachbeschädigung zum Nachteil des Arbeitgebers, Arbeitsversäumnis, Arbeitsverweigerung, Arbeitsunfähigkeit durch Trunkenheit während der Arbeitszeit, Teilnahme am rechtswidrigen Streik, Verrat von Betriebsgeheimnissen, unter Umständen unerlaubte private Telefongespräche, Handlungen, die die Heilung während der Arbeitsunfähigkeit beeinträchtigen, usw.

Oft wird vom Arbeitnehmer angenommen, dass ihm sein Arbeitgeber während der Zeit, in der er **arbeitsunfähig erkrankt ist,** nicht kündigen dürfe. Das ist falsch. Sogar eine **außerordentliche Kündigung seitens des Arbeitgebers ist möglich.**

Beispiel:

Bote ist 56 Jahre alt und seit 20 Jahren als Angestellter bei einem Ministerium beschäftigt. Seit einem Jahr ist er wegen eines schweren Leidens arbeitsunfähig. Es ist nicht abzusehen, wann er wieder gesund wird. Der Minister kündigt ihm daher fristlos. Bote beruft sich auf Unkündbarkeit.

Nach § 53 Abs. 3 des Bundesangestelltentarifvertrages ist Bote, da er mehr als 15 Jahre bei derselben Dienststelle tätig war, unkündbar. Die Unkündbarkeit bezieht sich aber nur auf die ordentliche, nicht auf die außerordentliche Kündigung. Vielmehr kann hier, weil die ordentliche Kündigung ausgeschlossen und das Ende der Krankheit nicht abzusehen ist, fristlos gekündigt werden (§ 55 BAT). ∎

Jedoch ist der Arbeitgeber nur in außergewöhnlichen Fällen zur außerordentlichen Kündigung wegen Krankheit berechtigt, so z.B. bei ansteckender oder unheilbarer Krankheit, die zur dauernden Arbeitsunfähigkeit führt.

Wegen Krankheit kann auch dann außerordentlich gekündigt werden, wenn eine ungewöhnlich lange Kündigungsfrist vereinbart ist oder die ordentliche Kündigung ausgeschlossen ist und der Arbeitsplatz dringend besetzt werden muss.

Ob die Verbüßung einer Freiheitsstrafe eine außerordentliche Kündigung rechtfertigt, hängt davon ab, wie stark sich das Fehlen des Arbeitnehmers auf den Betrieb auswirkt. Hier kommt es auf die Einzelumstände an (BAG vom 15. November 1984).

Auch ein dringender Verdacht kann ein Grund zur außerordentlichen Kündigung sein.

Beispiel:

In dem Betrieb des Bösherz wird laufend gestohlen. Bösherz vermutet, dass Ehrlich, dem er das durchaus zutraut, der Täter ist. Als nochmals etwas gestohlen wird, entlässt er Ehrlich fristlos. Liegt ein wichtiger Grund zur Kündigung vor?

Selbstverständlich nein.

Vor Ausspruch einer solchen Kündigung muss der Arbeitgeber alles Zumutbare zur Aufklärung des Sachverhalts unternehmen und auch die den Arbeitnehmer entlastenden Momente erforschen (LAG Köln vom 3. Juni 1985). Es muss eine auf konkrete Beweisanzeichen gestützte große Wahrscheinlichkeit für die Tat gerade dieses Arbeitnehmers bestehen.

Entscheidend ist aber in jedem Fall, ob durch den Verdacht das Vertrauensverhältnis zwischen Arbeitgeber und Arbeitnehmer so gestört ist, dass eine Fortsetzung des Arbeitsverhältnisses nicht mehr zumutbar ist.

Zu welchem Ergebnis kommen Sie aber in dem folgenden Fall?

Beispiel:

In dem Betrieb des Liebermann wird laufend gestohlen. Nimmtgern gerät in Verdacht. Er wird wiederholt kurz vor Verschwinden des Diebesgutes in der Nähe des Tatortes gesehen. Als das wieder einmal geschieht, verlangt Liebermann unmittelbar nach der Tat, als Nimmtgern den Betrieb verlassen will, er solle seine Tasche öffnen. Nimmtgern weigert sich. Daraufhin kündigt ihm Liebermann fristlos.

Hier sieht die Sache anders aus. Zwar ist Nimmtgern nicht überführt, die Diebstähle begangen zu haben, jedoch genügt unter Umständen der konkrete Verdacht einer strafbaren Handlung, um eine fristlose Kündigung zu rechtfertigen.

Kündigungsgründe

3.1.2 Kündigung durch den Arbeitnehmer

Wichtige Gründe, die den Arbeitnehmer zur außerordentlichen Kündigung berechtigen, sind: Der Arbeitgeber zahlt die fällige Vergütung nicht aus oder er zahlt sie aus, aber wiederholt mit Verspätung; er weigert sich, anderen Verpflichtungen aus dem Arbeitsvertrag nachzukommen; er verletzt vorsätzlich oder grob fahrlässig die ihm obliegende Fürsorgepflicht; er sorgt nicht für die Einhaltung der Arbeitsschutzbestimmungen; er begeht Tätlichkeiten oder erhebliche Ehrverletzungen gegen den Arbeitnehmer usw. In jüngerer Vergangenheit sind der Begriff des „Mobbings" (Ausüben psychologischen Drucks) und der der sexuellen Belästigung verstärkt in die Diskussion gelangt. Hierzu sind jedoch noch keine höchstrichterlichen Urteile ergangen.

> **Beispiel:**
>
> Arm arbeitet als Angestellter bei Knausrig für einen bescheidenen Lohn. Er bewirbt sich bei Reich, der ihm doppelt so viel zahlen will. Daraufhin kündigt Arm das Arbeitsverhältnis fristlos. Knausrig ist der Ansicht, Arm könne nur ordentlich kündigen. Arm dagegen meint, die fristlose Kündigung sei gerechtfertigt.
>
> Arm irrt. Die Tatsache, dass dem Arbeitnehmer durch eine andere Firma eine weitaus besser bezahlte Stelle angeboten wird, berechtigt ihn nicht zur fristlosen Kündigung. ∎

Was halten Sie jedoch von diesem Fall?

> **Beispiel:**
>
> Fuchs erwischt Klau bei einem Diebstahl in seinem Betrieb. Da er aber wegen eines wichtigen Terminauftrages keinen seiner Arbeitnehmer entbehren kann, sieht er zunächst von einer fristlosen Kündigung ab. Als der Auftrag nach drei Wochen erledigt ist, kündigt er ihm fristlos. Klau ist der Ansicht, die fristlose Kündigung sei verwirkt. Er verlässt zwar den Betrieb, unternimmt aber nichts. Als er nach vier Wochen sein Zeugnis von Fuchs erhält, steht darin, dass er fristlos entlassen worden ist. Das ärgert ihn. Er will nun mit einer Klage gegen die fristlose Kündigung vorgehen. Hat er Aussicht auf Erfolg?
>
> Nein. Liegt ein wichtiger Grund zur Kündigung vor, muss die Kündigung innerhalb von zwei Wochen, nachdem der Kündigende Kenntnis von den betreffenden Tatsachen erlangt hat, erklärt werden. Da Fuchs erst nach drei Wochen gekündigt hat, ist sein Recht auf Kündigung verwirkt (§ 626 Abs. 2 BGB). Trotzdem ist die Kündigung rechtswirksam, weil Klau nicht innerhalb von drei Wochen gegen die Kündigung Klage erhoben hat (§ 13 Abs. 1 Satz 2 KSchG). ∎

4 Meldepflichten

Gemäß § 37 b SGB III sind Sie als Arbeitnehmer verpflichtet, sobald Sie Kenntnis davon erlangen, dass Ihr Arbeitsverhältnis endet, sich unverzüglich persönlich bei der Agentur für Arbeit arbeitsuchend zu melden. Sind Sie innerhalb eines befristeten Arbeitsverhältnisses beschäftigt, hat die Meldung jedoch frühestens drei Monate vor dem vereinbarten Ende des befristeten Arbeitsverhältnisses zu erfolgen.

Diese Verpflichtung gilt unabhängig davon, ob Sie Kündigungsschutzklage eingereicht haben oder die Unwirksamkeit der Befristung gerichtlich geltend machen möchten.

Der Arbeitgeber hat hinsichtlich dieser Vorschrift eine Aufklärungspflicht. Allerdings entstehen dem Arbeitnehmer keine Schadensersatzansprüche, wenn der Arbeitgeber seiner Pflicht nicht nachkommt und der Arbeitnehmer deshalb eine Sperrfrist erhält.

Der Kündigungsschutz

Beim Kündigungsschutz unterscheiden wir zwischen dem **allgemeinen** Kündigungsschutz, der seine rechtliche Basis im Kündigungsschutzgesetz hat und für alle Arbeitnehmer gilt, soweit sie gewisse Voraussetzungen erfüllen, und dem **besonderen** Kündigungsschutz, der nur für besondere Personengruppen gilt, wie Frauen während der Schwangerschaft und nach der Entbindung, für Betriebsratsmitglieder, Schwerbehinderte usw.

Der Geltungsbereich des Kündigungsschutzgesetzes hat sich mit Wirkung vom 1. Januar 2004 folgendermaßen geändert:

Die Vorschriften des ersten Abschnitts (Sozial ungerechtfertigte Kündigung, Klagefristen etc.) finden für Arbeitsverhältnisse, die nach dem 31. Dezember 2003 begründet werden, nur noch dann Anwendung, wenn in dem betreffenden Betrieb bzw. in der Verwaltung in der Regel mehr als zehn Arbeitnehmer ständig beschäftigt werden.

Der Kündigungsschutz ist somit Arbeitnehmerschutz. Er soll den Arbeitnehmer **vor der ordentlichen Kündigung durch den Arbeitgeber schützen.** Zur Abwehr der außerordentlichen Kündigung kann sich der Gekündigte nicht auf den Kündigungsschutz nach dem Kündigungsschutzgesetz berufen. Jedoch sind **einzelne Bestimmungen des Kündigungsschutzgesetzes auch auf die außerordentliche Kündigung anwendbar** (vgl. § 13 Abs. 1 S. 2 KSchG). So muss auch bei der außerordentlichen Kündigung innerhalb von drei Wochen (vgl. § 4 KSchG) Kündigungsschutzklage beim Arbeitsgericht erhoben werden. Geschieht dies nicht, so ist nach Ablauf der Frist die Kündigung gemäß § 7 KSchG endgültig wirksam.

1 Der allgemeine Kündigungsschutz

Erfordert die außerordentliche Kündigung als Voraussetzung einen wichtigen Grund, so ist nach dem Kündigungsschutzgesetz eine ordentliche Kündigung nur statthaft, **wenn sie sozial gerechtfertigt ist.** Der Arbeitgeber hat somit auch in Bezug auf die ordentliche Kündigung kein freies Kündigungsrecht.

1.1 Anspruch auf Kündigungsschutz

Nicht alle Arbeitnehmer fallen unter den Kündigungsschutz.

Bei der Feststellung der Zahl der beschäftigten Arbeitnehmer sind teilzeitbeschäftigte Arbeitnehmer mit einer regelmäßigen wöchentlichen Arbeitszeit von nicht mehr als 20 Stunden mit 0,5 und nicht mehr als 30 Stunden mit 0,75 zu berücksichtigen (§ 23 Abs. 1 Satz 3 KSchG).

1.2 Die sozial gerechtfertigte Kündigung

Eine Kündigung ist nur dann sozial gerechtfertigt, also rechtswirksam, wenn folgende Gründe vorliegen:

1.2.1 Gründe in der Person des Arbeitnehmers

Hier ist in erster Linie die **Krankheit des Arbeitnehmers** zu erwähnen. Wie bereits ausgeführt, kann nicht nur während der Krankheit gekündigt werden, sondern es kann ausnahmsweise wegen Krankheit, in seltenen Fallen sogar außerordentlich gekündigt werden (vgl. Seite 111). Die Krankheit des Arbeitnehmers kann unter gewissen Voraussetzungen ein in der Person des Arbeitnehmers liegender Grund sein, der einer ordentlichen Kündigung die Sozialwidrigkeit nimmt.

> **Beispiel:**
>
> Herzleid hat Kreislaufstörungen.
>
> Fall 1: Er ist seit zehn Monaten arbeitsunfähig. Laut ärztlichem Gutachten ist nicht abzusehen, wann er wieder arbeitsfähig wird.
>
> Fall 2: Er war in den letzten zwei Jahren wegen dieses Leidens häufig krank. Laut ärztlichem Gutachten ist auch in Zukunft mit häufigen Erkrankungen zu rechnen.
>
> In beiden Fällen wird durch die Erkrankung der Betriebsablauf gestört.
>
> Kündigt der Arbeitgeber, ist die Kündigung nicht sozialwidrig. Eine Kündigungsschutzklage dürfte kaum Aussicht auf Erfolg haben.

Jedoch gilt das nur dann, wenn die Voraussetzungen tatsächlich vorliegen. Dem Arbeitgeber wird es nicht leicht gemacht. Bei der Prüfung, ob die Voraussetzungen vorliegen, sind strenge Maßstäbe anzulegen.

Wichtig ist, dass für die Rechtmäßigkeit der Kündigung die objektiven Verhältnisse im Zeitpunkt des Zugangs der Kündigungserklärung vorhanden sind.

> **Beispiel:**
>
> Kreuz ist an einem schweren Bandscheibenleiden erkrankt. Er ist bereits einmal operiert worden. Eine zweite Operation wird von dem Krankenhaus mit der Begründung, das Risiko wäre zu groß, abgelehnt. Da er wegen dieses Leidens seiner Arbeitsverpflichtung nicht mehr nachkommen kann, was er dem Arbeitgeber ausdrücklich mitgeteilt hat, kündigt ihm der Arbeitgeber Anfang November zum 31. Dezember. Kurze Zeit nach Zugang der Kündigung erklärt sich eine Fachklinik

Der allgemeine Kündigungsschutz

bereit, die Operation vorzunehmen. Die Operation glückt. Kurz vor Ablauf der Kündigungsfrist teilt Kreuz seinem Arbeitnehmer mit, dass er wieder voll arbeitsfähig ist und seine Arbeit aufnehmen kann. Der Arbeitgeber bleibt bei seiner Kündigung. Nach Ansicht des Bundesarbeitsgerichts kann sich der Arbeitgeber darauf berufen, dass zum Zeitpunkt des Zugangs der Kündigung die Voraussetzungen für die Kündigung gegeben waren (BAG vom 15. August 1984). ■

Der Arbeitgeber kann auch dann wegen Krankheit kündigen, wenn der Arbeitnehmer in den letzten Jahren häufig krank war und z.B. in den letzten vier Jahren Fehlzeiten von 40 bis 60 Tagen pro Jahr entstanden sind. Hier kommt es nicht darauf an, ob es die gleiche oder verschiedene Krankheiten waren. Wichtig ist aber, dass der Betriebsablauf durch die Abwesenheit des Arbeitnehmers gestört wird und der Arbeitgeber keine Möglichkeit hat, die Störung durch Aushilfskräfte, Überstunden usw. zu beseitigen.

Außerdem darf nicht absehbar sein, dass für die Zukunft mit einer gesundheitlichen Besserung zu rechnen ist. Da dies nur ein Arzt beurteilen kann, ist es empfehlenswert, in einem solchen Fall den Arzt von der Schweigepflicht zu entbinden. Gibt er eine positive Zukunftsprognose ab, so ist eine krankheitsbedingte Kündigung in der Regel sozial ungerechtfertigt, auch wenn in der Vergangenheit erhebliche Fehlzeiten wegen Krankheit vorlagen.

Im Rahmen der Interessenabwägung, die vor Ausspruch einer krankheitsbedingten Kündigung stets zu erfolgen hat, muss der Arbeitgeber insbesondere berücksichtigen, ob die Krankheit des Arbeitnehmers auf betriebliche Ursachen zurückzuführen ist (BAG vom 6. September 1989). Eine Arbeitsunfähigkeit z.B. wegen eines Betriebsunfalls ist somit nicht gleichzusetzen mit einem durch ein außerbetriebliches Ereignis verursachten Arbeitsausfall.

Kommt es auf Grund der voraussichtlichen Fehlzeiten zu hohen Mehraufwendungen, z.B. durch die Einstellung von Aushilfskräften, so können auch die Kosten eine Kündigung rechtfertigen, wenn sie erheblich ins Gewicht fallen. Dies ist vor allem in kleinen Betrieben denkbar, während von größeren Unternehmen eher die Vorhaltung einer Personalreserve erwartet werden kann. Nach Auffassung des Bundesarbeitsgerichts können im Einzelfall außergewöhnlich hohe Entgeltfortzahlungskosten eine so erhebliche Störung des Arbeitsverhältnisses darstellen, dass eine Fortsetzung des Arbeitsverhältnisses für den Arbeitgeber unzumutbar ist. Lohn- bzw. Gehaltsfortzahlungskosten bis zu sechs Wochen im Jahr sind jedoch in keinem Fall geeignet, eine Kündigung zu rechtfertigen.

Ein weiterer Grund in der Person des Arbeitnehmers, der einer Kündigung die Sozialwidrigkeit nimmt, kann **mangelnde Eignung** sein. Jedoch dürfte dieser Grund selten zum Tragen kommen. Denn ob ein Arbeitnehmer geeignet ist oder nicht, sollte der Arbeitgeber in der Probezeit, jedenfalls aber zu Beginn des Arbeitsverhältnisses feststellen können. Dann kann er aber bis zum Ende des sechsten Monats nach der Einstellung kündigen, ohne dass der Kündigungsschutz zur Anwendung kommt. Kündigt er nach dieser Zeit, dürfte nur ausnahmsweise die Kündigung wegen mangelnder Eignung gerechtfertigt sein.

Schließlich ist die **unverschuldete Minderleistung** zu erwähnen, die z.B. durch Abnahme der Kräfte im höheren Alter eintreten kann. Jedoch ist hier zu berücksichtigen, dass der Arbeitgeber die normale Abnahme der Leistungsfähigkeit auf Grund der Fürsorgepflicht in Kauf nehmen muss (vgl. auch § 75 Abs. 1 S. 2 BetrVG). Allein die Tatsache, dass der Arbeitnehmer ein gewisses Alter erreicht hat, rechtfertigt die Kündigung nicht. Es muss somit im Einzelfall eine über das Übliche hinausgehende Minderleistung nachgewiesen werden.

Eine unverschuldete Minderleistung kann auch dann vorliegen, wenn ein Arbeitnehmer infolge einer Krankheit nicht mehr in der Lage ist, die Arbeitsleistung zu erbringen, zu der er sich auf Grund des Arbeitsvertrages verpflichtet hat. Auch hier kann ihm der Arbeitgeber aus personenbedingten Gründen kündigen, vorausgesetzt, er kann ihn nicht an einem anderen Arbeitsplatz im Betrieb beschäftigen.

1.2.2 Gründe im Verhalten des Arbeitnehmers

Gründe im Verhalten des Arbeitnehmers liegen in der Regel bei **Vertragsverletzung** des Arbeitnehmers vor.

> **Beispiel:**
>
> Siebenschläfer kommt trotz Abmahnung immer wieder zu spät zur Arbeit. Streng kündigt ihm. Hat die Kündigungsschutzklage Aussicht auf Erfolg?
>
> Nein, eine Kündigung wegen wiederholten Zuspätkommens ist insbesondere nach Abmahnung nicht sozialwidrig. ∎

Das Gleiche gilt, wenn dem Arbeitnehmer gekündigt wird wegen Arbeitsverweigerung, weil er bummelt, weil er seine Arbeit nicht ordentlich verrichtet (Schlechtleistung), weil er sich immer wieder grundlos beschwert, weil auf ihn kein Verlass ist, weil er gegen ein im Arbeitsvertrag vereinbartes Wettbewerbsverbot verstoßen hat, weil er Schwarzfahrten mit einem betriebseigenen PKW gemacht hat, weil er trotz Verbotes und Abmahnung Alkohol während der Arbeitszeit getrunken hat, wegen unerlaubter Telefonbenutzung für Ferngespräche usw.

Grundsätzlich muss ein **Verschulden des Arbeitnehmers** vorliegen. Ausnahmsweise braucht Verschulden nicht vorzuliegen, wenn durch das Verhalten des Arbeitnehmers dem Arbeitgeber ein großer Schaden entstanden ist.

An dieser Stelle ist auf die **Abmahnung** näher einzugehen.

Der allgemeine Kündigungsschutz

Die Abmahnung ist der Ausdruck einer **deutlichen und ernsthaften Missbilligung eines genau bezeichneten Fehlverhaltens** unter **Androhung von Rechtsfolgen für die Zukunft**, sofern das missbilligende Verhalten nicht geändert wird. Sie ist bei einer verhaltensbedingten Kündigung grundsätzlich erforderlich. Eine Ausnahme besteht nur insoweit, als das Fehlverhalten des Arbeitnehmers eine gravierende Störung im Vertrauensbereich darstellt.

Die Abmahnung hat die Funktion, den Arbeitnehmer darauf hinzuweisen, dass ein bestimmtes Verhalten als Verletzung arbeitsvertraglicher Pflichten angesehen wird (Hinweisfunktion), dem Arbeitnehmer eine Kündigung anzudrohen (Androhungsfunktion), Verfehlungen zu dokumentieren (Dokumentationsfunktion).

Die Abmahnung ist zu unterscheiden von Ermahnungen, Beanstandungen und Vorhaltungen, mit denen dem Arbeitnehmer Vorwürfe gemacht werden, bei denen aber die Androhung von Rechtsfolgen für die Zukunft fehlt.

Eine Abmahnung wird wirkungslos, wenn sie eine längere, nach den Umständen des Falles zu bemessende Frist zurückliegt (BAG vom 18. November 1986).

Umstritten ist, ob der Arbeitnehmer auch gehalten ist, eine ihm erklärte Abmahnung anzugreifen, wenn er sie nicht hinnehmen will. Im Allgemeinen ist davon auszugehen, dass der Arbeitnehmer die Abmahnung hinnimmt, wenn er sie nicht angreift. Teilweise wird die Ansicht vertreten, dass den Arbeitnehmer im späteren Kündigungsschutzprozess die Darlegungs- und Beweislast trifft, wenn er keine Gegendarstellung abgibt.

Nach der Rechtsprechung des BAG vom 13. März 1987 hingegen soll der Arbeitgeber auch bei nichtangegriffener Abmahnung für die Kündigungstatsache beweispflichtig bleiben.

Ausnahmsweise kann auch **außerdienstliches Verhalten** eine Kündigung sozial rechtfertigen.

> **Beispiel:**
>
> Selig ist Busfahrer bei Qualm. An einem Freitagabend nach Arbeitsende trifft er zufällig einen alten Freund. Vor lauter Freude trinkt er zu viel. Als er mit seinem PKW nach Hause fährt, wird er von einer Polizeistreife gestellt und einige Wochen später wegen Trunkenheit am Steuer verurteilt. Da Selig nicht anderweitig im Betrieb eingesetzt werden kann, kündigt Qualm ihm fristgerecht. Ist die Kündigung sozialwidrig?
>
> Nein. Dieses außerdienstliche Verhalten hat Rückwirkungen auf den Betrieb. Selig kann nicht mehr als Busfahrer eingesetzt werden. Zu beachten ist aber, dass die Kündigung nur dann sozial gerechtfertigt ist, wenn Selig nicht auf einem anderen Arbeitsplatz im Betrieb eingesetzt werden kann. ∎

Ähnliches gilt für einen Kassierer, wenn er Betrügereien begeht, auch wenn sie nicht im Zusammenhang mit seiner dienstlichen Tätigkeit stehen.

Demgegenüber hat sich **hinsichtlich der Lohnpfändungen in der Rechtsprechung ein Wandel vollzogen**. Während früher die Gerichte in häufigen Lohnpfändungen einen Kündigungsgrund sahen, werden in neueren Entscheidungen häufige Lohnpfändungen nicht mehr als Kündigungsgrund angesehen.

1.2.3 Betriebsbedingte Gründe

> **Beispiel:**
>
> König hat eine Fabrik unmittelbar in Grenznähe. 90 Prozent der in seiner Fabrik hergestellten Ware geht ins Ausland. Er hat erhebliche Absatzschwierigkeiten. König muss die Produktion stark vermindern. Das hat zur Folge, dass er einer ganzen Reihe von Leuten kündigen muss. Sind diese Kündigungen sozial gerechtfertigt?
>
> Ja. Die durch Absatzschwierigkeiten verursachten Kündigungen sind sozial gerechtfertigt (vgl. BAG vom 15. Juni 1989).

Selbstverständlich genügt nicht jede kleine Verminderung des Absatzes, um Kündigungen zu rechtfertigen, sondern es müssen dringende betriebliche Erfordernisse vorliegen. Die liegen aber nur vor, wenn bei verständiger Würdigung in Abwägung der Interessen von Arbeitnehmer und Arbeitgeber und des Betriebs die Kündigung billigenswert erscheint.

Das Gleiche gilt, wenn infolge von **Rationalisierungsmaßnahmen** weniger Arbeitskräfte benötigt werden, wenn wegen Materialmangels oder wegen Betriebsschäden die Produktion teilweise eingestellt werden muss oder bei Stilllegung oder Verlegung des Betriebs.

Nach der neuen Vorschrift des § 1a KSchG hat der Arbeitgeber nun die Möglichkeit, in der Kündigungserklärung den Hinweis zu erbringen, dass die Kündigung auf dringende betriebliche Erfordernisse gestützt ist und der Arbeitnehmer eine Abfindung beanspruchen kann, wenn er auf eine Kündigungsschutzklage verzichtet. Wenn die Kündigungserklärung diesen Hinweis erhält und der Arbeitnehmer die Klagefrist verstreichen lässt, entsteht der Anspruch auf Abfindung. Die Höhe der Abfindung beträgt nach dem Gesetz 0,5 Monatsverdienste für jedes Jahr des Bestehens des Arbeitsverhältnisses.

Aber selbst wenn der Hinweis in der Kündigungserklärung enthalten ist, so ist es dem Arbeitnehmer unbenommen, dennoch Kündigungsschutzklage einzureichen, wenn er der Meinung ist, dass die Kündigung beispielsweise sozial ungerechtfertigt oder die Höhe der Abfindung unzureichend ist.

1.2.4 Widerspruch des Betriebsrats gemäß § 102 Abs. 3 BetrVG

Durch das Betriebsverfassungsgesetz vom 15. Januar 1972 ist § 1 Abs. 2 KSchG ergänzt worden. Danach ist eine Kündigung auch dann sozial ungerechtfertigt, wenn

Betriebsbedingte Gründe 121

- die Kündigung gegen eine Richtlinie nach § 95 BetrVG verstößt;
- der Arbeitnehmer an einem anderen Arbeitsplatz im selben Betrieb oder in einem anderen Betrieb des Unternehmens weiter beschäftigt werden kann;
- die Weiterbeschäftigung nach zumutbaren Umschulungs- oder Fortbildungsmaßnahmen möglich ist oder
- eine Weiterbeschäftigung unter geänderten Arbeitsbedingungen möglich ist und der Arbeitnehmer sein Einverständnis erklärt hat
- und wenn der Betriebsrat aus einem dieser Gründe der Kündigung innerhalb einer Woche schriftlich widersprochen hat.

Der Betriebsrat kann gemäß § 102 Abs. 3 Nr. 1 BetrVG auch dann widersprechen, wenn der Arbeitgeber die Sozialauswahl nicht richtig getroffen hat. Dieser Widerspruch ist vom Arbeitsgericht im Rahmen des § 1 Abs. 3 KSchG zu berücksichtigen (vgl. Ziffer 1.2.5).

Eine entsprechende Ergänzung hinsichtlich der Betriebe und Verwaltungen des öffentlichen Dienstes hat § 1 Abs. 2 KSchG durch das Bundespersonalvertretungsgesetz 1974 erfahren.

1.2.5 Sozialauswahl (§ 1 Abs. 3 KSchG)

Beispiel:

Pleite kündigt mehreren seiner Arbeitnehmer aus betriebsbedingten Gründen. In einer aus acht Arbeitnehmern bestehenden Abteilung muss er vier entlassen. Alle verrichten die gleiche Arbeit. Er entlässt die älteren Arbeitnehmer, die alle Familie haben. Die jüngeren Arbeitnehmer, die alle ledig sind, behält er. Sind diese Kündigungen sozial gerechtfertigt?

Sie sind es nicht. Er kann erst dann den Familienvätern kündigen, wenn er die ledigen Arbeitnehmer entlassen hat. Bei den Familienvätern kann in der Regel derjenige, der die meisten Kinder hat, erst entlassen werden, wenn alle anderen entlassen worden sind. Zu berücksichtigen sind auch Alter und Betriebszugehörigkeit. Jüngere Arbeitnehmer sind vor älteren, diejenigen, die erst kurze Zeit im Betrieb sind, vor denen mit langer Betriebszugehörigkeit zu entlassen. Dabei können auch ganz geringfügige soziale Unterschiede ausschlaggebend sein. ∎

Grundlage der betriebsbedingten Kündigung im Sinne des § 1 Abs. 2 KSchG sind Umstände oder Vorgänge, die von der Person des betroffenen Arbeitnehmers unabhängig sind. Im Ergebnis kann es aus betriebsbezogenen Gründen zum Wegfall des Arbeitsplatzes, zumindest in seiner bisherigen Form, kommen, ohne dass die Möglichkeit der Weiterbeschäftigung auf einem anderen (freien) Arbeitsplatz besteht.

Während die Entscheidung, welche Maßnahme wann und wie getroffen wird, der unternehmerischen Entscheidungsfreiheit unterliegt, ist der Arbeitgeber bei der Auswahl der von der Maßnahme betroffenen Arbeitnehmer durch § 1 Abs. 3 KSchG eingeschränkt. Bei der Auswahl der betroffenen Arbeitnehmer muss der Arbeitgeber „soziale" Gesichtspunkte sachlich nachvollziehbar anwenden. Nach der Gesetzesänderung sind dies: Dauer der Betriebszugehörigkeit, das Lebensalter, die Unterhaltspflichten und eine Schwerbehinderung des Arbeitnehmers. Weitere soziale Gesichtspunkte können bei der späteren Interessenabwägung Berücksichtigung finden.

In unserem Beispielfall wird deutlich, dass gegen die Sozialauswahl gleich in mehrfacher Hinsicht verstoßen wurde. So wurden die Aspekte des Lebensalters und des sozialen Umfeldes offensichtlich nicht richtig gewertet.

Ausnahmsweise kann von den oben genannten Grundsätzen abgewichen werden, wenn betriebstechnische, wirtschaftliche oder sonstige berechtigte betriebliche Bedürfnisse die Weiterbeschäftigung bestimmter Arbeitnehmer für den Betrieb unbedingt erforderlich machen. Solche Bedürfnisse können sein:

- ausgeglichene Altersstruktur erhalten,
- Fachwissen erhalten,
- Funktionieren des Betriebsablaufes sichern.

Bei der Frage der Sozialverträglichkeit betriebsbedingter Kündigungen ist unter anderem zu prüfen, ob der Arbeitnehmer, dessen Arbeitsplatz weggefallen ist, die Funktion eines anderen Arbeitnehmers wahrnehmen kann. Das ist nicht nur bei Identität des Arbeitsplatzes zu bejahen, sondern ist auch dann der Fall, wenn der Arbeitnehmer auf Grund seiner Fähigkeit und Ausbildung eine andersartige, aber gleichwertige Tätigkeit ausführen kann (BAG-Beschluss vom 21. Mai 1992).

Der Vergleich vollzieht sich insoweit auf derselben Ebene der Betriebshierarchie (sog. horizontale Vergleichbarkeit). Eine Vergleichbarkeit der Tätigkeiten scheidet aber nicht nur dann aus, wenn eine Weiterbeschäftigung des Arbeitnehmers nur zu schlechteren Arbeitsbedingungen möglich ist. Dies gilt vielmehr in allen Fällen, in denen eine anderweitige Beschäftigung nur auf Grund einer Änderung der bisherigen Arbeitsbedingungen und damit nur durch Änderungsvertrag oder Änderungskündigung in Betracht kommt (BAG AP Nr. 9 zu § 1 KSchG 1969 Soziale Auswahl).

1.2.6 Beweise der Tatsachen, die zur Kündigung führen

Der Arbeitgeber hat zu beweisen, ob Gründe in der Person oder dem Verhalten der Arbeitnehmer oder betriebsbedingte Gründe vorliegen, die eine Kündigung rechtfertigen (§ 1 Abs. 2 S. 2 KSchG).

Dagegen hat **der Arbeitnehmer zu beweisen, dass bei der Auswahl der gekündigten Arbeitnehmer soziale Gesichtspunkte nicht oder nicht ausreichend berücksichtigt worden sind.** Das Gesetz erleichtert ihm seine Beweisführung dadurch, dass er vom Arbeitgeber die Angabe der Gründe verlangen kann, die zu der getroffenen sozialen Auswahl geführt haben (§ 1 Abs. 3 KSchG).

Wann müssen die Kündigungsgründe vorliegen? Entscheidend ist der Zeitpunkt der Kündigung. Ändern sich die Verhältnisse nach Zugang der Kündigung, wird dadurch die Kündigung, wenn sie zum Zeitpunkt des Zugangs gerechtfertigt war, jetzt nicht sozialwidrig.

1.2.7 Die Änderungskündigung

Wie bereits erwähnt, findet das Kündigungsschutzgesetz auf die Änderungskündigung Anwendung. Dabei ist zu beachten, dass der Arbeitnehmer, wenn er sich gegen eine Änderungskündigung zur Wehr setzen will – anders als im früheren Recht –, die Möglichkeit hat, die Prüfung auf die vom Arbeitgeber angestrebte Änderung der Arbeitsbedingungen zu beschränken. Das Gericht prüft dann nicht, ob die Kündigung, sondern ob die Änderung der Arbeitsbedingungen sozial gerechtfertigt ist. Wegen der Einzelheiten vgl. Ziffer 1.2.1 auf Seite 100.

1.3 Geltendmachen des Kündigungsschutzes

Beispiel:

Frau Land ist bei Hartmann als Angestellte beschäftigt. Am 19. Mai lässt Hartmann Frau Land zu sich kommen und kündigt ihr fristgerecht zum 30. Juni. Frau Land ist empört. Mit Recht, denn die Kündigung ist sozialwidrig, was ihr auch vom Betriebsrat bestätigt wird. Sie glaubt daher, nichts gegen die Kündigung unternehmen zu müssen. Als sie am 1. Juli den Betrieb von Hartmann betreten will, verweigert dieser ihr den Zutritt mit der Begründung, das Arbeitsverhältnis sei durch die Kündigung beendet. Frau Land erklärt, die Kündigung sei eindeutig sozialwidrig und daher unwirksam. Von einer Beendigung des Arbeitsverhältnisses könne nicht die Rede sein. Wer hat Recht?

Hartmann. Es genügt nicht, dass die Kündigung tatsächlich sozialwidrig ist. Die Arbeitnehmerin muss vielmehr innerhalb von drei Wochen nach Zugang der Kündigung Kündigungsschutzklage beim Arbeitsgericht mit dem Antrag erheben, das Gericht möge feststellen, dass das Arbeitsverhältnis durch die Kündigung nicht aufgelöst ist. Tut sie dies nicht oder versäumt sie die Frist, gilt die Kündigung als von Anfang an wirksam, d.h. das Arbeitsverhältnis endet mit Ablauf der Kündigungsfrist (§ 4, 7 KSchG). Nach § 13 Abs. 1 KSchG gilt das auch für die außerordentliche Kündigung. ■

1.4 Einspruchsmöglichkeiten des Arbeitnehmers

Hält der Arbeitnehmer die Kündigung für sozial ungerechtfertigt (sozialwidrig), kann er binnen einer Woche nach Zugang der Kündigung **Einspruch beim Betriebsrat** einlegen (§ 3 KSchG). Er kann dieses Recht in Anspruch nehmen, er muss es aber nicht. Vielmehr kann er sofort die **Kündigungsschutzklage** erheben. (Der Einspruch macht die Kündigungsschutzklage nicht etwa überflüssig. Die Kündigungsschutzklage muss in jedem Fall innerhalb von drei Wochen erhoben werden.)

Wendet er sich an den Betriebsrat und hält dieser den Einspruch für begründet, muss er versuchen, eine Verständigung mit dem Arbeitgeber herbeizuführen. Der Arbeitnehmer kann verlangen, dass der Betriebsrat seine Stellungnahme schriftlich mitteilt. Diese soll der Arbeitnehmer der Klage beifügen. Wegen der Anhörung des Betriebsrats durch den Arbeitgeber siehe Ziffer 1.5 auf Seite 104. Durch das Anhörverfahren (§ 102 Abs. 1 BetrVG) hat das Einspruchsrecht an Bedeutung verloren.

1.5 Die Kündigungsschutzfrist des § 4 KSchG

Sie ist eine Ausschlussfrist; ist sie einmal versäumt, so besteht – abgesehen von wenigen Ausnahmen (§ 5 KSchG) – keine Möglichkeit mehr, die Kündigungsschutzklage zu erheben (siehe vorstehendes Beispiel).

Die Berechnung der Frist richtet sich wie die Berechnung der Kündigungsfristen nach § 186 ff. BGB.

Beispiel:

Adler kündigt Meise schriftlich. Das Kündigungsschreiben hat das Datum vom 2. Oktober. Das Schreiben verlässt die Firma am 4. Oktober, der Briefbote wirft es am 5. Oktober, 11.00 Uhr, in den Briefkasten des Meise. Als Meise um 17.00 Uhr nach Hause kommt, leert er den Briefkasten, findet das Kündigungsschreiben und liest es. Bis wann muss Meise spätestens die Kündigungsschutzklage erhoben haben?

Ausgangspunkt für die Berechnung der Frist ist – wie immer bei der Kündigung – nicht der Zeitpunkt, an dem das Schreiben verfasst oder abgesandt wurde, sondern der Zeitpunkt des Zugangs. Meise ist das Schreiben am Donnerstag, dem 5. Oktober, zugegangen. Der Tag des Zugangs wird allerdings nicht in die Frist einbezogen, d. h. die Frist läuft erst ab dem folgenden Tag. Sie läuft daher drei Wochen später an dem Tag ab, der denselben Wochennamen trägt wie der Tag des Zugangs (§ 188 Abs. 2 BGB). Meise muss also bis spätestens Donnerstag, den 26. Oktober, die Kündigungsschutzklage erhoben haben, d.h. zu diesem Zeitpunkt muss die Klage beim Gericht eingegangen sein. ■

Ist der Tag, an dem die Frist abläuft, ein Sonntag, ein Samstag oder ein gesetzlicher Feiertag, tritt an seine Stelle der nächstfolgende Werktag. Mit der Erhebung der Klage sollten Sie aber nicht bis auf den letzten Tag warten.

Die Klagefrist von drei Wochen seit Zugang der Kündigung gilt nun für alle Kündigungsschutzklagen.

Kündigungsschutzfrist

Beispiel:

Frau Kinderlieb ist schwanger. Hartmann, bei dem sie angestellt ist, kündigt ihr fristgerecht am 19. August zum 30. September. Innerhalb von 14 Tagen nach Zugang der Kündigung teilt Frau Kinderlieb Hartmann mit, dass sie schwanger ist. Trotzdem besteht Hartmann am 30. September darauf, dass sie den Betrieb verlässt. Am 15. Oktober erhebt Frau Kinderlieb Klage. Ist die Klage fristgerecht eingelegt?

Ja. Nach § 9 MuSchG ist die Kündigung während der Schwangerschaft unzulässig. Wird trotzdem gekündigt, ist die Kündigung gesetzwidrig (§ 134 BGB). Da Frau Kinderlieb ihre Klage auf Gesetzwidrigkeit stützt, ist sie nicht an die Drei-Wochen-Frist gebunden. ∎

1.6 Prüfung durch das Arbeitsgericht

Was geschieht, wenn die Klage rechtzeitig erhoben worden ist? Das zuständige Arbeitsgericht prüft dann, ob die Kündigung sozialwidrig ist oder nicht. Ist die Kündigung nicht sozialwidrig, so wird die Klage abgewiesen. Das Arbeitsverhältnis ist in diesem Fall durch die Kündigung beendet worden.

Stellt das Gericht fest, dass die Kündigung sozialwidrig ist, muss es der Klage stattgeben und dem Klageantrag entsprechend feststellen, dass das Arbeitsverhältnis fortbesteht.

Ist der Arbeitnehmer inzwischen aus dem Betrieb des Arbeitgebers ausgeschieden, muss der Arbeitgeber den Arbeitsplatz wieder zur Verfügung stellen und der Arbeitnehmer, soweit er in der Zwischenzeit noch keine andere Arbeit gefunden hat, die Arbeit unverzüglich wieder aufnehmen. Hat der Arbeitnehmer für die Zwischenzeit Anspruch auf Lohn?

Beispiel:

Wehr ist auf Grund einer fristgerechten Kündigung am 31. Dezember aus dem Betrieb Grob ausgeschieden. Er hat rechtzeitig Kündigungsschutzklage erhoben. Das Gericht gibt der Klage statt. Daraufhin nimmt Wehr die Arbeit am 15. April wieder bei Grob auf. In der Zwischenzeit hat Wehr Arbeitslosengeld erhalten. Er verlangt seinen Lohn für die Zeit nach seinem Ausscheiden bis zur Wiederaufnahme seiner Tätigkeit bei Grob. Grob zahlt den Lohn nicht ganz aus, sondern zieht einen Betrag ab, der dem Arbeitslosengeld entspricht, das Wehr erhalten hat. Ist das richtig?

Ja. Da das Arbeitsverhältnis fortbestanden hat, hat Wehr Anspruch auf den entsprechenden Lohn. Er muss sich aber das Arbeitslosengeld anrechnen lassen. Der Arbeitgeber hat das Arbeitslosengeld an das Arbeitsamt abzuführen (§ 11 KSchG). ∎

Zu beachten bleibt, dass durch die Kündigungsschutzklage nach § 4 KSchG oder eine Klage auf Feststellung des Fortbestehens des Arbeitsverhältnisses gem. § 256 ZPO die Verjährung der sich aus § 615 BGB ergebenden Zahlungsansprüche des Arbeitnehmers nicht unterbrochen wird.

Gleichwohl hat der Arbeitnehmer die Möglichkeit, schon vor Ablauf der Verjährungszeit seine etwaigen, aus § 615 BGB sich ergebenden Ansprüche in einer Form geltend zu machen, die den Anforderungen einer Unterbrechung gem. § 209 BGB genügen (BAG vom 7. November 1991).

Hat der Arbeitnehmer in der Zwischenzeit eine neue Arbeitsstelle gefunden, hat er zwei Möglichkeiten. Will er zurück, muss er, wenn der neue Arbeitgeber nicht bereit ist, das Arbeitsverhältnis im gegenseitigen Einvernehmen (Aufhebungsvertrag) zu lösen, durch ordentliche Kündigung das neue Arbeitsverhältnis beenden. Will er nicht zurück, muss er innerhalb einer Woche nach Rechtskraft des Urteils eine entsprechende Erklärung dem alten Arbeitgeber gegenüber abgeben (§ 12 KSchG).

Hier ist zu beachten, dass nach dem Betriebsverfassungsgesetz der Arbeitnehmer unter gewissen Voraussetzungen Anspruch hat, dass ihn der Arbeitgeber auch nach Ablauf der Kündigungsfrist bis zum rechtskräftigen Abschluss des Rechtsstreits weiter beschäftigt (§ 102 Abs. 5 BetrVG).

Abgesehen davon hat der Arbeitnehmer auch dann Anspruch auf vorläufige Weiterbeschäftigung, wenn er den Kündigungsschutzprozess in der ersten Instanz gewonnen hat (so das Bundesarbeitsgericht).

1.7 Auflösung des Arbeitsverhältnisses

Kann das Gericht das Arbeitsverhältnis auflösen, auch wenn die Kündigung sozialwidrig ist (§ 9 KSchG)? Ja. Stellt das Gericht fest, dass die Kündigung sozialwidrig ist und das Arbeitsverhältnis fortbesteht, kann es das Arbeitsverhältnis durch Urteil auflösen. Das Gericht kann allerdings das Arbeitsverhältnis nicht von sich aus auflösen, sondern nur auf Antrag des Arbeitnehmers oder des Arbeitgebers oder auf Antrag von beiden.

Stellt der Arbeitnehmer den Antrag, hat dieser nur Aussicht auf Erfolg, wenn er darlegt und – wenn der Arbeitgeber seine Darlegungen bestreitet – auch beweist, dass ihm die Fortsetzung des Arbeitsverhältnisses nicht mehr zugemutet werden kann. Das ist z.B. der Fall, wenn auf Grund des Prozesses starke Spannungen zwischen ihm und dem Arbeitgeber bestehen.

Stellt der Arbeitgeber den Antrag, wird diesem Antrag nur dann stattgegeben, wenn der Arbeitgeber darlegt und unter Umständen beweist, dass Gründe vorliegen, die eine den Betriebszwecken dienliche weitere Zusammenarbeit zwischen Arbeitgeber und Arbeitnehmer nicht erwarten lassen.

Handelt es sich um einen leitenden Angestellten, dann bedarf es einer Begründung des Antrags des Arbeitgebers und damit selbstverständlich eines Beweises nicht (§ 14 Abs. 2 KSchG).

Abfindung

Stellen beide Parteien, wenn auch mit verschiedener Begründung, den Antrag auf Auflösung, hat das Gericht ohne weitere Untersuchungen das Arbeitsverhältnis aufzulösen. In diesem Fall brauchen von Seiten der Antragsteller keine Gründe vorgetragen und bewiesen zu werden, die eine Auflösung rechtfertigen.

Das Gericht hat den Zeitpunkt der Auflösung des Arbeitsverhältnisses festzusetzen. Handelt es sich um eine **ordentliche Kündigung,** so ist der Zeitpunkt der Auflösung immer der Zeitpunkt, an dem das Arbeitsverhältnis geendet hätte, wenn die Kündigung nicht sozialwidrig gewesen wäre, d.h. also mit Ablauf der Kündigungsfrist.

Dagegen ist der Zeitpunkt der Auflösung bei einer **außerordentlichen Kündigung** umstritten. Jedoch ist mit dem Bundesarbeitsgericht davon auszugehen, dass das Arbeitsverhältnis mit dem Zeitpunkt endet, zu dem die Kündigung zugegangen ist. Dabei ist jedoch zu beachten, dass der Arbeitgeber die Auflösung des Arbeitsverhältnisses nicht beantragen kann, wenn er das Arbeitsverhältnis aus wichtigem Grund gekündigt hat (§ 13 Abs. 1 S. 3 KSchG).

1.8 Abfindung bei Auflösung des Arbeitsverhältnisses

Löst das Gericht das Arbeitsverhältnis auf, hat es nach § 9 Abs. 1 S. 1 KSchG den Arbeitgeber, gleich wer den Antrag gestellt hat, zu einer Abfindung zu verurteilen. Nach § 10 KSchG kann die Abfindung bis zu zwölf Monatsverdiensten betragen. Hat der Arbeitnehmer jedoch das 50. Lebensjahr vollendet und hat das Arbeitsverhältnis mindestens 15 Jahre bestanden, kann ein Betrag bis zu 15 Monatsverdiensten, hat der Arbeitnehmer das 55. Lebensjahr vollendet und das Arbeitsverhältnis mindestens 20 Jahre bestanden, kann ein Betrag bis zu 18 Monatsverdiensten als Abfindung festgesetzt werden.

Die erhöhte Abfindung nach § 10 Abs. 2 KSchG wird nicht gezahlt, wenn zu dem Zeitpunkt, zu dem das Arbeitsverhältnis endet (nach § 9 Abs. 2 KSchG wird er durch das Gericht festgesetzt), das in § 35 SGB VI festgesetzte Alter (65. Lebensjahr) erreicht ist.

Als Monatsverdienst gilt, was dem Arbeitnehmer bei der für ihn maßgebenden regelmäßigen Arbeitszeit in dem Monat, in dem das Arbeitsverhältnis endet, an Geld- und Sachbezügen zusteht.

Endet die Kündigungsschutzklage nicht durch Urteil, sondern durch Vergleich, kann eine Abfindung nach §§ 9, 10 KSchG, aber auch eine höhere Abfindung vereinbart werden.

1.8.1 Steuern und Sozialversicherungsbeiträge von der Abfindung

Die durch Urteil festgesetzte Abfindung ist kein Arbeitsentgelt, sondern eine Entschädigung für den Verlust des Arbeitsplatzes. Sie unterliegt nicht der Beitragspflicht zur Sozialversicherung. Die Freibeträge haben sich zum 1. Januar 2004 folgendermaßen geändert:

Gemäß § 3 Nr. 9 EStG sind Abfindungen wegen einer vom Arbeitgeber veranlassten oder gerichtlich ausgesprochenen Auflösung des Dienstverhältnisses steuerfrei, höchstens jedoch 7.200 €. Hat der Arbeitnehmer das 50. Lebensjahr vollendet und hat das Arbeitsverhältnis mindestens 15 Jahre bestanden, so beträgt der Höchstbetrag 9.000 €. Hat der Arbeitnehmer das 55. Lebensjahr vollendet und hat das Arbeitsverhältnis 20 Jahre bestanden, so beträgt der Höchstbetrag 11.000 €.

Gemäß § 143a SGB III ruht der Anspruch auf Arbeitslosengeld, wenn das Arbeitsverhältnis ohne Einhaltung der ordentlichen Kündigungsfrist unter Zahlung einer Abfindung einvernehmlich aufgelöst wird. Die Ruhenszeit dauert mindestens bis zum Zeitpunkt der ordentlichen Kündigung, längstens jedoch ein Jahr[1].

1.9 Verzicht auf den Kündigungsschutz

Der Arbeitnehmer kann nicht von vornherein auf den Kündigungsschutz verzichten. Eine entsprechende Vereinbarung im Arbeitsvertrag und darüber hinaus jeder **mündliche Verzicht vor Aussprache einer Kündigung sind nichtig.** Ist die Kündigung zugegangen, obliegt es der freien Entscheidung des Arbeitnehmers, ob er den Kündigungsschutz geltend macht oder nicht. Er kann also insoweit auf seine Rechte aus dem Kündigungsschutz verzichten.

2 Der besondere Kündigungsschutz

Der allgemeine Kündigungsschutz betrifft fast alle Arbeitnehmer. Darüber hinaus besteht aber – wie bereits ausgeführt – für einzelne Personengruppen zusätzlich ein besonderer Kündigungsschutz.

2.1 Nach dem Mutterschutzgesetz

Nach § 9 MuSchG ist die Kündigung **während der Schwangerschaft** und bis zum Ablauf von **vier Monaten nach der Entbindung unzulässig** (für den Fall der Elternzeit vgl. Seite 129). Voraussetzung ist, dass dem Arbeitgeber zur Zeit der Kündigung die Schwangerschaft oder Entbindung bekannt war oder diese ihm innerhalb von zwei Wochen, nachdem die Kündigung der Arbeitnehmerin zugegangen ist, mitgeteilt wird.

Macht die Arbeitnehmerin dem Arbeitgeber innerhalb dieser Frist keine Mitteilung von ihrer Schwangerschaft, ist die Kündigung wirksam.

---

[1] Wegen weiterer Einzelheiten verweisen wir auf die Broschüre „Arbeitslosengeld".

Mutterschutzgesetz 129

Von diesem Grundsatz gibt es eine Ausnahme: Durch Beschluss vom 13. November 1979, an dem es mit Beschluss vom 22. Oktober 1980 festhält, hat das Bundesverfassungsgericht klargestellt, dass die Kündigung auch dann nicht wirksam ist, wenn die schwangere Arbeitnehmerin ihre Schwangerschaft am letzten Tag der Frist unverschuldet nicht kennt und die Anzeige an den Arbeitgeber unverzüglich nachholt, sobald sie Kenntnis davon hat.

Beispiel:
Frau Pech wird gekündigt. Da sie vermutet, dass sie schwanger ist, lässt sie sich von einem Arzt untersuchen. Dieser erkennt nicht, dass Frau Pech tatsächlich schwanger ist, und teilt ihr mit, sie sei nicht in Umständen. Frau Pech lässt daher die Zwei-Wochen-Frist verstreichen. Wenige Tage nach Ablauf dieser Frist erfährt sie durch einen anderen Arzt, dass sie doch schwanger ist. Sie macht ihrem Arbeitgeber hiervon sofort Mitteilung. Ist die Kündigung wirksam?

Sie ist unwirksam. Die Zwei-Wochen-Frist ist zwar abgelaufen. Da Frau Pech bis zum Ablauf der Frist ohne eigenes Verschulden nichts von ihrer Schwangerschaft wusste und ihren Arbeitgeber sofort, nachdem sie Kenntnis von der Schwangerschaft erhalten hatte, informierte, sind die vom Bundesverfassungsgericht aufgestellten Voraussetzungen gegeben. ■

Im Übrigen braucht sich der Arbeitgeber nicht mit der Mitteilung zu begnügen, sondern er kann verlangen, dass die Arbeitnehmerin die Schwangerschaft durch das Zeugnis eines Arztes oder einer Hebamme nachweist. Die Kosten hierfür muss der Arbeitgeber übernehmen.

Entgegen der früher vom Bundesarbeitsgericht vertretenen Auffassung ist es nicht erforderlich, dass dieser Nachweis ebenfalls innerhalb der Zwei-Wochen-Frist erbracht werden muss. Das Bundesarbeitsgericht hat diesbezüglich seine frühere Meinung aufgegeben und vertritt jetzt den Standpunkt, dass auch nach Ablauf der Zwei-Wochen-Frist das Attest nachgereicht werden kann. Wichtig ist daher, dass die Arbeitnehmerin **innerhalb der Zwei-Wochen-Frist** oder – wenn sie unverschuldet keine Kenntnis von der Schwangerschaft hat – **unverzüglich nach Kenntniserlangung** dem Arbeitgeber mitteilt, dass sie schwanger ist. Dadurch kann sie sich ihre Rechte nach dem Mutterschutzgesetz sichern. Sie läuft dann nicht Gefahr, ihren Anspruch auf Kündigungsschutz zu verlieren. Das Attest kann sie später nachreichen.

Kann sie innerhalb der Zwei-Wochen-Frist den Nachweis, dass sie schwanger ist, nicht führen, genügt es, wenn sie ein Attest nachreicht, sobald ihr Arzt in der Lage ist, die Schwangerschaft festzustellen. **Nach § 9 MuSchG ist nicht nur die ordentliche, sondern auch die außerordentliche Kündigung unzulässig.** Nur ausnahmsweise kann durch die zuständige oberste Landesbehörde oder die von ihr bestimmte Stelle in besonderen Fällen die Kündigung für zulässig erklärt werden.

> **Beispiel:**
>
> Langfinger ist Verkäuferin bei Kurz. Sie ist schwanger und hat dies ihrem Arbeitgeber mitgeteilt. Im dritten Monat ihrer Schwangerschaft wird sie von Frau Kurz erwischt, als sie aus der Ladenkasse Geld stiehlt. Von Kurz und seiner Frau deswegen zur Rede gestellt, beschimpft sie beide in übelster Weise und geht schließlich mit einem Beil auf beide los, das ihr nur mühsam entrissen werden kann. Daraufhin kündigt ihr Kurz fristlos. Einige Tage später holt er die Genehmigung nach § 9 Abs. 3 MuSchG ein. Ist die Kündigung rechtswirksam?
>
> Nein. Zwar bestehen keine Bedenken, dass in diesem Fall die zuständige Behörde die Kündigung genehmigen wird. Jedoch muss die Genehmigung bei Ausspruch der Kündigung vorliegen. Kurz bleibt nichts anderes übrig, als Langfinger die Kündigung noch einmal zugehen zu lassen. ■

Interessant ist die Frage, ob nun der Arbeitgeber bis zum Zugang der ersten oder zweiten Kündigung das Gehalt zahlen muss. Das Bundesarbeitsgericht hat in einem ähnlich gelagerten Fall entschieden, dass der Lohn aus Gründen der Unzumutbarkeit nur bis zur ersten Kündigung zu zahlen ist, obwohl das Arbeitsverhältnis bis zur zweiten Kündigung fortbesteht (BAG, GS, AP Nr. 5 zu § 9 MuSchG).

§ 9 MuSchG gilt im Folgenden nicht: Erklärt die Arbeitnehmerin in Unkenntnis der Schwangerschaft die Eigenkündigung, so ist in der Regel weder eine Irrtumsanfechtung möglich noch kann sie sich auf § 9 MuSchG berufen, denn das Kündigungsverbot gilt nicht für Eigenkündigung der schwangeren Arbeitnehmerin (BAG vom 6. Februar 1992).

§ 18 BErzGG regelt den besonderen Kündigungsschutz bei Elternzeit. Der Arbeitgeber darf das Arbeitsverhältnis nicht kündigen

- ab dem Zeitpunkt, von dem an Elternzeit verlangt worden ist,
- höchstens jedoch 8 Wochen vor Beginn der Elternzeit,
- während der Elternzeit.

Eine Kündigung ist ausnahmsweise in besonderen Fällen und nur mit Zustimmung der für den Arbeitsschutz zuständigen Landesbehörde möglich.

Das gilt auch für Arbeitnehmer, die während der Elternzeit eine Teilzeitbeschäftigung bei ihrem Arbeitgeber ausüben oder ohne die Elternzeit in Anspruch zu nehmen eine Teilzeitbeschäftigung bei ihrem Arbeitgeber ausüben und Anspruch auf Erziehungsgeld haben oder nur deshalb nicht haben, weil das Einkommen die Einkommensgrenzen nach dem BErzGG übersteigt.

Im letzteren Fall besteht nur der Kündigungsschutz, wenn Anspruch auf Elternzeit gem. § 15 BErzGG besteht.

> **Beispiel:**
>
> Frau Riffler ist schwanger, was sie auch weiß. Sie bewirbt sich bei Ben Loop um eine Anstellung als Mannequin. Als sie danach bei dem Vorstellungsgespräch gefragt wird, beantwortet sie – in Kenntnis der Rechtsprechung des Europäischen Gerichtshofes (EuGH) – die Frage mit nein. Als es zur Präsentation der neuen – hautengen – pinkfarbenen Herbstmode kommt, ist die Schwangerschaft bei Frau Riffler nicht mehr zu übersehen.
>
> Ben Loop will den Arbeitsvertrag wegen arglistiger Täuschung gem. § 123 BGB anfechten. Frau Riffler bezieht sich auf ihren Schutz gem. § 9 MuSchG.
>
> Nach der Rechtsprechung des EuGH kann das BAG bei seiner Rechtsprechung der Anfechtungsmöglichkeit gem. § 123 BGB in dem Fall, dass das eingegangene Vertragsverhältnis überhaupt nicht realisiert werden kann, nicht mehr verbleiben. ∎

Hinsichtlich des Betriebsrates ist hier Folgendes zu beachten: Der Betriebsrat hat im Falle der Anfechtung eine schwache Position. Denn **Anfechtung ist nicht gleich Kündigung.** Ihm stehen daher die sich aus § 102 BetrVG ergebenden Rechte im Falle der Anfechtung nicht zu[1].

2.2 Nach dem Schwerbehindertenrecht (SGB IX)

Anspruch auf einen besonderen Kündigungsschutz haben schwerbehinderte Menschen (Grad der Behinderung wenigstens 50), unter bestimmten Voraussetzungen auch gleichgestellte Personen. Der Kreis der Personen, die vom Schwerbehindertenrecht (SGB IX) erfasst werden, hat sich im Verhältnis zu dem Kreis, der von dem früheren Schwerbeschädigtengesetz umfasst wurde, erheblich erweitert.

Zu den schwerbehinderten Menschen zählen nicht nur, wie nach dem Schwerbeschädigtengesetz, kriegsbeschädigte, arbeitsunfallgeschädigte und zivilblinde Arbeitnehmer, sondern **alle, die** – gleich aus welcher Ursache – **behindert sind.** So genießen heute auch die Arbeitnehmer, die von Geburt an, durch eine Krankheit oder durch einen Freizeitunfall usw. schwerbehindert sind, den Kündigungsschutz nach dem SGB IX.

Wie sieht dieser Kündigungsschutz aus? Kündigt ein Arbeitgeber das Arbeitsverhältnis eines Schwerbehinderten **ohne die Zustimmung des zuständigen Integrationsamtes,** ist die Kündigung **unwirksam.** Die vorherige Zustimmung ist also Voraussetzung für die Wirksamkeit.

---

[1] Wegen weiterer Einzelheiten zum Mutterschutz und Erziehungsgeld wird auf die Broschüre „Mutterschutz, Erziehungsgeld, Elternzeit" verwiesen.

Ausnahmen von diesem Grundsatz gibt es insoweit, als die Zustimmung u.a. dann nicht erforderlich ist, wenn der Schwerbehinderte dem Betrieb noch keine sechs Monate angehört (vgl. § 90 Abs. 1 SGB IX).

Der Zustimmung des Integrationsamtes bedarf es übrigens auch nicht, wenn die Entlassung des schwerbehinderten Menschen aus Witterungsgründen vorgenommen wurde und die Wiedereinstellung bei Wiederaufnahme der Arbeit gewährleistet ist.

Die Zustimmung des Integrationsamtes ist selbstverständlich nur dort erforderlich, wo das Arbeitsverhältnis durch eine Kündigung endet. Endet das Arbeitsverhältnis ohne Kündigung – z.b. durch Aufhebungsvertrag, Anfechtung oder bei einem befristeten Arbeitsverhältnis –, ist eine Zustimmung des Integrationsamtes nicht erforderlich.

Ausnahme: Die Beendigung des Arbeitsverhältnisses eines schwerbehinderten Menschen bedarf auch dann der vorherigen Zustimmung des Integrationsamtes, wenn sie im Falle des Eintritts der Berufsunfähigkeit oder der Erwerbsunfähigkeit auf Zeit ohne Kündigung „automatisch" erfolgt, z.B. durch eine entsprechende Bestimmung im Tarifvertrag.

Auch bei der außerordentlichen Kündigung ist die vorherige amtliche Zustimmung durch den Arbeitgeber einzuholen. Hier gilt insoweit eine Besonderheit, als die Zustimmung zur außerordentlichen Kündigung nur innerhalb einer Frist von zwei Wochen seit Kenntnis des die Kündigung rechtfertigenden Grundes beantragt werden kann. Entscheidend ist der Eingang des Zustimmungsersuchens beim Integrationsamt (§ 91 Abs. 2 SGB IX)[1].

2.3 Für Mitglieder des Betriebs- bzw. Personalrates

Beispiel:

Sorge war Betriebsratsmitglied bis zum 30. April. Bei der Neuwahl hat er nicht mehr kandidiert, weil er jungen Kollegen Platz machen wollte. Am 19. Mai kündigt ihm sein Arbeitgeber zum 30. Juni. Ist die Kündigung wirksam?

Nein. Nach § 15 Abs. 1 KSchG kann einem Betriebsratsmitglied oder einem Mitglied der Jugend- und Auszubildendenvertretung nicht ordentlich gekündigt werden. Dieser Kündigungsschutz erstreckt sich nicht nur auf die Amtszeit, sondern auch auf das der Amtszeit folgende Jahr. Die Kündigung ist daher nach § 15 Abs. 1 KSchG in Verbindung mit § 134 BGB nichtig.

Das würde allerdings dann nicht gelten, wenn die Mitgliedschaft von Sorge nicht durch Ablauf der Amtszeit, sondern durch eine gerichtliche Entscheidung beendet worden wäre, so etwa, weil er seinen gesetzlichen Pflichten als Betriebsratsmitglied nicht nachgekommen ist (§ 23 Abs. 1 BetrVG). ■

---

[1] Wegen weiterer Einzelheiten wird auf die Broschüre „Schwerbehinderte Menschen und ihr Recht" verwiesen.

Der **Sonderkündigungsschutz** nach § 15 KSchG **gilt auch für Ersatzmitglieder** während der Zeit, in der sie ein Betriebsratsmitglied vertreten. Dabei kommt es nicht darauf an, so das Bundesarbeitsgericht in seiner Entscheidung vom 5. September 1986, ob das betreffende Ersatzmitglied konkrete Betriebsratsaufgaben wahrgenommen hat oder nicht. Entgegen seiner früheren Ansicht (BAG vom 6. September 1979) genügt es, wenn ein Betriebsratsmitglied sich krank gemeldet hat und dem Dienst fernbleibt. In diesem Fall tritt das nächstberufene Ersatzmitglied anstelle des abwesenden Betriebsratsmitglieds in den Betriebsrat unmittelbar ein und erwirbt damit den besonderen Kündigungsschutz des § 15 Abs. 2 KSchG. Der nachwirkende Kündigungsschutz für das Ersatzmitglied beginnt dann mit dem Zeitpunkt, zu dem das verhinderte Betriebsratsmitglied die Arbeit wieder aufnimmt.

Dagegen kann einem Betriebsratsmitglied oder dem Mitglied einer Jugend- und Auszubildendenvertretung außerordentlich gekündigt werden. Jedoch muss hier die Zustimmung des Betriebsrats nach § 103 BetrVG vorliegen.

Ausgedehnt wurde der Kündigungsschutz auf die **Mitglieder des Wahlvorstandes** vom Zeitpunkt ihrer Bestellung an und auf die Wahlkandidaten vom Zeitpunkt der Aufstellung des Wahlvorschlages an, jeweils bis sechs Monate nach Bekanntgabe des Wahlergebnisses. Haben die Mitglieder des Wahlvorstandes vor der Betriebsratswahl ihr Amt niedergelegt, läuft die Sechs-Monats-Frist vom Zeitpunkt der Amtsniederlegung an. In dieser Zeit ist hinsichtlich des vorgenannten Personenkreises eine ordentliche Kündigung unzulässig.

Ist der Wahlvorstand jedoch seinen Verpflichtungen nicht nachgekommen und wird er auf Grund einer gerichtlichen Entscheidung durch einen anderen Wahlvorstand ersetzt, besteht der Kündigungsschutz nach der Amtsenthebung nicht fort.

Erweitert wurde der Kündigungsschutz auf Arbeitnehmer, die zu einer **Betriebsversammlung** mit dem Ziel der Betriebsratswahl oder die Bestellung eines Wahlvorstandes beantragen. Der Kündigungsschutz beginnt mit dem Zeitpunkt der Einladung oder Antragstellung und endet mit Bekanntgabe des Wahlergebnisses. Die Möglichkeit der außerordentlichen Kündigung bleibt auch hier unberührt bei Vorliegen eines wichtigen Grundes.

Der Kündigungsschutz erstreckt sich auf die ersten drei Arbeitnehmer, die in der Einladung oder Antragstellung aufgeführt sind. Findet die Wahl nicht oder ohne Erfolg statt, besteht der Schutz vom Zeitpunkt der Einladung/Antragstellung an drei Monate.

Ist einer der vorgenannten Personen gekündigt worden und stellt das Gericht die Unwirksamkeit der Kündigung fest, hat sie die Wahl, entweder zum alten Arbeitsplatz zurückzukehren oder – wenn sie ein neues Arbeitsverhältnis eingegangen ist – innerhalb einer Woche nach Rechtskraft des Urteils durch Erklärung dem alten Arbeitgeber gegenüber die Weiterbeschäftigung zu verweigern. In beiden Fällen haftet der Arbeitgeber unter den Voraussetzungen des Annahmeverzugs für den dem betreffenden Arbeitnehmer entgangenen Zwischenverdienst (§ 16 KSchG).

Die Sperre des § 15 KSchG gilt entgegen der früheren Rechtsprechung nach Ansicht des Bundesarbeitsgerichts (vgl. Urteil vom 29. Januar 1981) auch für die Änderungskündigung.

Zu beachten ist, dass nun alle Kündigungsschutzklagen an die Drei-Wochen-Frist gebunden sind.

Ähnliche Regelungen enthalten auch das Bundespersonalvertretungsgesetz und die Personalvertretungsgesetze der Länder.

2.4 Für Wehrdienstpflichtige

Beispiel:

Basler leistet seinen Grundwehrdienst bei der Marine. Zwei Monate vor Ablauf seines Wehrdienstes kündigt ihm sein Arbeitgeber. Was kann Basler tun?

Grundsätzlich kann Basler sich auf § 2 Abs. 1 des Arbeitsplatzschutzgesetzes berufen, wonach der Arbeitgeber das Arbeitsverhältnis während des Grundwehrdienstes oder während einer Wehrübung nicht ordentlich kündigen darf. Der Arbeitgeber darf auch vor oder nach dem Wehrdienst nicht aus Anlass des Wehrdienstes kündigen. Nach dem Gesetz wird sogar vermutet, dass der Arbeitgeber, wenn er dem Arbeitnehmer kündigt, nachdem er von dessen Einberufung Kenntnis erlangt hat, die Kündigung aus Anlass des Wehrdienstes ausgesprochen hat. Die Kündigung ist nur wirksam, wenn der Arbeitgeber das Gegenteil beweist.

Basler hat also Aussicht auf Erfolg, wenn er gegen die Kündigung vorgeht. Jedoch ist hier Folgendes zu beachten: Durch den Kündigungsschutz des § 2 ArbPlSchG wird die außerordentliche Kündigung nicht berührt. Liegt ein wichtiger Grund zur Kündigung vor, kann der Arbeitgeber kündigen (§ 2 Abs. 3 ArbPlSchG). Die Einberufung zum Wehrdienst ist selbstverständlich kein wichtiger Grund zur Kündigung. Hiervon gibt es allerdings eine Ausnahme: Ist Basler ledig, hat er vor seiner Einberufung in einem Betrieb gearbeitet, der in der Regel weniger als sechs Arbeitnehmer (Auszubildende und Teilzeitkräfte mit bis zu 10 Wochen- bzw. 45 Monatsstunden werden nicht mitgezählt) beschäftigt und kann seinem Arbeitgeber, weil dieser eine Ersatzkraft eingestellt hat, eine Weiterbeschäftigung nach der Entlassung vom Militärdienst nicht mehr zugemutet werden, liegt ein wichtiger Grund zur Kündigung vor. Diese Kündigung muss zwei Monate, bevor Basler entlassen wird, ausgesprochen werden.

Hier hätte Basler keine Aussicht auf Erfolg, wenn er gegen die Kündigung klagen würde. ■

Wehrdienstpflichtige

Hinsichtlich der Eignungsübung gelten ähnliche Bestimmungen (§ 2 Eignungsübungsgesetz). Ein entsprechender Kündigungsschutz gilt für Zivildienstleistende (§ 78 Abs. 1 Nr. 1 ZDG).

Diese Kündigungsverbote gelten nicht, wenn der Arbeitnehmer kündigt.

2.5 Kündigungsschutz für weitere Personengruppen

Abgesehen von den bereits erwähnten Fällen des Kündigungsschutzes besteht für einige weitere Personengruppen Kündigungsschutz, der in der Praxis jedoch kaum von Bedeutung ist. So besteht ein Kündigungsschutz für die **Inhaber von Versorgungsscheinen** nach dem im Saarland geltenden Gesetz vom 8. Oktober 1981 (ABl. Seite 641). Ähnlich wie bei schwerbehinderten Menschen sieht das Gesetz bei Inhabern des Bergmannsversorgungsscheines vor, dass ihnen nur mit Genehmigung der so genannten Zentralstelle ordentlich gekündigt werden kann.

Den Bergmannsversorgungsschein erhalten Arbeitnehmer, die in der Regel eine gewisse Zeit im Bergbau beschäftigt waren, aus gesundheitlichen Gründen diese Tätigkeit nicht mehr ausüben können und daher auf eine Beschäftigung außerhalb des Bergbaus angewiesen sind. Entsprechende Regelungen gibt es in Nordrhein-Westfalen und Niedersachsen.

Weitere Möglichkeiten zur Beendigung des Arbeitsverhältnisses

1 Aufhebungsvertrag

Das Arbeitsverhältnis kann auch durch einen Aufhebungsvertrag beendet werden. Wie bei jedem Vertrag bedarf es beim Aufhebungsvertrag der **übereinstimmenden Willenserklärung der beiden Vertragspartner.** Wie Sie bereits wissen, genügt bei der Kündigung eine einseitige Erklärung.

> **Beispiel:**
>
> Pleite hat Absatzschwierigkeiten. Er will daher seine Fabrik zum Ende des Jahres schließen. Im Oktober teilt er diesen Entschluss den bei ihm beschäftigten Arbeitnehmern mit. Dabei erklärt er, sie sollten sich jetzt schon nach neuen Arbeitsplätzen umsehen. Einige Tage später teilt Raschke seinem Arbeitgeber Pleite mit, er habe eine neue Stelle, ob er dort morgen schon anfangen könne? Pleite erklärt sich einverstanden.
>
> Das Arbeitsverhältnis endet in diesem Fall im gegenseitigen Einvernehmen, von der Form her durch Aufhebungsvertrag. Einer Kündigung bedarf es dann weder von der einen noch von der anderen Seite.

Die Aufhebung des Arbeitsverhältnisses bedarf keiner Form. Sie braucht auch nicht ausdrücklich erklärt zu werden. Vielmehr kann der Aufhebungsvertrag wie jeder andere Vertrag durch schlüssiges Handeln zu Stande kommen.

> **Beispiel:**
>
> Wie zuvor, jedoch teilt Pleite seinen Entschluss, die Firma zu schließen, den Arbeitnehmern nicht mit. Aber alle Arbeitnehmer wissen, dass die wirtschaftliche Lage des Unternehmens schlecht ist. Raschke wird zum 1. November eine neue, gut bezahlte Stelle angeboten. Ohne Pleite eine Mitteilung zu machen, erscheint er nicht mehr zur Arbeit und fängt am 1. November bei dem neuen Arbeitgeber an. Als Pleite hiervon erfährt, schickt er ihm die Arbeitspapiere.

Hat einer der Vertragspartner ordnungsgemäß gekündigt und erklärt sich der andere mit der Kündigung einverstanden, dann ist ebenfalls ein Aufhebungsvertrag zu Stande gekommen. Dieses Einverständnis kann aber nicht daraus entnommen werden, dass der Partner auf die Kündigung schweigt, vielmehr muss sich eindeutig aus dem Verhalten des Gekündigten ergeben, dass er trotz Schweigens mit der Kündigung einverstanden ist.

Aufhebungsvertrag

Beispiel:

Frau Jung ist schwanger. Pfiffig, ihr Arbeitgeber, kündigt ihr schriftlich, obwohl sie ihn über die Schwangerschaft informiert hat. Die Kündigung geht ihr fristgerecht zu. Sie äußert sich zur Kündigung nicht, sondern schweigt. Als ihr Pfiffig am letzten Arbeitstag eine Ausgleichsquittung vorlegt, unterschreibt sie diese wortlos. Die Ausgleichsquittung lautet: „Hiermit bestätige ich, dass ich keine weiteren Ansprüche weder aus dem Arbeitsverhältnis noch aus der Beendigung des Arbeitsverhältnisses gegen Herrn Pfiffig habe".

Als sie nach Hause kommt, macht ihr der Ehemann, der immer schon dafür war, dass sie das Arbeitsverhältnis fortsetzt, heftige Vorwürfe. Am anderen Tag geht sie daher wie gewohnt zur Arbeit. Pfiffig schickt sie nach Hause mit der Begründung, das Arbeitsverhältnis sei beendet. Frau Jung beruft sich demgegenüber darauf, dass die Kündigung wegen Verstoßes gegen die Mutterschutzbestimmungen unwirksam sei. Wer hat Recht?

Nach § 9 MuSchG ist eine Kündigung während der Schwangerschaft unzulässig. Hier stellt sich aber die Frage, ob das Arbeitsverhältnis nicht durch Aufhebungsvertrag beendet worden ist, denn Frau Jung hat nicht nur geschwiegen, sondern sie hat die Ausgleichsquittung unterschrieben, in der ausdrücklich festgelegt war, dass sie auch „aus der Beendigung des Arbeitsverhältnisses keine Ansprüche mehr gegen den Arbeitgeber habe."

Tatsächlich vertrat man früher den Standpunkt, dass in diesen Fällen das Arbeitsverhältnis durch Aufhebungsvertrag und nicht durch Kündigung beendet würde. Frau Jung konnte sich daher nicht auf den Kündigungsschutz berufen. Das Bundesarbeitsgericht hat aber in seinem Urteil vom 6. April 1977, an dem es mit Beschluss vom 3. Mai 1979 festhält, entschieden, dass aus der Tatsache, dass der Arbeitnehmer eine Ausgleichsquittung mit diesem Inhalt unterschreibt, nicht geschlossen werden kann, er habe einen Aufhebungsvertrag vereinbaren wollen. Dafür gebe diese Formulierung zu wenig her. Da das Arbeitsverhältnis somit durch Kündigung und nicht durch Aufhebungsvertrag endet, kann sich Frau Jung auf das Mutterschutzgesetz berufen. Nach § 9 MuSchG in Verbindung mit § 134 BGB ist die Kündigung nichtig. Das Arbeitsverhältnis besteht weiter. ■

Arbeitnehmer sollten nur dann einen Aufhebungsvertrag abschließen, wenn sie einen neuen Arbeitsplatz in Aussicht haben. Durch den Aufhebungsvertrag verlieren sie den gesamten Kündigungsschutz und somit auch die Möglichkeit, eine Abfindung zu erhalten gemäß § 9 f. KSchG (siehe Anhang).

Ein Urteil des Bundessozialgerichts vom 18. Dezember 2003 spielt in diesem Zusammenhang eine wesentliche Rolle. Das BSG hob mit o.g. Urteil den bislang bestehenden Unterschied zwischen Aufhebungs- und Abwicklungsvertrag hinsichtlich der sozialversicherungsrechtlichen Konsequenzen auf. Für die Praxis heißt dies, dass Aufhebungs- und Abwicklungsvertrag den Anwendungsbereich des § 144 SGB III eröffnen, somit zu einer Sperrzeit führen, wenn der Arbeitnehmer keinen wichtigen Grund für sein Verhalten hat.

Wie bereits unter 1.2.3 (Seite 120) ausgeführt, bietet sich nun für Arbeitgeber und Arbeitnehmer ggf. der neue § 1a KSchG an. Die sozialversicherungsrechtlichen Folgen dieser „Abfindungsvereinbarung" sind bisher nicht geklärt, wobei aber die bloße Passivität eines Arbeitnehmers bei Erhalt einer betriebsbedingten Kündigung zur Eröffnung der Rechtsfolgen des § 144 SGB III nicht ausreicht. Eine Sperrzeit dürfte demnach in dem Fall, dass der Arbeitnehmer die Kündigungsfrist verstreichen lässt, dafür aber eine Abfindung erhält, nicht eintreten.

In diesem Zusammenhang sei auf ein aktuelles Urteil des BAG verwiesen, wonach ein vorsorglicher Aufhebungsvertrag in der Probezeit zulässig ist. Der Arbeitgeber darf vor Ablauf der Probezeit mit dem Arbeitnehmer einen vorsorglichen Aufhebungsvertrag zur weiteren Erprobung schließen, so dass das Arbeitsverhältnis entweder zu einem bestimmten Zeitpunkt endet oder aber, wenn sich der Arbeitnehmer bis zu diesem Zeitpunkt bewährt, das Arbeitsverhältnis unbefristet fortgesetzt wird.

2 Fristablauf

Ein Arbeitsverhältnis kann nur dann durch Fristablauf enden, wenn es sich um ein **befristetes Arbeitsverhältnis** handelt, also eine Befristung vereinbart wurde.

Aus dem Grundsatz der Vertragsfreiheit (Art. 2 GG, §§ 241, 305, 620 BGB) folgt, dass Arbeitsverhältnisse bestimmter Dauer begründet werden können, nach deren Ablauf sie ohne Kündigung enden. Insoweit gilt § 620 BGB. Gemäß § 15 Abs. 3 Teilzeit- und Befristungsgesetz unterliegt ein befristetes Arbeitsverhältnis nur dann der ordentlichen Kündigung, wenn dies einzelvertraglich oder im anwendbaren Tarifvertrag vereinbart ist. Eine außerordentliche Kündigung bleibt indes zulässig.

Da das befristete Arbeitsverhältnis somit ohne Ausspruch einer Kündigung endet, finden auch die Kündigungsschutzbestimmungen keine Anwendung.

Für Berufsausbildungsverhältnisse ist der befristete Abschluss zwingend vorgeschrieben (§§ 14, 18 BBiG). Auch für das Personal von Hochschulen ist die gesetzliche Zulässigkeit von befristeten Arbeitsverhältnissen geregelt (§§ 57 a ff. HRG).

Entscheidend für die Überprüfung der Zulässigkeit der Befristung ist der Abschluss des Arbeitsvertrages.

Unwirksam ist eine Befristung jedenfalls dann, wenn durch sie der bestehende Kündigungsschutz umgangen wird.

Der allgemeine Kündigungsschutz ist grundsätzlich davon abhängig, dass das Arbeitsverhältnis sechs Monate bestanden hat und der Arbeitgeber mehr als fünf Arbeitnehmer beschäftigt. Liegen die Voraussetzungen der Anwendung des Kündigungsschutzgesetzes oder des besonderen Kündigungsschutzes nicht vor, so ist grundsätzlich die Befristung wirksam, auch wenn kein sachlicher Grund vorliegt.

Liegen hingegen die Voraussetzungen der Anwendung des Kündigungsschutzgesetzes vor, so verlangt die Rechtsprechung, dass die Befristung auf einem sachlich objektiven Grund beruht.

Fristablauf

Fehlt es an einem sachlichen Grund, wird der Arbeitnehmer also „objektiv funktionswidrig" eingesetzt, so kann sich der Arbeitgeber auf den Ablauf der Frist nicht berufen. Dabei genügt die objektive Ausschaltung des Kündigungsschutzes; eine entsprechende Absicht wird nicht verlangt.

Beispiel:

Herberger sucht für die Sommersaison einen Hoteldiener. Tasch bewirbt sich. Herberger vereinbart mit Tasch, dass dieser vom 1. Mai bis 31. Oktober bei ihm arbeiten soll. Als Tasch auch am 1. November seine Arbeit antritt, sagt Herberger, er habe nichts mehr in seinem Hotel zu suchen; Tasch erklärt, ihm sei nicht gekündigt worden, das Arbeitsverhältnis bestehe fort.

Tasch hat Unrecht, denn ein befristetes Arbeitsverhältnis endet von selbst mit Ablauf der vereinbarten Zeit; es bedarf also keiner Kündigung. ∎

Das gilt auch dann, wenn für den Arbeitnehmer bei Ablauf der Frist Kündigungsschutz besteht.

Beispiel:

Süß hat eine Schokoladenfabrik. In der Zeit vor Weihnachten bis kurz vor Ostern hat er Hochsaison. Er stellt daher Aushilfskräfte ein. Auch mit Frau Hoff schließt er einen befristeten Arbeitsvertrag ab. Sie soll in der Zeit vom 1. November bis 31. März bei ihm arbeiten. Frau Hoff teilt ihm am 15. Februar mit, dass sie schwanger sei. Als sie am 1. April zur Arbeit erscheint, erklärt ihr Süß, das Arbeitsverhältnis sei beendet. Frau Hoff ist gegenteiliger Meinung und beruft sich auf das Mutterschutzgesetz.

Das Arbeitsverhältnis ist trotz des bestehenden Kündigungsschutzes beendet. Da das Arbeitsverhältnis durch Fristablauf endet, bedarf es keiner Kündigung. § 9 MuSchG besagt aber nur, dass Kündigungen unzulässig sind. Süß hat Recht. ∎

Nach der bisherigen Rechtsprechung des Bundesarbeitsgerichts war die Befristung eines Arbeitsverhältnisses nur dann zulässig, wenn ein sachlicher Grund (z.B. Saisonarbeit, Probezeit, Ausbildungsverhältnis) die Befristung rechtfertigte. Fehlte es an einem sachlichen Grund, so war das befristete Arbeitsverhältnis zwar nicht unwirksam, jedoch endete es nicht mit Ablauf der Befristung von selbst, sondern es musste gekündigt werden. Dies galt insbesondere für den so genannten Kettenarbeitsvertrag, bei dem sich zwei oder mehr befristete Arbeitsverträge aneinander reihten. Das Bundesarbeitsgericht wollte damit vermeiden, dass die vom Gesetz für den Arbeitnehmer vorgesehenen Schutzbestimmungen (z. B. Kündigungsschutz, vgl. Ziffer 1 auf Seite 145, aber auch § 102 BetrVG) umgangen werden konnten.

Das neue **Teilzeit- und Befristungsgesetz** regelt in § 14 zum einen die Möglichkeit der Befristung aus sachlichem Grund, wobei beispielhaft acht Punkte genannt werden, die insbesondere einen sachlichen Grund darstellen. Des Weiteren ist eine Befristung ohne sachlichen Grund möglich, wobei die Gesamtdauer zwei Jahre nicht überschritten werden darf und nur eine dreimalige Verlängerung innerhalb dieser zwei Jahre möglich ist. Die Möglichkeit, einen befristeten Vertrag abzuschließen, besteht nur bei Neueinstellung mit Ausnahme der Auszubildenden, denen nach ihrer Berufsausbildung ein befristetes Arbeitsverhältnis angeboten werden kann.

Zu unterscheiden ist die Zeit- und die Zweckbefristung. Bei der **Zeitbefristung** wird das Arbeitsverhältnis für eine bestimmte Dauer oder bis zu einem bestimmten Zeitpunkt vereinbart. Die zeitliche Bestimmung muss eindeutig sein. Der **zweckbefristete Arbeitsvertrag** endet mit Erreichen des Zwecks, auflösend bedingte Arbeitsverträge mit Eintritt der auflösenden Bedingung, zum Beispiel wenn das Arbeitsverhältnis mit Bestehen der Prüfung endet. Zu beachten ist, dass das Arbeitsverhältnis mit Erreichen des Zwecks, frühestens jedoch zwei Wochen nach Zugang der schriftlichen Unterrichtung des Arbeitnehmers durch den Arbeitgeber über den Zeitpunkt der Zweckerreichung endet.

Bei Befristung eines Arbeitsverhältnisses ist die Schriftform unabdingbare Voraussetzung (§ 14 Abs. 4 TzBfG).

Hinweis: Will ein Arbeitnehmer die Rechtsunwirksamkeit der Befristung gerichtlich geltend machen, so ist eine dreiwöchige Frist einzuhalten, die mit dem Ende der Befristung zu laufen beginnt.

In allen Fällen, die nicht vom Teilzeit- und Befristungsgesetz erfasst werden, bleibt es demgegenüber bei der alten Regelung, dass eine Befristung nur dann gerechtfertigt ist, wenn ein sachlicher Grund für die Befristung besteht. So bleibt es bei der bisher vom Bundesarbeitsgericht formulierten Rechtsprechung insbesondere zum so genannten Kettenarbeitsverhältnis (mehrere befristete Arbeitsverträge werden hintereinander geschaltet). Nach der neueren Rechtsprechung des Bundesarbeitsgerichts ist aber ein Kettenarbeitsvertrag nur dann wie ein Arbeitsvertrag auf unbestimmte Dauer zu behandeln, wenn es bei dem zuletzt abgeschlossenen befristeten Vertrag an einem sachlichen Grund fehlt. Auf die sachliche Begründetheit der vorhergehenden befristeten Verträge kommt es nicht an.

Unzulässig sind nahtlos aufeinander folgende befristete Arbeitsverhältnisse, wenn sie ein dauerhaftes Arbeitsverhältnis verdecken und die Schutzwirkung des Kündigungsschutzgesetzes umgehen. Dies gilt auch bei sachlichem Grund für den einzelnen Arbeitsvertrag. Rechtsfolge eines unzulässig befristeten Arbeitsvertrages ist, dass fortan von einem einheitlichen unbefristeten Arbeitsverhältnis auszugehen ist.

Eine Sonderregelung hinsichtlich der Befristung gibt es für das wissenschaftliche Personal an Hochschulen und Forschungseinrichtungen (vgl. hierzu das Gesetz über befristete Arbeitsverträge mit wissenschaftlichem Personal an Hochschulen und Forschungseinrichtungen, BGBl. I 1985 Seite 1065).

Fristablauf 141

Ausnahmsweise kann auch ein befristetes Arbeitsverhältnis vorzeitig gekündigt werden, nämlich dann, wenn eine derartige Kündigungsmöglichkeit zwischen den Vertragspartnern vereinbart wurde oder im Tarifvertrag vorgesehen ist und selbstverständlich dann, wenn ein Grund zur fristlosen Kündigung vorliegt.

Handelt es sich bei dem befristeten Arbeitsverhältnis um ein **Aushilfsarbeitsverhältnis**, so ist, wenn eine Kündigungsmöglichkeit vereinbart werden soll, Folgendes zu beachten: Dauert das Aushilfsarbeitsverhältnis nicht länger als drei Monate, können abweichend von den gesetzlichen Mindestkündigungsfristen (siehe unter Ziffer 2.1 auf Seite 106) kürzere, so z.B. auch tägliche Kündigungsfristen vereinbart werden.

Dauert das Aushilfsarbeitsverhältnis länger als drei Monate, gelten wieder die gesetzlichen bzw. vereinbarten Kündigungsfristen (§ 622 Abs. 4 BGB). Das **Probearbeitsverhältnis** kann ebenfalls ein befristetes Arbeitsverhältnis sein.

Beispiel:

Wählerisch vereinbart mit Neu eine Probezeit. Er erklärt Neu: „Ich stelle Sie vom 1. Juli bis 30. September auf Probe ein!"

Hier liegt ein befristetes Probearbeitsverhältnis vor, an das sich ein unbefristetes Arbeitsverhältnis anschließen kann.

Erklärt Wählerisch dem Neu aber: „Ich stelle Sie am 1. Juni ein. Die ersten drei Monate gelten als Probezeit", so handelt es sich nicht um ein befristetes, sondern um ein unbefristetes Arbeitsverhältnis, dessen erste drei Monate als Probezeit gelten. Der wesentliche Unterschied besteht darin, dass das befristete Probearbeitsverhältnis automatisch durch Zeitablauf endet, in unserem Beispiel nach drei Monaten, eine Kündigung also nicht erforderlich ist, während bei dem unbefristeten Arbeitsverhältnis, dessen erste drei Monate Probezeit sind, gekündigt werden muss, falls das Arbeitsverhältnis nicht fortgesetzt werden soll.

Auch beim befristeten Probearbeitsverhältnis kann jedoch durch die Vertragspartner eine vorzeitige Kündigungsmöglichkeit vereinbart werden. Im Gegensatz zum Aushilfsarbeitsverhältnis müssen hier, auch wenn das Probearbeitsverhältnis keine drei Monate dauert, die gesetzlichen Mindestkündigungsfristen eingehalten werden.

In der Praxis kommt das befristete Probearbeitsverhältnis selten vor. In der Regel wird ein unbefristetes Arbeitsverhältnis, dessen erste Monate als Probezeit gelten, abgeschlossen. Auch im letzteren Fall kann während der Probezeit nur mit der Mindestkündigungsfrist (siehe Ziffer 2.1 auf Seite 106, insbesondere aber Ziffer 2.1.4 auf Seite 107) gekündigt werden.

Ausgenommen ist das Berufsausbildungsverhältnis, das während der Probezeit jederzeit ohne Einhaltung einer Kündigungsfrist gekündigt werden kann (§ 15 Abs. 1 BerBildG). Kürzere Kündigungsfristen während der Probezeit können auch in Tarifverträgen vereinbart werden.

Die außerordentliche (fristlose) Kündigung ist auch beim befristeten Arbeitsverhältnis – vorausgesetzt, dass ein wichtiger Grund zur Kündigung vorliegt – jederzeit möglich.

Wird das befristete Arbeitsverhältnis über das vereinbarte Ende hinaus oder trotz Zweckerreichung mit Wissen des Arbeitgebers fortgesetzt, so gilt es als auf unbestimmte Zeit verlängert, wenn der Arbeitgeber nicht unverzüglich widerspricht oder dem Arbeitnehmer nicht unverzüglich die Zweckerreichung mitteilt (§ 15 Abs. 5 TzBfG).

Das heißt, das befristete Arbeitsverhältnis geht in ein unbefristetes Arbeitsverhältnis über, so dass es nur im Wege der ordentlichen Kündigung beendet werden kann unter Beachtung der geltenden Kündigungsfristen (selbstverständlich auch außerordentlich bei Vorliegen eines wichtigen Grundes).

3 Tod des Arbeitnehmers

Da der Arbeitnehmer die Arbeitsleistung nur selbst erbringen kann, endet das Arbeitsverhältnis mit seinem Tod. Hat er noch Ansprüche gegen den Arbeitgeber, gehen diese auf die Erben über. Ausgenommen hiervon sind die Ansprüche auf Urlaub und Urlaubsabgeltung. Dies gilt nicht, wenn der Abgeltungsanspruch zum Zeitpunkt des Todes des Arbeitnehmers bereits vom Arbeitgeber anerkannt oder vom Arbeitnehmer eingeklagt worden war.

4 Weitere Beendigungsgründe

Ein Arbeitsverhältnis kann auch durch Anfechtung oder weil es nichtig ist enden. Hat sich ein Arbeitnehmer freiwillig zur Bundeswehr gemeldet und ist er zur Eignungsübung einberufen worden, endet das Arbeitsverhältnis ohne weiteres, wenn er im Anschluss an die Eignungsübung bei der Bundeswehr bleibt oder die Übung länger als vier Monate fortsetzt.

In Ausnahmefällen kann das Arbeitsverhältnis auch durch gerichtliche Entscheidung aufgelöst werden, so z.B. nach § 9 KSchG; siehe Ziffer 1.7 auf Seite 126 und nach § 100 BetrVG. Ganz selten endet das Arbeitsverhältnis durch Wegfall der Geschäftsgrundlage.

5 Keine Beendigungsgründe

Der **Tod des Arbeitgebers** und der **Übergang des Betriebes auf einen neuen Inhaber** sind in der Regel keine Beendigungsgründe für das Arbeitsverhältnis. Das Arbeitsverhältnis endet auch nicht automatisch durch **Eröffnung des Insolvenzverfahrens** über das Vermögen des Arbeitgebers. Jedoch besteht hier die Möglichkeit, das Arbeitsverhältnis fristgemäß, (gemäß § 113 Abs. 1 Satz 2 InsO beträgt die höchstmögliche Frist drei Monate zum Monatsende), unter Umständen sogar fristlos (selten) zu kündigen. Das Gleiche gilt für Einstellung oder Auflösung des Betriebes.

Wird der Arbeitnehmer zum Grundwehrdienst oder zu einer Wehrübung einberufen, endet das Arbeitsverhältnis nicht, sondern es ruht.

Das Arbeitsverhältnis endet auch nicht automatisch bei Arbeitsunfähigkeit des Arbeitnehmers oder wenn er eine bestimmte Altersgrenze erreicht (z.B. 63. Lebensjahr), sondern hier bedarf es einer Kündigung. Jedoch wird mitunter in Tarifverträgen festgelegt, dass das Arbeitsverhältnis mit Erreichen einer bestimmten Altersgrenze automatisch endet.

Schließlich endet das Arbeitsverhältnis nicht bei einem **Streik** oder der suspendierenden **Aussperrung.** Dagegen endet das Arbeitsverhältnis bei der so genannten auflösenden Aussperrung (vgl. Seite 94).

Der Übergang eines Betriebes oder eines Betriebsteils auf einen anderen Inhaber ist auch kein Grund, durch den das Arbeitsverhältnis beendet wird. Vielmehr tritt der neue Inhaber in die Rechte und Pflichten der im Zeitpunkt des Übergangs bestehenden Arbeitsverhältnisse ein (vgl. § 613 a BGB im Anhang und die ausführliche Darstellung ab Seite 148 ff.).

Pflichten bei Beendigung des Arbeitsverhältnisses

1 Die Pflichten des Arbeitgebers

1.1 Freizeitgewährung zur Stellensuche

Hat der Arbeitgeber oder der Arbeitnehmer das Arbeitsverhältnis gekündigt, muss der Arbeitgeber dem Arbeitnehmer eine **angemessene Zeit** zur Stellensuche gewähren (§ 629 BGB). Das gilt auch für befristete Arbeitsverhältnisse, die auf längere Dauer, nicht dagegen für Arbeitsverhältnisse, die nur für kurze Zeit abgeschlossen wurden, wie z.B. Aushilfs- oder Probearbeitsverhältnisse. Was angemessen ist, ergibt sich aus den Umständen des Einzelfalls. Zwei, drei Stunden an einem Arbeitstag sind in der Regel angemessen. Muss sich der Arbeitnehmer außerhalb des Arbeitsortes bewerben, hat ihm der Arbeitgeber entsprechend mehr Freizeit zu gewähren. Der Anspruch des Arbeitnehmers beschränkt sich nicht auf ein einmaliges Vorstellen.

> **Beispiel:**
>
> Anders kündigt sein Arbeitsverhältnis. Engstler, sein Arbeitgeber, gewährt ihm einmal zwei Stunden Freizeit zur Stellensuche. Einige Tage später fragt Anders, ob er noch einmal Freizeit haben könne, er wolle sich bei einer anderen Firma vorstellen. Engstler ist der Ansicht, Anders habe darauf keinen Anspruch.
>
> Engstler hat Unrecht. Er muss Anders ein zweites, soweit es erforderlich ist auch ein drittes und viertes Mal Freizeit gewähren. ∎

Gewährt Ihnen der Arbeitgeber unberechtigterweise keine Freizeit, können Sie auf Erfüllung klagen und wegen der Eilbedürftigkeit **Antrag auf eine einstweilige Verfügung** beim Arbeitsgericht stellen. Nach herrschender Meinung können Sie sogar Ihre Arbeitsleistung zurückhalten (§ 273 BGB), d.h. Sie können sich selbst angemessenen Urlaub zur Stellensuche nehmen. Sie können auch fristlos kündigen und, wenn Ihnen ein Schaden entstanden ist, Schadensersatz nach § 628 BGB verlangen. Der Arbeitgeber hat die Freizeit gemäß § 616 BGB zu bezahlen. Entsprechendes gilt, wenn das Arbeitsverhältnis durch Aufhebungsvertrag mit Auslauffrist endet.

1.2 Zeugniserteilung

Bei Beendigung des Arbeitsverhältnisses hat der Arbeitnehmer Anspruch auf Erteilung eines **schriftlichen Zeugnisses**. Das Recht auf **Zeugniserteilung** durch den Arbeitgeber wird nun geregelt in § 109 GewO, neue Fassung. Nach der Ände-

Die Pflichten des Arbeitgebers

rung der GewO muss der Arbeitgeber zumindest ein einfaches Zeugnis erteilen (Angaben zu Art und Dauer der Tätigkeit), verlangen kann der Arbeitnehmer jedoch auch ein qualifiziertes Zeugnis (darüber hinaus Angaben über Leistung und Verhalten). Im Gegensatz zu der alten Fassung, die ein Recht des Arbeitnehmers auf Zeugniserteilung auf Verlangen festlegte, formuliert die neue Vorschrift den Anspruch auf Zeugniserteilung und stellt dabei auf die Beendigung des Arbeitsverhältnisses ab. Des Weiteren wird nach der neuen Vorschrift die Erteilung eines Zeugnisses in elektronischer Form ausgeschlossen. Somit ist die gesetzliche Schriftform gemäß § 126 BGB einzuhalten.

Wichtig ist auch, dass § 109 GewO n.F. auf alle Arbeitnehmer anzuwenden ist und somit § 630 BGB (Pflicht zur Zeugniserteilung) nur noch für Dienstverpflichtete und arbeitnehmerähnliche Personen gilt.

Ein **Arbeitszeugnis** erfüllt nur dann seinen Zweck, wenn es zeitnah nach Ausscheiden des Mitarbeiters erstellt wird. Deshalb muss auch eine Berichtigung unverzüglich geltend gemacht werden. Hierfür ist nach der Rechtsprechung ein maximaler Zeitraum von 5 bis 10 Monaten anzusetzen.

In der Regel entsteht der Anspruch des Arbeitnehmers schon mit dem Zugang der Kündigung, nicht erst am Ende des Arbeitsverhältnisses. Wird die Kündigung bereits vor Beginn der gesetzlichen oder vereinbarten Kündigungsfrist erklärt, entsteht der Anspruch mit Beginn der Kündigungsfrist. Ist die vereinbarte oder tarifliche Kündigungsfrist kürzer als die gesetzliche, entsteht der Anspruch mit Beginn der gesetzlichen Kündigungsfrist. Hat der Arbeitgeber dem Arbeitnehmer die Kündigung in Aussicht gestellt, aber noch nicht gekündigt, will sich der Arbeitnehmer woanders bewerben oder auch bei einem Wechsel des langjährigen Vorgesetzten, hat der Arbeitnehmer Anspruch auf die Erteilung eines Zwischenzeugnisses. Für ein Zwischenzeugnis gelten dieselben Grundsätze wie für das Zeugnis selbst.

Der Arbeitgeber ist zur Ausstellung verpflichtet, auch dazu, sich ein umfassendes und korrektes Bild über die zu beurteilende Person zu machen. Er kann sich zur Erfüllung dieses Anspruchs eines Angestelltenvertreters bedienen, z. B. eines leitenden Angestellten, dem der betreffende Arbeitnehmer unterstellt war, jedoch niemals eines gleichrangigen Kollegen, es muss zumindest jemand aus der nächsthöheren Rangfolge sein.

Der Zeugnisanspruch ist unabdingbar, d. h. er kann nicht von vornherein für die Zukunft ausgeschlossen oder erlassen werden. Auch von der sog. Ausgleichsquittung wird er nicht erfasst. Ob er von einer tariflichen Verfallfrist erfasst wird, muss nach deren Wortlaut beurteilt werden. Wie lange nach Beendigung eines Arbeitsverhältnisses dieser Anspruch noch fortbesteht, hängt von Art und Dauer der Beschäftigung ab.

Der Arbeitgeber trägt für ein schlechtes Zeugnis, das den Anforderungen am Arbeitsmarkt nicht gewachsen ist, die Beweispflicht.

Nach dem Inhalt unterscheidet man einfache und qualifizierte Zeugnisse. Das **einfache** Zeugnis beschränkt sich auf Angaben über Art und Dauer der Beschäftigung. Auf Verlangen des Arbeitnehmers ist der Arbeitgeber zur Ausstellung eines **qualifi-**

zierten Zeugnisses verpflichtet, das auch Angaben über Führung und Leistungen des Arbeitnehmers enthält (Personalbeurteilung). Diesbezügliche Angaben des Arbeitgebers müssen wahrheitsgemäß sein. Unrichtige Angaben können den Arbeitgeber sowohl gegenüber dem Arbeitnehmer schadensersatzpflichtig machen, wenn dieser dadurch in seinem Fortkommen behindert ist, als auch gegenüber einem späteren Arbeitgeber, wenn dieser dadurch bewusst getäuscht wurde.

Beispiel:

Klau war als Kassierer bei Bank tätig. Bank hat ihn entlassen, weil er eine Unterschlagung begangen hat. Auf Bitten des Klau schreibt Bank in das Zeugnis, Klau sei immer zuverlässig gewesen.

Einige Monate später begeht Klau auf der neuen Arbeitsstelle erneut eine Unterschlagung. Der neue Arbeitgeber kann Bank wegen des falschen Zeugnisses auf Ersatz des ihm durch die Unterschlagung von Klau entstandenen Schadens in Anspruch nehmen (vgl. BGH, AP 10 zu § 826 BGB). ∎

Das Zeugnis soll wohlwollend, aber wahr sein. Ebenso soll es die Chancen am Arbeitsmarkt verbessern. Es darf nur Tatsachen, keine Behauptungen oder gar Vermutungen oder Annahmen enthalten. Subjektive Einstellungen dürfen nicht hinein. Wohlwollend heißt in diesem Zusammenhang mit der Wahrheit aber nicht, dass Ungünstiges oder Nachteiliges nicht gesagt werden darf – ganz im Gegenteil: der Arbeitgeber hat sogar die Verpflichtung, schwerwiegende Mängel (wie z. B. strafbares Verhalten), die das Arbeitsverhältnis beeinflusst haben, anzugeben. Entsprechen die für ihn ungünstigen Angaben allerdings nicht der Wahrheit, kann er auf Ausstellung eines richtigen Zeugnisses klagen.

1.3 Auskunfterteilung

Auf Grund der Fürsorgepflicht ist der Arbeitgeber verpflichtet, Dritten gegenüber **wahrheitsgemäß** Auskunft über den Arbeitnehmer zu erteilen, wenn der Arbeitnehmer das vom Arbeitgeber verlangt. Eine rechtliche Verpflichtung des Arbeitgebers, Dritten gegenüber Auskunft zu erteilen, besteht ansonsten nicht. Jedoch kann die Auskunft auch ohne Einverständnis des Arbeitnehmers erteilt werden. Auch hier muss der Arbeitgeber sich an die Wahrheit halten, wenn er sich nicht schadensersatzpflichtig machen will. Es gelten dieselben Grundsätze wie bei der Zeugniserteilung.

Das BAG hat in seinem Urteil vom 18. August 1981 entschieden, dass der Arbeitgeber auf Grund der nachwirkenden Fürsorgepflicht Auskünfte über ausgeschiedene Arbeitnehmer an solche Personen weiterleiten muss, mit denen der Arbeitnehmer in Verhandlungen über den Abschluss eines Arbeitsvertrages steht. Die Pflicht des Arbeitgebers erstreckt sich nicht nur auf die Ausstellung eines Zeugnisses. Auch ohne Zustimmung und selbst gegen den Willen des Arbeitnehmers muss der Arbeitgeber

Die Pflichten des Arbeitgebers

Auskünfte über den Arbeitnehmer und das während des Arbeitsverhältnisses gezeigte Verhalten erteilen.

Diese Auskünfte über Leistung und Verhalten müssen wie die Zeugnisse auch der Wahrheit entsprechen und dürfen nur solchen Personen erteilt werden, die ein berechtigtes Interesse daran haben.

1.4 Aushändigung der Arbeitspapiere

Der Arbeitgeber ist verpflichtet, dem Arbeitnehmer bei Beendigung des Arbeitsverhältnisses die Arbeitspapiere auszuhändigen. **Der Arbeitgeber darf die Arbeitspapiere in keinem Fall zurückbehalten,** auch dann nicht, wenn er selbst noch berechtigte Forderungen gegen den Arbeitnehmer hat.

Ist dem Arbeitnehmer fristlos gekündigt worden, kann der Arbeitnehmer die Papiere unter Umständen nicht sofort verlangen, sondern er muss dem Arbeitgeber eine angemessene Zeit zur Herausgabe einräumen, so z.B. weil wegen der Datenverarbeitung die Arbeitspapiere im Moment nicht ordnungsgemäß ausgefüllt werden können. Hier ist aber eine Zwischenbescheinigung zu erteilen.

Kommt der Arbeitgeber der Verpflichtung, die Papiere herauszugeben, nicht nach, kann der Arbeitnehmer eine einstweilige Verfügung wegen der Herausgabe der Arbeitspapiere beim Arbeitsgericht beantragen. Unter Umständen macht sich der Arbeitgeber auch schadensersatzpflichtig.

2 Die Pflichten des Arbeitnehmers

Grundsätzlich enden die Pflichten des Arbeitnehmers aus dem Arbeitsverhältnis mit dessen Ende. Dies gilt allerdings nicht hinsichtlich der **Geheimhaltung von Geschäfts- und Betriebsgeheimnissen.** Auch nach Beendigung des Arbeitsverhältnisses muss der Arbeitnehmer Verschwiegenheit über Geschäfts- und Betriebsgeheimnisse bewahren (BAG-Urteil vom 15. Dezember 1987). Das heißt aber nicht, dass er dem Arbeitgeber keine Konkurrenz machen darf.

Will der Arbeitgeber eine Konkurrenztätigkeit des Arbeitnehmers ausschließen, muss er mit ihm vereinbaren, dass er für eine bestimmte Zeit nach Beendigung des Arbeitsverhältnisses nicht in der Branche seines früheren Arbeitgebers tätig wird. § 110 GewO n.F. regelt nun das **Wettbewerbsverbot** für alle Arbeitnehmer, nicht wie bisher nur für technische Angestellte nach § 133 f GewO a.F., wobei die Rechtsprechung den Geltungsbereich der alten Vorschrift auf alle Arbeitnehmer ausgedehnt hat. Danach können Arbeitgeber und Arbeitnehmer die berufliche Tätigkeit für die Zeit nach Beendigung des Arbeitsverhältnisses durch Vereinbarung beschränken. Des Weiteren verweist § 110 GewO n.F. auf die §§ 74 bis 75 f des Handelsgesetzbuches (vertraglich vereinbartes Wettbewerbsverbot, Wirksamkeit, Entschädigung etc.).

Rechte und Pflichten bei Betriebsübergang

Bei rechtsgeschäftlichem Wechsel des Betriebsinhabers – z.B. bei Veräußerung oder Verpachtung eines Betriebes oder Betriebsteiles – stellt sich die Frage, inwieweit der Erwerber an die Stelle des alten Arbeitgebers tritt.

Eine Antwort hierauf gibt § 613 a BGB. **Nach dieser Vorschrift tritt der neue Arbeitgeber voll in die Rechte und Pflichten aus den im Zeitpunkt des Übergangs bestehenden Arbeitsverhältnissen ein.**

Beispiel:

Alt veräußert seinen Betrieb an Neu. Neu möchte Arbeitnehmer Müller nicht übernehmen, da er dessen Stelle seinem Kegelfreund Schmitt versprochen hat. Meier, der seit sieben Monaten bei Alt gearbeitet hatte, beantragt unmittelbar nach Betriebsübergang seinen Jahresurlaub. Neu verweigert ihn mit der Begründung, Meier habe die nach dem Bundesurlaubsgesetz vorgeschriebene sechsmonatige Wartezeit noch nicht erfüllt. Müller und Meier möchten wissen, welche Rechte sie gegen Neu geltend machen können.

Müller braucht den Verlust seines Arbeitsplatzes nicht zu befürchten; mit Betriebsübergang ist er automatisch Arbeitnehmer bei Neu geworden. Neu kann somit nicht seinen Freund Schmitt an die Stelle des Müller setzen. Die Vereinbarung mit Schmitt ist unwirksam, da § 613 a BGB zwingendes Recht darstellt und nicht umgangen werden darf.

Was Meier betrifft, so hat er entgegen der Auskunft seines neuen Arbeitgebers Neu bereits jetzt einen Urlaubsanspruch erworben, ohne erneut die sechsmonatige Wartefrist nach § 4 BUrlG abwarten zu müssen. Durch den Betriebsübergang ist kein neuer Arbeitsvertrag entstanden, sondern das alte Arbeitsverhältnis besteht unverändert fort; lediglich die Person des Arbeitgebers hat sich geändert. ∎

Der Gesetzgeber hat beim Umsetzen der **„Betriebsübergangsrichtlinie"** (RL 2001/23/EG) die Vorschriften des § 613a BGB um zwei weitere Absätze ergänzt, die das Folgende regeln:

1. die Einzelheiten einer schriftlichen **Unterrichtungspflicht** des bisherigen Arbeitgebers oder des Erwerbers hinsichtlich des Betriebsübergangs und
2. das **Widerspruchsrecht** des Arbeitnehmers bezüglich seines Arbeitsverhältnisses innerhalb einer Monatsfrist (das bisher vom BAG ohne Gesetzesanspruch anerkannt worden war).

Nach dem Wortlaut des § 613a Abs. 5 BGB entsteht die **Unterrichtungspflicht beim Betriebsübergang** stets und unabhängig von der Betriebsgröße und dem Vorhandensein eines Betriebsrates im betroffenen Betrieb.

Unterbleibt die Unterrichtung durch den Arbeitgeber oder Erwerber, stehen auf Grund der Aktualität der Regelung die Rechtsfolgen in der Praxis noch nicht fest. Einigkeit besteht jedoch darin, dass eine Verletzung der Unterrichtungspflicht nicht die einmonatige Widerspruchsfrist der betroffenen Arbeitnehmer in Gang setzt, diese somit auf unbegrenzte Zeit von ihrem Widerspruchsrecht Gebrauch machen können.

1 Wirkungen des Betriebsübergangs

1.1 Haftung für Lohn

Aus dem unveränderten Fortbestehen der Arbeitsverhältnisse nach Betriebsübergang ergibt sich die Pflicht des neuen Arbeitgebers zur Lohnzahlung. Dabei haftet er nicht nur für den künftigen Lohn der Arbeitnehmer, sondern **auch für rückständige Lohnansprüche aus der Zeit vor dem Betriebsübergang.**

Neben dem Erwerber haftet der bisherige Arbeitgeber gesamtschuldnerisch für Verpflichtungen, die vor dem Zeitpunkt des Übergangs entstanden sind und vor Ablauf von einem Jahr nach diesem Zeitpunkt fällig werden (§ 613 a Abs. 2 BGB).

Der Arbeitnehmer kann in diesem Fall wählen, ob er **seinen Anspruch gegen den neuen oder den alten Arbeitgeber geltend macht.**

1.2 Haftung für Versorgungsanwartschaften

Der Erwerber haftet für Versorgungsanwartschaften, die auf Grund einer **Zusage des ehemaligen Arbeitgebers** entstanden sind.

Dies gilt auch dann, wenn Arbeitnehmer mit dem Hinweis einer geplanten Betriebsveräußerung veranlasst werden, Erlassverträge über ihre beim Veräußerer erdienten Versorgungsanwartschaften abzuschließen, um dann mit dem Erwerber neue Arbeitsverträge ohne Zusagen einer betrieblichen Altersversorgung einzugehen. Solche Verträge stellen eine Umgehung des § 613 a Abs. 1 Satz 1 BGB dar, denn durch diesen Paragrafen soll erreicht werden, dass das Arbeitsverhältnis zu den bisherigen Bedingungen zwischen dem Arbeitnehmer und dem Betriebserwerber fortbesteht. (Die Vorschrift enthält zum Schutz des betroffenen Arbeitnehmers zwingendes Recht, so dass der Eintritt des Erwerbers in die Rechte und Pflichten aus den betroffenen Arbeitsverhältnissen nicht durch Vertrag zwischen dem Betriebsveräußerer und dem Betriebserwerber ausgeschlossen werden kann, BAG vom 12. Mai 1992).

Zu beachten ist jedoch, dass bei **eigenen Versorgungszusagen des neuen Arbeitgebers die frühere Beschäftigungszeit nicht angerechnet wird.** Verspricht also der neue Arbeitgeber die Zahlung eines betrieblichen Altersruhegeldes und bestand eine solche betriebliche Altersversorgung vorher nicht bzw. nicht in dem Maße, so beginnt die Frist zur Erlangung einer Anwartschaft auf diese Altersrente erst mit dem Zeitpunkt des Betriebsüberganges (BAG vom 8. Februar 1983).

1.3 Besonderheiten im Insolvenzverfahren

§ 128 Absatz 1 InsO ermöglicht es dem Insolvenzverwalter, bereits vor dem Betriebsübergang Kündigungen auszusprechen, die erst durch eine spätere Betriebsänderung des Erwerbers bedingt sind. Insoweit gilt insbesondere die Vermutungswirkung des § 125 Absatz 1 Satz 1 Nr. 1 InsO, dass Kündigungen des Insolvenzverwalters nicht wegen des Betriebsübergangs i.S.v. § 613a Absatz 4 BGB ausgesprochen werden (§ 128 Absatz 2 InsO). Die in § 113 InsO geregelte Höchstkündigungsfrist von drei Monaten gilt auch für Arbeitsverträge – BAG vom 6. Juli 2000.

1.4 Umgehungstatbestände

Abweichende Vereinbarungen von § 613 a Absatz 1 BGB können von Veräußerer und Erwerber zu Lasten der Arbeitnehmer nicht getroffen werden; § 613 a Absatz 1 BGB ist zwingend.

Daher ist ein mit dem bisherigen Betriebsinhaber geschlossener Aufhebungsvertrag unwirksam, wenn zwischen den Parteien feststeht, dass der Arbeitnehmer beim Erwerber weiter beschäftigt werden soll – BAG vom 11. Juli 1995.

Unwirksam kann auch ein dreiseitiger Vertrag zwischen Veräußerer, Erwerber und Arbeitnehmer sein, wenn die Eigenkündigung sämtlicher Arbeitnehmer mit gleichzeitiger Wiedereinstellungszusage beim Erwerber zu schlechteren Bedingungen vereinbart werden – BAG vom 28. April 1987.

Demgegenüber ist ein Auflösungsvertrag zwischen Veräußerer und Arbeitnehmer, der auf eine Beendigung des Arbeitsverhältnisses ohne Weiterbeschäftigung beim Erwerber zu geänderten Bedingungen gerichtet ist, zulässig. Gleiches gilt bei einem Wechsel in eine Beschäftigungsgesellschaft – BAG vom 21. Januar 1997.

Umstritten ist die Rechtmäßigkeit so genannter **Änderungsvereinbarungen,** durch die ein Arbeitnehmer aus Anlass des Übergangs auf einzelne Ansprüche verzichtet. Hierbei verlangt das BAG (18. August 1976) immer einen sachlichen Grund.

Ebenso bedarf eine **Befristung eines Arbeitsverhältnisses wegen eines bevorstehenden Übergangs** eines sachlichen Grundes, da ansonsten § 613a Absatz 4 BGB umgangen werden kann.

1.5 Kontinuität des Betriebsrates

Auf Grund von § 613 a BGB ist ferner das **Fortbestehen des Betriebsrates garantiert**. Der neue Arbeitgeber ist somit nicht berechtigt, den Betriebsrat aufzulösen oder seine Tätigkeit zu untersagen.

2 Voraussetzungen des § 613 a Abs. 1 Satz 1 BGB

2.1 Übergang eines Betriebes oder eines Betriebsteiles

Werden nur einzelne Maschinen oder Teile der Arbeitnehmerschaft ohne organisatorische Zusammenfassung übernommen, so kann nicht von einem Betriebsübergang gesprochen werden. Andererseits ist es auch **nicht erforderlich, dass alle Wirtschaftsgüter**, die bisher zum Betrieb gehörten, **vom Erwerber übernommen werden**. Unwesentliche Bestandteile bleiben außer Betracht.

Bei Übernahme eines **Einzelhandelsgeschäfts** ist zusätzlich zu beachten, dass ein Betriebsübergang nach § 613 a BGB nur in dem Fall vorliegt, wenn der Erwerber dasselbe Warensortiment wie sein Vorgänger weiterführt und die gleiche Betriebsform beibehält (BAG vom 30. Oktober 1986 und 26. Februar 1987).

2.2 Betriebsübergang durch Rechtsgeschäft

Voraussetzung für die Anwendbarkeit des § 613 a BGB ist ein Inhaberwechsel, der auf einem Rechtsgeschäft beruht.

Als Rechtsgrund für einen solchen Wechsel kommen beispielsweise in Betracht: Kauf, Pacht, Schenkung, Nießbrauch, Vermächtnis. Auch der Übergang von einem Pächter auf einen anderen Pächter stellt einen Betriebsübergang im Sinne des § 613 a BGB dar.

Nicht in Betracht kommt dagegen Erbschaft, da der Erbe mit dem Tod des Erblassers unmittelbar in dessen vermögensrechtliche Stellung eintritt, ohne dass ein Rechtsgeschäft vorausgeht.

3 Fortgeltung von Tarifverträgen und Betriebsvereinbarungen

Wie es nach Betriebsübergang mit der Fortgeltung von Tarifverträgen und Betriebsvereinbarungen aussieht, regelt § 613 a BGB in Absatz 1 Sätze 2 bis 4. Danach werden grundsätzlich auch diese **kollektivrechtlichen Normen** Inhalt des Arbeitsverhältnisses mit dem neuen Inhaber und dürfen nicht **vor Ablauf eines Jahres nach Betriebsübergang zum Nachteil des Arbeitnehmers geändert werden.** Gilt allerdings beim **neuen Arbeitgeber ein anderer Tarifvertrag oder eine andere Betriebsvereinbarung, so sind diese Rechtsnormen anzuwenden.**

Nach § 613 a Abs. 1 Satz 4 BGB können vor Ablauf eines Jahres nach Betriebsübergang die Rechte und Pflichten aus dem vorherigen Arbeitsverhältnis dann geändert werden, wenn der Tarifvertrag oder die Betriebsvereinbarung nicht mehr gilt oder bei fehlender beiderseitiger Tarifgebundenheit im Geltungsbereich eines anderen Tarifvertrages dessen Anwendung vereinbart wird.

Nicht ausdrücklich im Gesetz geregelt ist die Frage, wie zu verfahren ist, wenn ein Tarifvertrag nicht unmittelbar gilt, etwa wenn der betroffene Arbeitnehmer nicht gewerkschaftlich organisiert ist.

Wird im Arbeitsvertrag auf den jeweils **geltenden Tarifvertrag** verwiesen, so ist im Allgemeinen davon auszugehen, dass bei Betriebsübergang das Tarifrecht des Erwerbers gelten soll.

Wird dagegen im Arbeitsvertrag nur auf den Tarifvertrag des Veräußerers verwiesen, ist es bei wörtlicher Anwendung des § 613 a BGB denkbar, dass ein Betriebsübergang zu unterschiedlichen Arbeitsbedingungen von Tarifgebundenen und Außenseitern führt; denn für die Tarifgebundenen würde nach § 613 a Abs. 1 Satz 3 BGB der Tarifvertrag des neuen Arbeitgebers und für die nicht gewerkschaftlich organisierten Arbeitnehmer der Tarifvertrag des alten Arbeitgebers gelten.

Da aber der Bezug zum Tarifrecht in § 613 a BGB gerade bezweckt, die Arbeitsbedingungen zwischen tarifgebundenen und nicht tarifgebundenen Arbeitnehmern zu vereinheitlichen, ist insofern von einer Regelungslücke auszugehen. § 613 a Abs. 1 Satz 3 BGB ist daher in diesen Fällen entsprechend anzuwenden. Das bedeutet, dass auch dann der Tarifvertrag des neuen Arbeitgebers Anwendung findet, wenn im Arbeitsvertrag mit dem alten Arbeitgeber nur auf den bei diesem geltenden Tarifvertrag Bezug genommen worden war.

Beispiel:

Aufgeber veräußert seinen Betrieb an das Unternehmen Branchenhai. In Aufgebers Betrieb waren einige Arbeitnehmer beschäftigt, die gewerkschaftlich organisiert waren, bei denen daher der Tarifvertrag unmittelbare Anwendung fand. Bei den übrigen Arbeitnehmern galt der Tarifvertrag kraft Verweisung im Arbeitsvertrag. Bei Branchenhai gilt aber nun ein anderer Tarifvertrag mit teilweise ungünstigeren Regelungen. Beispielsweise stehen den Arbeitnehmern nach diesem Tarifvertrag nur 28 Tage Urlaub zu gegenüber 30 Tagen vorher.

Die übernommenen Arbeitnehmer fragen sich, ob bei ihnen der vorher angewandte oder der für sie nachteiligere Tarifvertrag Anwendung findet.

Bei gewerkschaftlich organisierten Arbeitnehmern ergibt sich die Antwort auf diese Frage aus § 613 a Abs. 1 Satz 3 BGB, wonach nach Betriebsübergang der Tarifvertrag des Erwerbers gilt. Bei Arbeitnehmern, bei denen der Tarifvertrag nur auf Grund der Inbezugnahme im Arbeitsvertrag angewandt wurde, würde bei wörtlicher Anwendung des § 613 a Abs. 1 BGB der günstigere Tarifvertrag weitergelten, so dass sie besser gestellt wären als ihre gewerkschaftlich organisierten Kollegen.

Um dieses missliche Ergebnis zu vermeiden, ist in einem solchen Fall § 613 a Abs. 1 Satz 3 BGB entsprechend anzuwenden. Somit gilt nach Betriebsübergang auf Branchenhai auch für die nicht organisierten Arbeitnehmer der im Beispielsfall ungünstigere Tarifvertrag.

4 Kündigung wegen Betriebsübergangs

4.1 Unwirksamkeit einer Kündigung wegen Betriebsübergangs

Nach § 613 a Abs. 4 BGB darf dem Arbeitnehmer weder durch den bisherigen noch durch den neuen Arbeitgeber wegen des Betriebsübergangs gekündigt werden. Eine gleichwohl ausgesprochene Kündigung ist unwirksam im Sinne des Kündigungsschutzgesetzes und kann gemäß § 13 Abs. 3 KSchG auch noch nach Ablauf der 3-Wochen-Frist des § 4 KSchG vor dem Arbeitsgericht angefochten werden. Eine Kündigung wegen Betriebsübergangs ist gegeben, wenn der Übergang den Beweggrund für die Kündigung darstellt.

Bestehen dagegen neben dem Übergang sachliche Gründe, die „aus sich heraus" die Kündigung rechtfertigen, so greift § 613 a Abs. 4 BGB nicht ein. So darf **sowohl der bisherige als auch der neue Arbeitgeber einzelnen Arbeitnehmern anlässlich des Betriebsübergangs kündigen,** wenn deren Übernahme aus **dringenden betrieblichen Erfordernissen** unmöglich ist. Wirksam ist eine solche betriebsbedingte Kündigung dann, wenn die soziale Auswahl ordnungsgemäß getroffen wurde.

4.2 Kündigung durch den bisherigen Arbeitgeber

Der vom ehemaligen Arbeitgeber gekündigte Arbeitnehmer kann sich allerdings nicht darauf berufen, er könne die Arbeit eines sozial weniger schutzbedürftigen Arbeitnehmers im Betrieb des Erwerbers übernehmen. Die soziale Auswahl beschränkt sich insoweit auf den übergehenden Betrieb (BAG vom 26. Mai 1983).

4.3 Kündigung durch den neuen Arbeitgeber

Möglich ist auch eine betriebsbedingte Kündigung durch den neuen Arbeitgeber. Ein betriebsbedingter Grund liegt aber nicht schon dann vor, wenn der Arbeitgeber vorträgt, der übernommene Arbeitnehmer sei ihm zu teuer. Um die betriebsbedingte Kündigung zu rechtfertigen, muss er vielmehr darlegen, dass auf Grund dringender betrieblicher Gründe – etwa Umsatzrückgang oder Absatzmangel – eine Beschäftigung des betreffenden Arbeitnehmers unmöglich ist.

Vorrangig hat der Arbeitgeber dabei die Möglichkeit einer **Änderungskündigung** in Erwägung zu ziehen.

Ist es also dem neuen Arbeitgeber aus betrieblichen Gründen nicht möglich, einen Arbeitnehmer unter Fortzahlung des bisherigen Lohnes zu übernehmen, kann er ihn aber bei Zahlung eines niedrigeren Lohnes weiter beschäftigen, so muss der Arbeitgeber dem Arbeitnehmer vor Ausspruch einer Beendigungskündigung die Änderung des Arbeitsverhältnisses zu für den Arbeitnehmer ungünstigeren Bedingungen anbieten. Erst wenn der Arbeitnehmer diese ablehnt, ist der Arbeitgeber zur Kündigung berechtigt.

4.4 Stilllegung als Kündigungsgrund

Die Stilllegung des Betriebes oder eines Betriebsteiles kann eine betriebsbedingte Kündigung rechtfertigen (BAG vom 27. September 1984). Vorstellbar sind dabei zwei Fälle:

● Der Veräußerer legt den Betrieb oder einen Betriebsteil still und veräußert dann den Betrieb bzw. das, was noch von ihm übrig geblieben ist.

● Der Erwerber übernimmt den ganzen Betrieb und legt anschließend diesen Betrieb oder einen Teil davon still.

In beiden Fällen ist Vorsicht geboten, da oftmals über eine vorläufige Stilllegung versucht wird, den durch § 613 a Abs. 4 BGB gewährten Kündigungsschutz zu umgehen.

Bei alsbaldiger Wiedereröffnung des Betriebes nach einer Stilllegung spricht eine Vermutung dafür, dass eine ernsthafte Stilllegungsabsicht nie bestanden hat. Die Kündigung ist in einem solchen Fall unwirksam, da es in Wahrheit keinen betriebsbedingten Grund „Stilllegung" gab.

Des Weiteren stellt es eine unzulässige Umgehung des § 613 a Abs. 4 BGB dar, wenn Arbeitnehmer mit Hinweis auf die geplante Betriebsveräußerung und Arbeitsplatzgarantien des Erwerbers veranlasst werden, ihre Arbeitsverhältnisse mit dem Veräußerer selbst fristlos zu kündigen oder Auflösungsverträgen zuzustimmen, um dann mit dem Erwerber des Betriebes neue Arbeitsverträge abzuschließen. Auch in diesem Fall hat das BAG die Kündigungen für unwirksam erklärt (BAG vom 28. April 1987).

Will der Arbeitnehmer sich gegen eine wegen Betriebsüberganges oder wegen Stilllegung erfolgte Kündigung vor dem Arbeitsgericht wehren, so ist die Klage gegen den Arbeitgeber zu richten, der die Kündigung ausgesprochen hat. Wie zuvor erläutert, kann dies entweder der ehemalige oder der neue Arbeitgeber sein.

Geschützt werden durch § 613 a Abs. 4 BGB auch Arbeitnehmer, deren Arbeitsverhältnis zum Zeitpunkt der Kündigung weniger als sechs Monate bestanden hat oder die in Kleinbetrieben mit weniger als sechs Arbeitnehmern tätig sind, bei denen also kein Kündigungsschutz nach dem Kündigungsschutzgesetz besteht (§§ 1, 23 KSchG).

4.5 Darlegungs- und Beweislast

Darlegungs- und beweispflichtig dafür, dass der Betriebsübergang Kündigungsgrund war, ist der Arbeitnehmer. Seiner Darlegungspflicht genügt er jedoch schon, wenn er vorträgt, der Betrieb sei vom Erwerber fortgesetzt worden. Sodann muss der Arbeitgeber darlegen und beweisen, dass er andere Gründe als den Betriebsübergang für die Kündigung hatte.

5 Die neue Unterrichtungsverpflichtung

Der bisherige Arbeitgeber oder der neue Inhaber haben die von einem Betriebsübergang betroffenen Arbeitnehmer schriftlich vor dem Übergang über folgende Punkte zu informieren:

- den tatsächlichen oder geplanten Zeitpunkt des Übergangs,

- den Grund des Übergangs (Verkauf, Verpachtung, Umwandlung usw.),

- die rechtlichen, wirtschaftlichen und sozialen Folgen des Übergangs für die Arbeitnehmer (Fortgelten von Tarifverträgen, Betriebsvereinbarungen, Veränderungssperre usw.),

- in Aussicht genommene Maßnahmen, die die Arbeitnehmer betreffen (betriebsbedingte Änderungs- oder Beendigungskündigungen).

Außer der unter dem folgenden Punkt 6 beschriebenen Folge einer unterbliebenen oder unvollständigen Unterrichtung hat der Gesetzgeber es versäumt, Sanktionen festzuschreiben.

6 Das gesetzliche Widerspruchsrecht

Das **Recht, dem Übergang ihres Arbeitsverhältnisses schriftlich zu widersprechen** gegenüber dem Veräußerer oder Erwerber haben Arbeitnehmer gemäß § 613a Ab-satz 6 i.V.m. Absatz 5 BGB innerhalb eines Monats seit schriftlicher Unterrichtung durch den Veräußerer oder den Erwerber über den Zeitpunkt oder den geplanten Zeitpunkt des Übergangs, den Grund für den Übergang, die rechtlichen, wirtschaftlichen und sozialen Folgen des Übergangs für die Arbeitnehmer und hinsichtlich der Arbeitnehmer in Aussicht genommenen Maßnahmen.

Mit wirksam erklärtem **Widerspruch** wird der Übergang des Arbeitsverhältnisses verhindert. Das Arbeitsverhältnis bleibt mit dem Veräußerer bestehen. Mangels Beschäftigungs- und Weiterbeschäftigungsmöglichkeit droht jedoch die Gefahr der betriebsbedingten Kündigung.

Umstritten ist in diesem Zusammenhang, ob der Widerspruch im Rahmen der Sozialauswahl negativ zu berücksichtigen ist. Nach Ansicht des BAG (Urteil vom 7. April 1993) ist dies der Fall, wenn der Widerspruch ohne Sachgrund erfolgt. Dies ist etwa dann der Fall, wenn der Arbeitnehmer beim Erwerber in vergleichbarem Umfang weiter beschäftigt werden kann.

Amtliche Texte

1 Bürgerliches Gesetzbuch

Vom 18. August 1896 (RGBl. Seite 195), zuletzt geändert durch Artikel 3 Abs. 1 des Gesetzes vom 7. Juli 2005 (BGBl. I, S. 1970) – Auszug

§ 113: Eingehung eines Dienst- oder Arbeitsverhältnisses

(1) Ermächtigt der gesetzliche Vertreter den Minderjährigen, in Dienst oder in Arbeit zu treten, so ist der Minderjährige für solche Rechtsgeschäfte unbeschränkt geschäftsfähig, welche die Eingehung oder Aufhebung eines Dienst- oder Arbeitsverhältnisses der gestatteten Art oder die Erfüllung der sich aus einem solchen Verhältnis ergebenden Verpflichtungen betreffen. Ausgenommen sind Verträge, zu denen der Vertreter der Genehmigung des Vormundschaftsgerichts bedarf.

(2) Die Ermächtigung kann von dem Vertreter zurückgenommen oder eingeschränkt werden.

(3) Ist der gesetzliche Vertreter ein Vormund, so kann die Ermächtigung, wenn sie von ihm verweigert wird, auf Antrag des Minderjährigen durch das Vormundschaftsgericht ersetzt werden. Das Vormundschaftsgericht hat die Ermächtigung zu ersetzen, wenn sie im Interesse des Mündels liegt.

(4) Die für einen einzelnen Fall erteilte Ermächtigung gilt im Zweifel als allgemeine Ermächtigung zur Eingehung von Verhältnissen derselben Art.

§ 123: Anfechtbarkeit wegen Täuschung oder Drohung

(1) Wer zur Abgabe einer Willenserklärung durch arglistige Täuschung oder widerrechtlich durch Drohung bestimmt worden ist, kann die Erklärung anfechten.

(2) Hat ein Dritter die Täuschung verübt, so ist eine Erklärung, die einem anderen gegenüber abzugeben war, nur dann anfechtbar, wenn dieser die Täuschung kannte oder kennen musste. Soweit ein anderer als derjenige, welchem gegenüber die Erklärung abzugeben war, aus der Erklärung unmittelbar ein Recht erworben hat, ist die Erklärung ihm gegenüber anfechtbar, wenn er die Täuschung kannte oder kennen musste.

Sechster Titel: Dienstvertrag

§ 611: Wesen des Dienstvertrages

(1) Durch den Dienstvertrag wird derjenige, welcher Dienste zusagt, zur Leistung der versprochenen Dienste, der andere Teil zur Gewährung der vereinbarten Vergütung verpflichtet.

(2) Gegenstand des Dienstvertrags können Dienste jeder Art sein.

§ 611 a: Gleichbehandlung von Mann und Frau

(1) Der Arbeitgeber darf einen Arbeitnehmer bei einer Vereinbarung oder einer Maßnahme, insbesondere bei der Begründung des Arbeitsverhältnisses, beim beruflichen Aufstieg, bei einer Weisung oder einer Kündigung, nicht wegen seines Geschlechts benachteiligen. Eine unterschiedliche Behandlung wegen des Geschlechts ist jedoch zulässig, soweit eine Vereinbarung oder eine Maßnahme die Art der vom Arbeitnehmer auszuübenden Tätigkeit zum Gegenstand hat und ein bestimmtes Geschlecht unverzichtbare Voraussetzung für diese Tätigkeit ist. Wenn im Streitfall der Arbeitnehmer Tatsachen glaubhaft macht, die eine Benachteiligung wegen des Geschlechts vermuten lassen, trägt der Arbeitgeber die Beweislast dafür, dass nicht auf das Geschlecht bezogene, sachliche Gründe eine unterschiedliche Behandlung rechtfertigen oder das Ge-

schlecht unverzichtbare Voraussetzung für die auszuübende Tätigkeit ist.

(2) Verstößt der Arbeitgeber gegen das in Absatz 1 geregelte Benachteiligungsverbot bei der Begründung eines Arbeitsverhältnisses, so kann der hierdurch benachteiligte Bewerber eine angemessene Entschädigung in Geld verlangen; ein Anspruch auf Begründung eines Arbeitsverhältnisses besteht nicht.

(3) Wäre der Bewerber auch bei benachteiligungsfreier Auswahl nicht eingestellt worden, so hat der Arbeitgeber eine angemessene Entschädigung in Höhe von höchstens drei Monatsverdiensten zu leisten. Als Monatsverdienst gilt, was dem Bewerber bei regelmäßiger Arbeitszeit in dem Monat, in dem das Arbeitsverhältnis hätte begründet werden sollen, an Geld- und Sachbezügen zugestanden hätte.

(4) Ein Anspruch nach den Absätzen 2 und 3 muss innerhalb einer Frist, die mit Zugang der Ablehnung der Bewerbung beginnt, schriftlich geltend gemacht werden. Die Länge der Frist bemisst sich nach einer für die Geltendmachung von Schadensersatzansprüchen im angestrebten Arbeitsverhältnis vorgesehenen Ausschlussfrist; sie beträgt mindestens zwei Monate. Ist eine solche Frist für das angestrebte Arbeitsverhältnis nicht bestimmt, so beträgt die Frist sechs Monate.

(5) Die Absätze 2 und 4 gelten beim beruflichen Aufstieg entsprechend, wenn auf den Aufstieg kein Anspruch besteht.

§ 611 b: Ausschreibung von Arbeitsplätzen

Der Arbeitgeber darf einen Arbeitsplatz weder öffentlich noch innerhalb des Betriebs nur für Männer oder nur für Frauen ausschreiben, es sei denn, dass ein Fall des § 611 a Abs. 1 Satz 2 vorliegt.

§ 612: Vergütung

(1) Eine Vergütung gilt als stillschweigend vereinbart, wenn die Dienstleistung den Umständen nach nur gegen eine Vergütung zu erwarten ist.

(2) Ist die Höhe der Vergütung nicht bestimmt, so ist bei dem Bestehen einer Taxe die taxmäßige Vergütung, in Ermangelung einer Taxe die übliche Vergütung als vereinbart anzusehen.

(3) Bei einem Arbeitsverhältnis darf für gleiche oder für gleichwertige Arbeit nicht wegen des Geschlechts des Arbeitnehmers eine geringere Vergütung vereinbart werden als bei einem Arbeitnehmer des anderen Geschlechts. Die Vereinbarung einer geringeren Vergütung wird nicht dadurch gerechtfertigt, dass wegen des Geschlechts des Arbeitnehmers besondere Schutzvorschriften gelten. § 611 a Abs. 1 Satz 3 ist entsprechend anzuwenden.

§ 612 a: Benachteiligungsverbot bei zulässiger Rechtsausübung

Der Arbeitgeber darf einen Arbeitnehmer bei einer Vereinbarung oder einer Maßnahme nicht benachteiligen, weil der Arbeitnehmer in zulässiger Weise seine Rechte ausübt.

§ 613: Höchstpersönliche Verpflichtung und Berechtigung

Der zur Dienstleistung Verpflichtete hat die Dienste im Zweifel in Person zu leisten. Der Anspruch auf die Dienste ist im Zweifel nicht übertragbar.

§ 613 a: Rechte und Pflichten bei Betriebsübergang

(1) Geht ein Betrieb oder Betriebsteil durch Rechtsgeschäft auf einen anderen Inhaber über, so tritt dieser in die Rechte und Pflichten aus den im Zeitpunkt des Übergangs bestehenden Arbeitsverhältnissen ein. Sind diese Rechte und Pflichten durch Rechtsnormen eines Tarifvertrags oder durch eine Betriebsvereinbarung geregelt, so werden sie Inhalt des Arbeitsverhältnisses zwischen dem neuen Inhaber und dem Arbeitnehmer und dürfen nicht vor Ablauf eines Jahres nach dem Zeitpunkt des Übergangs zum Nachteil des Arbeitnehmers geändert werden. Satz 2 gilt nicht, wenn die Rechte und Pflichten bei dem neuen Inhaber durch Rechtsnormen eines anderen Tarifvertrags oder durch eine andere Betriebsvereinbarung geregelt werden. Vor Ablauf der Frist nach Satz 2 können die Rechte und Pflichten geändert werden, wenn der Tarifvertrag oder die Betriebsvereinbarung nicht mehr

gilt oder bei fehlender beiderseitiger Tarifgebundenheit im Geltungsbereich eines anderen Tarifvertrags dessen Anwendung zwischen dem neuen Inhaber und dem Arbeitnehmer vereinbart wird.

(2) Der bisherige Arbeitgeber haftet neben dem neuen Inhaber für Verpflichtungen nach Absatz 1, soweit sie vor dem Zeitpunkt des Übergangs entstanden sind und vor Ablauf von einem Jahr nach diesem Zeitpunkt fällig werden, als Gesamtschuldner. Werden solche Verpflichtungen nach dem Zeitpunkt des Übergangs fällig, so haftet der bisherige Arbeitgeber für sie jedoch nur in dem Umfang, der dem im Zeitpunkt des Übergangs abgelaufenen Teil ihres Bemessungszeitraums entspricht.

(3) Absatz 2 gilt nicht, wenn eine juristische Person oder eine Personenhandelsgesellschaft durch Umwandlung erlischt.

(4) Die Kündigung des Arbeitsverhältnisses eines Arbeitnehmers durch den bisherigen Arbeitgeber oder durch den neuen Inhaber wegen des Übergangs eines Betriebs oder eines Betriebsteils ist unwirksam. Das Recht zur Kündigung des Arbeitsverhältnisses aus anderen Gründen bleibt unberührt.

(5) Der bisherige Arbeitgeber oder der neue Inhaber hat die von einem Übergang betroffenen Arbeitnehmer vor dem Übergang in Textform zu unterrichten über:

1. den Zeitpunkt oder den geplanten Zeitpunkt des Übergangs,
2. den Grund für den Übergang,
3. die rechtlichen, wirtschaftlichen und sozialen Folgen des Übergangs für die Arbeitnehmer und
4. die hinsichtlich der Arbeitnehmer in Aussicht genommenen Maßnahmen.

(6) Der Arbeitnehmer kann dem Übergang des Arbeitsverhältnisses innerhalb eines Monats nach Zugang der Unterrichtung nach Absatz 5 schriftlich widersprechen. Der Widerspruch kann gegenüber dem bisherigen Arbeitgeber oder dem neuen Inhaber erklärt werden.

§ 614: Fälligkeit der Vergütung

Die Vergütung ist nach der Leistung der Dienste zu entrichten. Ist die Vergütung nach Zeitabschnitten bemessen, so ist sie nach dem Ablaufe der einzelnen Zeitabschnitte zu entrichten.

§ 615: Annahmeverzug

Kommt der Dienstberechtigte mit der Annahme der Dienste in Verzug, so kann der Verpflichtete für die infolge des Verzugs nicht geleisteten Dienste die vereinbarte Vergütung verlangen, ohne zur Nachleistung verpflichtet zu sein. Er muss sich jedoch den Wert desjenigen anrechnen lassen, was er infolge des Unterbleibens der Dienstleistung erspart oder durch anderweitige Verwendung seiner Dienste erwirbt oder zu erwerben böswillig unterlässt.

§ 616: Vorübergehende Verhinderung

Der zur Dienstleistung Verpflichtete wird des Anspruchs auf die Vergütung nicht dadurch verlustig, dass er für eine verhältnismäßig nicht erhebliche Zeit durch einen in seiner Person liegenden Grund ohne sein Verschulden an der Dienstleistung verhindert wird. Er muss sich jedoch den Betrag anrechnen lassen, welcher ihm für die Zeit der Verhinderung aus einer aufgrund gesetzlicher Verpflichtung bestehenden Kranken- oder Unfallversicherung zukommt.

§ 617: Erkrankung

(1) Ist bei einem dauernden Dienstverhältnis, welches die Erwerbstätigkeit des Verpflichteten vollständig oder hauptsächlich in Anspruch nimmt, der Verpflichtete in die häusliche Gemeinschaft aufgenommen, so hat der Dienstberechtigte ihm im Falle der Erkrankung die erforderliche Verpflegung und ärztliche Behandlung bis zur Dauer von sechs Wochen, jedoch nicht über die Beendigung des Dienstverhältnisses hinaus, zu gewähren, sofern nicht die Erkrankung von dem Verpflichteten vorsätzlich oder durch grobe Fahrlässigkeit herbeigeführt worden ist. Die Verpflegung und ärztliche Behandlung kann durch Aufnahme des Verpflichteten in eine Krankenanstalt gewährt werden. Die Kosten können auf die für die Zeit der Erkrankung geschuldete Vergütung angerechnet werden. Wird das Dienstverhältnis wegen der Erkrankung von dem

Dienstberechtigten nach § 626 gekündigt, so bleibt die dadurch herbeigeführte Beendigung des Dienstverhältnisses außer Betracht.

(2) Die Verpflichtung des Dienstberechtigten tritt nicht ein, wenn für die Verpflegung und ärztliche Behandlung durch eine Versicherung oder durch eine Einrichtung der öffentlichen Krankenpflege Vorsorge getroffen ist.

§ 618: Schutzvorschriften

(1) Der Dienstberechtigte hat Räume, Vorrichtungen oder Gerätschaften, die er zur Verrichtung der Dienste zu beschaffen hat, so einzurichten und zu unterhalten und Dienstleistungen, die unter seiner Anordnung oder seiner Leitung vorzunehmen sind, so zu regeln, dass der Verpflichtete gegen Gefahr für Leben und Gesundheit so weit geschützt ist, als die Natur der Dienstleistung es gestattet.

(2) Ist der Verpflichtete in die häusliche Gemeinschaft aufgenommen, so hat der Dienstberechtigte in Ansehung des Wohn- und Schlafraums, der Verpflegung sowie der Arbeits- und Erholungszeit diejenigen Einrichtungen und Anordnungen zu treffen, welche mit Rücksicht auf die Gesundheit, die Sittlichkeit und die Religion des Verpflichteten erforderlich sind.

(3) Erfüllt der Dienstberechtigte die ihm in Ansehung des Lebens und der Gesundheit des Verpflichteten obliegenden Verpflichtungen nicht, so finden auf seine Verpflichtung zum Schadensersatze die für unerlaubte Handlungen geltenden Vorschriften der §§ 842 bis 846 entsprechende Anwendung.

§ 619: Unabdingbarkeit der Verpflichtungen

Die dem Dienstberechtigten nach den §§ 617, 618 obliegenden Verpflichtungen können nicht im Voraus durch Vertrag aufgehoben oder beschränkt werden.

§ 619a: Beweislast bei Haftung des Arbeitnehmers

Abweichend von § 280 Abs. 1 hat der Arbeitnehmer dem Arbeitgeber Ersatz für den aus der Verletzung einer Pflicht aus dem Arbeitsverhältnis entstehenden Schaden nur zu leisten, wenn er die Pflichtverletzung zu vertreten hat.

§ 620: Ende des Dienstverhältnisses

(1) Das Dienstverhältnis endigt mit dem Ablauf der Zeit, für die es eingegangen ist.

(2) Ist die Dauer des Dienstverhältnisses weder bestimmt noch aus der Beschaffenheit oder dem Zwecke der Dienste zu entnehmen, so kann jeder Teil das Dienstverhältnis nach Maßgabe der §§ 621 bis 623 kündigen.

(3) Für Arbeitsverträge, die auf bestimmte Zeit abgeschlossen sind, gilt das Teilzeit- und Befristungsgesetz.

§ 621: Kündigungsfristen

Bei einem Dienstverhältnis, das kein Arbeitsverhältnis im Sinne des § 622 ist, ist die Kündigung zulässig,

1. wenn die Vergütung nach Tagen bemessen ist, an jedem Tag für den Ablauf des folgenden Tages;

2. wenn die Vergütung nach Wochen bemessen ist, spätestens am ersten Werktag einer Woche für den Ablauf des folgenden Sonnabends;

3. wenn die Vergütung nach Monaten bemessen ist, spätestens am fünfzehnten eines Monats für den Schluss des Kalendermonats;

4. wenn die Vergütung nach Vierteljahren oder längeren Zeitabschnitten bemessen ist, unter Einhaltung einer Kündigungsfrist von sechs Wochen für den Schluss eines Kalendervierteljahres;

5. wenn die Vergütung nicht nach Zeitabschnitten bemessen ist, jederzeit; bei einem die Erwerbstätigkeit des Verpflichteten vollständig oder hauptsächlich in Anspruch nehmenden Dienstverhältnis ist jedoch eine Kündigungsfrist von zwei Wochen einzuhalten.

§ 622: Kündigungsfrist bei Arbeitsverhältnissen

(1) Das Arbeitsverhältnis eines Arbeiters oder eines Angestellten (Arbeitnehmers) kann mit einer Frist von vier Wochen zum Fünfzehnten oder zum Ende eines Kalendermonats gekündigt werden.

(2) Für eine Kündigung durch den Arbeitgeber beträgt die Kündigungsfrist, wenn das Arbeitsverhältnis in dem Betrieb oder Unternehmen

1. zwei Jahre bestanden hat, einen Monat zum Ende eines Kalendermonats,
2. fünf Jahre bestanden hat, zwei Monate zum Ende eines Kalendermonats,
3. acht Jahre bestanden hat, drei Monate zum Ende eines Kalendermonats,
4. zehn Jahre bestanden hat, vier Monate zum Ende eines Kalendermonats,
5. zwölf Jahre bestanden hat, fünf Monate zum Ende eines Kalendermonats,
6. fünfzehn Jahre bestanden hat, sechs Monate zum Ende eines Kalendermonats,
7. zwanzig Jahre bestanden hat, sieben Monate zum Ende eines Kalendermonats.

Bei der Berechnung der Beschäftigungsdauer werden Zeiten, die vor der Vollendung des fünfundzwanzigsten Lebensjahres des Arbeitnehmers liegen, nicht berücksichtigt.

(3) Während einer vereinbarten Probezeit, längstens für die Dauer von sechs Monaten, kann das Arbeitsverhältnis mit einer Frist von zwei Wochen gekündigt werden.

(4) Von den Absätzen 1 bis 3 abweichende Regelungen können durch Tarifvertrag vereinbart werden. Im Geltungsbereich eines solchen Tarifvertrages gelten die abweichenden tarifvertraglichen Bestimmungen zwischen nichttarifgebundenen Arbeitgebern und Arbeitnehmern, wenn ihre Anwendung zwischen ihnen vereinbart ist.

(5) Einzelvertraglich kann eine kürzere als die in Absatz 1 genannte Kündigungsfrist nur vereinbart werden,

1. wenn ein Arbeitnehmer zur vorübergehenden Aushilfe eingestellt ist; dies gilt nicht, wenn das Arbeitsverhältnis über die Zeit von drei Monaten hinaus fortgesetzt wird;
2. wenn der Arbeitgeber in der Regel nicht mehr als 20 Arbeitnehmer ausschließlich der zu ihrer Berufsbildung Beschäftigten beschäftigt und die Kündigungsfrist vier Wochen nicht unterschreitet. Bei der Feststellung der Zahl der beschäftigten Arbeitnehmer sind teilzeitbeschäftigte Arbeitnehmer mit einer regelmäßigen wöchentlichen Arbeitszeit von nicht mehr als 20 Stunden mit 0,5 und nicht mehr als 30 Stunden mit 0,75 zu berücksichtigen. Die einzelvertragliche Vereinbarung längerer als der in den Absätzen 1 bis 3 genannten Kündigungsfristen bleibt hiervon unberührt.

(6) Für die Kündigung des Arbeitsverhältnisses durch den Arbeitnehmer darf keine längere Frist vereinbart werden als für die Kündigung durch den Arbeitgeber.

§ 623: Schriftform

Die Beendigung von Arbeitsverhältnissen durch Kündigung oder Auflösungsvertrag bedürfen zu ihrer Wirksamkeit der Schriftform; die elektronische Form ist ausgeschlossen.

§ 624: Kündigungsfrist bei Verträgen über mehr als fünf Jahre

Ist das Dienstverhältnis für die Lebenszeit einer Person oder für längere Zeit als fünf Jahre eingegangen, so kann es von dem Verpflichteten nach dem Ablaufe von fünf Jahren gekündigt werden. Die Kündigungsfrist beträgt sechs Monate.

§ 625: Stillschweigende Verlängerung

Wird das Dienstverhältnis nach dem Ablauf der Dienstzeit von dem Verpflichteten mit Wissen des anderen Teiles fortgesetzt, so gilt es als auf unbestimmte Zeit verlängert, sofern nicht der andere Teil unverzüglich widerspricht.

§ 626: Fristlose Kündigung

(1) Das Dienstverhältnis kann von jedem Vertragsteil aus wichtigem Grund ohne Einhaltung einer Kündigungsfrist gekündigt werden, wenn Tatsachen vorliegen, aufgrund derer dem Kündigenden unter Berücksichtigung aller Umstände des Einzelfalles und unter Abwägung der Interessen beider Vertragsteile die Fortsetzung des Dienstverhältnisses bis zum Ablauf der Kündigungsfrist oder bis zu der vereinbarten Beendigung des Dienstverhältnisses nicht zugemutet werden kann.

(2) Die Kündigung kann nur innerhalb von zwei Wochen erfolgen. Die Frist beginnt mit dem

Zeitpunkt, in dem der Kündigungsberechtigte von den für die Kündigung maßgebenden Tatsachen Kenntnis erlangt. Der Kündigende muss dem anderen Teil auf Verlangen den Kündigungsgrund unverzüglich schriftlich mitteilen.

§ 627: Fristlose Kündigung bei Vertrauensstellung

(1) Bei einem Dienstverhältnis, das kein Arbeitsverhältnis im Sinne des § 622 ist, ist die Kündigung auch ohne die im § 626 bezeichnete Voraussetzung zulässig, wenn der zur Dienstleistung Verpflichtete, ohne in einem dauernden Dienstverhältnis mit festen Bezügen zu stehen, Dienste höherer Art zu leisten hat, die auf Grund besonderen Vertrauens übertragen zu werden pflegen.

(2) Der Verpflichtete darf nur in der Art kündigen, dass sich der Dienstberechtigte die Dienste anderweit beschaffen kann, es sei denn, dass ein wichtiger Grund für die unzeitige Kündigung vorliegt. Kündigt er ohne solchen Grund zur Unzeit, so hat er dem Dienstberechtigten den daraus entstehenden Schaden zu ersetzen.

§ 628: Vergütung; Schadensersatz

(1) Wird nach dem Beginn der Dienstleistung das Dienstverhältnis aufgrund des § 626 oder des § 627 gekündigt, so kann der Verpflichtete einen seinen bisherigen Leistungen entsprechenden Teil der Vergütung verlangen. Kündigt er, ohne durch vertragswidriges Verhalten des anderen Teiles dazu veranlasst zu sein, oder veranlasst er durch sein vertragswidriges Verhalten die Kündigung des anderen Teiles, so steht ihm ein Anspruch auf die Vergütung insoweit nicht zu, als seine bisherigen Leistungen infolge der Kündigung für den anderen Teil kein Interesse haben. Ist die Vergütung für eine spätere Zeit im Voraus entrichtet, so hat der Verpflichtete sie nach Maßgabe des § 347 oder, wenn die Kündigung wegen eines Umstandes erfolgt, den er nicht zu vertreten hat, nach den Vorschriften über die Herausgabe einer ungerechtfertigten Bereicherung zurückzuerstatten.

(2) Wird die Kündigung durch vertragswidriges Verhalten des anderen Teiles veranlasst, so ist dieser zum Ersatze des durch die Aufhebung des Dienstverhältnisses entstehenden Schadens verpflichtet.

§ 629: Freizeit zur Stellungssuche

Nach der Kündigung eines dauernden Dienstverhältnisses hat der Dienstberechtigte dem Verpflichteten auf Verlangen angemessene Zeit zum Aufsuchen eines anderen Dienstverhältnisses zu gewähren.

§ 630: Zeugnis

Bei der Beendigung eines dauernden Dienstverhältnisses kann der Verpflichtete von dem anderen Teil ein schriftliches Zeugnis über das Dienstverhältnis und dessen Dauer fordern. Das Zeugnis ist auf Verlangen auf die Leistungen und die Führung im Dienste zu erstrecken. Die Erteilung des Zeugnisses in elektronischer Form ist ausgeschlossen. Wenn der Verpflichtete ein Arbeitnehmer ist, findet § 109 der Gewerbeordnung Anwendung.

2 Kündigungsschutzgesetz (KSchG)

in der Fassung der Bekanntmachung vom 25. August 1969 (BGBl. I Seite 1317); zuletzt geändert durch Artikel 6 des Gesetzes vom 19. November 2004 (BGBl. I Seite 2902)

Erster Abschnitt:
Allgemeiner Kündigungsschutz

§ 1: Sozial ungerechtfertigte Kündigungen

(1) Die Kündigung des Arbeitsverhältnisses gegenüber einem Arbeitnehmer, dessen Arbeitsverhältnis in demselben Betrieb oder Unternehmen ohne Unterbrechung länger als sechs Monate bestanden hat, ist rechtsunwirksam, wenn sie sozial ungerechtfertigt ist.

(2) Sozial ungerechtfertigt ist die Kündigung, wenn sie nicht durch Gründe, die in der Person oder in dem Verhalten des Arbeitnehmers liegen, oder durch dringende betriebliche Erfordernisse, die einer Weiterbeschäftigung des Arbeitnehmers in diesem Betriebe entgegenstehen, bedingt ist. Die Kündigung ist auch sozial ungerechtfertigt, wenn

1. in Betrieben des privaten Rechts

a) die Kündigung gegen eine Richtlinie nach § 95 des Betriebsverfassungsgesetzes verstößt,

b) der Arbeitnehmer an einem anderen Arbeitsplatz in demselben Betrieb oder in einem anderen Betrieb des Unternehmens weiterbeschäftigt werden kann

und der Betriebsrat oder eine andere nach dem Betriebsverfassungsgesetz insoweit zuständige Vertretung der Arbeitnehmer aus einem dieser Gründe der Kündigung innerhalb der Frist des § 102 Abs. 2 Satz 1 des Betriebsverfassungsgesetzes schriftlich widersprochen hat,

2. in Betrieben und Verwaltungen des öffentlichen Rechts

a) die Kündigung gegen eine Richtlinie über die personelle Auswahl bei Kündigungen verstößt,

b) der Arbeitnehmer an einem anderen Arbeitsplatz in derselben Dienststelle oder in einer anderen Dienststelle desselben Verwaltungszweiges an demselben Dienstort einschließlich seines Einzugsgebietes weiterbeschäftigt werden kann

und die zuständige Personalvertretung aus einem dieser Gründe fristgerecht gegen die Kündigung Einwendungen erhoben hat, es sei denn, dass die Stufenvertretung in der Verhandlung mit der übergeordneten Dienststelle die Einwendungen nicht aufrechterhalten hat.

Satz 2 gilt entsprechend, wenn die Weiterbeschäftigung des Arbeitnehmers nach zumutbaren Umschulungs- oder Fortbildungsmaßnahmen oder eine Weiterbeschäftigung des Arbeitnehmers unter geänderten Arbeitsbedingungen möglich ist und der Arbeitnehmer sein Einverständnis hiermit erklärt hat. Der Arbeitgeber hat die Tatsachen zu beweisen, die die Kündigung bedingen.

(3) Ist einem Arbeitnehmer aus dringenden betrieblichen Erfordernissen im Sinne des Absatzes 2 gekündigt worden, so ist die Kündigung trotzdem sozial ungerechtfertigt, wenn der Arbeitgeber bei der Auswahl des Arbeitnehmers die Dauer der Betriebszugehörigkeit, das Lebensalter, die Unterhaltspflichten und die Schwerbehinderung des Arbeitnehmers nicht oder nicht ausreichend berücksichtigt hat; auf Verlangen des Arbeitnehmers hat der Arbeitgeber dem Arbeitnehmer die Gründe anzugeben, die zu der getroffenen sozialen Auswahl geführt haben. In die soziale Auswahl nach Satz 1 sind Arbeitnehmer nicht einzubeziehen, deren Weiterbeschäftigung, insbesondere wegen ihrer Kenntnisse, Fähigkeiten und Leistungen oder zur Sicherung einer ausgewogenen Personalstruktur des Betriebes, im berechtigten betrieblichen Interesse liegt. Der Arbeitnehmer hat die Tatsachen zu beweisen, die die Kündigung als sozial ungerechtfertigt im Sinne des Satzes 1 erscheinen lassen.

(4) Ist in einem Tarifvertrag, in einer Betriebsvereinbarung nach § 95 des Betriebsverfassungsgesetzes oder in einer entspre-

chenden Richtlinie nach den Personalvertretungsgesetzen festgelegt, wie die sozialen Gesichtspunkte nach Absatz 3 Satz 1 im Verhältnis zueinander zu bewerten sind, so kann die Bewertung nur auf grobe Fehlerhaftigkeit überprüft werden.

(5) Sind bei einer Kündigung auf Grund einer Betriebsänderung nach § 111 des Betriebsverfassungsgesetzes die Arbeitnehmer, denen gekündigt werden soll, in einem Interessenausgleich zwischen Arbeitgeber und Betriebsrat namentlich bezeichnet, so wird vermutet, dass die Kündigung durch dringende betriebliche Erfordernisse im Sinne des Absatzes 2 bedingt ist. Die soziale Auswahl der Arbeitnehmer kann nur auf grobe Fehlerhaftigkeit überprüft werden. Die Sätze 1 und 2 gelten nicht, soweit sich die Sachlage nach Zustandekommen des Interessenausgleichs wesentlich geändert hat. Der Interessenausgleich nach Satz 1 ersetzt die Stellungnahme des Betriebsrates nach § 17 Abs. 3 Satz 2.

§ 1a: Abfindungsanspruch bei betriebsbedingter Kündigung

(1) Kündigt der Arbeitgeber wegen dringender betrieblicher Erfordernisse nach § 1 Abs. 2 Satz 1 und erhebt der Arbeitnehmer bis zum Ablauf der Frist des § 4 Satz 1 keine Klage auf Feststellung, dass das Arbeitsverhältnis durch die Kündigung nicht aufgelöst ist, hat der Arbeitnehmer mit dem Ablauf der Kündigungsfrist Anspruch auf eine Abfindung. Der Anspruch setzt den Hinweis des Arbeitgebers in der Kündigungserklärung voraus, dass die Kündigung auf dringende betriebliche Erfordernisse gestützt ist und der Arbeitnehmer bei Verstreichenlassen der Klagefrist die Abfindung beanspruchen kann.

(2) Die Höhe der Abfindung beträgt 0,5 Monatsverdienste für jedes Jahr des Bestehens des Arbeitsverhältnisses. § 10 Abs. 3 gilt entsprechend. Bei der Ermittlung der Dauer des Arbeitsverhältnisses ist ein Zeitraum von mehr als sechs Monaten auf ein volles Jahr aufzurunden.

§ 2: Änderungskündigung

Kündigt der Arbeitgeber das Arbeitsverhältnis und bietet er dem Arbeitnehmer im Zusammenhang mit der Kündigung die Fortsetzung des Arbeitsverhältnisses zu geänderten Arbeitsbedingungen an, so kann der Arbeitnehmer dieses Angebot unter dem Vorbehalt annehmen, dass die Änderung der Arbeitsbedingungen nicht sozial ungerechtfertigt ist (§ 1 Abs. 2 Satz 1 bis 3, Abs. 3 Satz 1 und 2). Diesen Vorbehalt muss der Arbeitnehmer dem Arbeitgeber innerhalb der Kündigungsfrist, spätestens jedoch innerhalb von drei Wochen nach Zugang der Kündigung erklären.

§ 3: Kündigungseinspruch

Hält der Arbeitnehmer eine Kündigung für sozial ungerechtfertigt, so kann er binnen einer Woche nach der Kündigung Einspruch beim Betriebsrat einlegen. Erachtet der Betriebsrat den Einspruch für begründet, so hat er zu versuchen, eine Verständigung mit dem Arbeitgeber herbeizuführen. Er hat seine Stellungnahme zu dem Einspruch dem Arbeitnehmer und dem Arbeitgeber auf Verlangen schriftlich mitzuteilen.

§ 4: Anrufung des Arbeitsgerichtes

Will ein Arbeitnehmer geltend machen, dass eine Kündigung sozial ungerechtfertigt oder aus anderen Gründen rechtsunwirksam ist, so muss er innerhalb von drei Wochen nach Zugang der schriftlichen Kündigung Klage beim Arbeitsgericht auf Feststellung erheben, dass das Arbeitsverhältnis durch die Kündigung nicht aufgelöst ist. Im Falle des § 2 ist die Klage auf Feststellung zu erheben, dass die Änderung der Arbeitsbedingungen sozial ungerechtfertigt oder aus anderen Gründen rechtsunwirksam ist. Hat der Arbeitnehmer Einspruch beim Betriebsrat eingelegt (§ 3), so soll er der Klage die Stellungnahme des Betriebsrats beifügen. Soweit die Kündigung der Zustimmung einer Behörde bedarf, läuft die Frist zur Anrufung des Arbeitsgerichts erst von der Bekanntgabe der Entscheidung der Behörde an den Arbeitnehmer ab.

§ 5: Zulassung verspäteter Klagen

(1) War ein Arbeitnehmer nach erfolgter Kündigung trotz Anwendung aller ihm nach Lage der Umstände zuzumutenden Sorgfalt verhindert, die Klage innerhalb von drei Wochen nach Zugang der schriftlichen Kündigung zu erheben, so ist auf seinen Antrag die Klage nachträglich zuzulassen. Gleiches gilt, wenn eine Frau von ihrer Schwangerschaft aus einem von ihr nicht zu vertretenden Grund erst

nach Ablauf der Frist des § 4 Satz 1 Kenntnis erlangt hat.

(2) Mit dem Antrag ist die Klageerhebung zu verbinden; ist die Klage bereits eingereicht, so ist auf sie im Antrag Bezug zu nehmen. Der Antrag muss ferner die Angabe der die nachträgliche Zulassung begründenden Tatsachen und der Mittel für deren Glaubhaftmachung enthalten.

(3) Der Antrag ist nur innerhalb von zwei Wochen nach Behebung des Hindernisses zulässig. Nach Ablauf von sechs Monaten, vom Ende der versäumten Frist an gerechnet, kann der Antrag nicht mehr gestellt werden.

(4) Über den Antrag entscheidet die Kammer durch Beschluss, der ohne mündliche Verhandlung ergehen kann. Gegen diesen ist die sofortige Beschwerde zulässig.

§ 6: Verlängerte Anrufungsfrist

Hat ein Arbeitnehmer innerhalb von drei Wochen nach Zugang der schriftlichen Kündigung im Klagewege geltend gemacht, dass eine rechtswirksame Kündigung nicht vorliege, so kann er sich in diesem Verfahren bis zum Schluss der mündlichen Verhandlung erster Instanz zur Begründung der Unwirksamkeit der Kündigung auch auf innerhalb der Klagefrist nicht geltend gemachte Gründe berufen. Das Arbeitsgericht soll ihn hierauf hinweisen.

§ 7: Wirksamwerden der Kündigung

Wird die Rechtsunwirksamkeit einer sozial ungerechtfertigten Kündigung nicht rechtzeitig geltend gemacht (§ 4 Satz 1, §§ 5 und 6), so gilt die Kündigung als von Anfang an rechtswirksam; ein vom Arbeitnehmer nach § 2 erklärter Vorbehalt erlischt.

§ 8: Wiederherstellung der früheren Arbeitsbedingungen

Stellt das Gericht im Falle des § 2 fest, dass die Änderung der Arbeitsbedingungen sozial ungerechtfertigt ist, so gilt die Änderungskündigung als von Anfang an rechtsunwirksam.

§ 9: Auflösung des Arbeitsverhältnisses durch Urteil des Gerichts; Abfindung des Arbeitnehmers

(1) Stellt das Gericht fest, dass das Arbeitsverhältnis durch die Kündigung nicht aufgelöst ist, ist jedoch dem Arbeitnehmer die Fortsetzung des Arbeitsverhältnisses nicht zuzumuten, so hat das Gericht auf Antrag des Arbeitnehmers das Arbeitsverhältnis aufzulösen und den Arbeitgeber zur Zahlung einer angemessenen Abfindung zu verurteilen. Die gleiche Entscheidung hat das Gericht auf Antrag des Arbeitgebers zu treffen, wenn Gründe vorliegen, die eine den Betriebszwecken dienliche weitere Zusammenarbeit zwischen Arbeitgeber und Arbeitnehmer nicht erwarten lassen. Arbeitnehmer und Arbeitgeber können den Antrag auf Auflösung des Arbeitsverhältnisses bis zum Schluss der letzten mündlichen Verhandlung in der Berufungsinstanz stellen.

(2) Das Gericht hat für die Auflösung des Arbeitsverhältnisses den Zeitpunkt festzusetzen, an dem es bei sozial gerechtfertigter Kündigung geendet hätte.

§ 10: Höhe der Abfindung

(1) Als Abfindung ist ein Betrag bis zu zwölf Monatsverdiensten festzusetzen.

(2) Hat der Arbeitnehmer das fünfzigste Lebensjahr vollendet und hat das Arbeitsverhältnis mindestens fünfzehn Jahre bestanden, so ist ein Betrag bis zu fünfzehn Monatsverdiensten, hat der Arbeitnehmer das fünfundfünfzigste Lebensjahr vollendet und hat das Arbeitsverhältnis mindestens zwanzig Jahre bestanden, so ist ein Betrag bis zu achtzehn Monatsverdiensten festzusetzen. Dies gilt nicht, wenn der Arbeitnehmer in dem Zeitpunkt, den das Gericht nach § 9 Abs. 2 für die Auflösung des Arbeitsverhältnisses festsetzt, das in der Vorschrift des Sechsten Buches Sozialgesetzbuch über die Regelaltersrente bezeichnete Lebensalter erreicht hat.

(3) Als Monatsverdienst gilt, was dem Arbeitnehmer bei der für ihn maßgebenden regelmäßigen Arbeitszeit in dem Monat, in dem

das Arbeitsverhältnis endet (§ 9 Abs. 2), an Geld und Sachbezügen zusteht.

§ 11: Anrechnung auf entgangenen Zwischenverdienst

Besteht nach der Entscheidung des Gerichts das Arbeitsverhältnis fort, so muss sich der Arbeitnehmer auf das Arbeitsentgelt, das ihm der Arbeitgeber für die Zeit nach der Entlassung schuldet, anrechnen lassen,

1. was er durch anderweitige Arbeit verdient hat,
2. was er hätte verdienen können, wenn er es nicht böswillig unterlassen hätte, eine ihm zumutbare Arbeit anzunehmen,
3. was ihm an öffentlich-rechtlichen Leistungen infolge Arbeitslosigkeit aus der Sozialversicherung, der Arbeitslosenversicherung, der Sicherung des Lebensunterhalts nach dem Zweiten Buch Sozialgesetzbuch oder der Sozialhilfe für die Zwischenzeit gezahlt worden ist. Diese Beträge hat der Arbeitgeber der Stelle zu erstatten, die sie geleistet hat.

§ 12: Neues Arbeitsverhältnis des Arbeitnehmers; Auflösung des alten Arbeitsverhältnisses

Besteht nach der Entscheidung des Gerichts das Arbeitsverhältnis fort, ist jedoch der Arbeitnehmer inzwischen ein neues Arbeitsverhältnis eingegangen, so kann er binnen einer Woche nach der Rechtskraft des Urteils durch Erklärung gegenüber dem alten Arbeitgeber die Fortsetzung des Arbeitsverhältnisses bei diesem verweigern. Die Frist wird auch durch eine vor ihrem Ablauf zur Post gegebene schriftliche Erklärung gewahrt. Mit dem Zugang der Erklärung erlischt das Arbeitsverhältnis. Macht der Arbeitnehmer von seinem Verweigerungsrecht Gebrauch, so ist ihm entgangener Verdienst nur für die Zeit zwischen der Entlassung und dem Tage des Eintritts in das neue Arbeitsverhältnis zu gewähren. § 11 findet entsprechende Anwendung.

§ 13: Verhältnis zu sonstigen Kündigungen

(1) Die Vorschriften über das Recht zur außerordentlichen Kündigung eines Arbeitsverhältnisses werden durch das vorliegende Gesetz nicht berührt. Die Rechtsunwirksamkeit einer außerordentlichen Kündigung kann jedoch nur nach Maßgabe des § 4 Satz 1 und der §§ 5 bis 7 geltend gemacht werden. Stellt das Gericht fest, dass die außerordentliche Kündigung unbegründet ist, ist jedoch dem Arbeitnehmer die Fortsetzung des Arbeitsverhältnisses nicht zuzumuten, so hat auf seinen Antrag das Gericht das Arbeitsverhältnis aufzulösen und den Arbeitgeber zur Zahlung einer angemessenen Abfindung zu verurteilen. Das Gericht hat für die Auflösung des Arbeitsverhältnisses den Zeitpunkt festzulegen, zu dem die außerordentliche Kündigung ausgesprochen wurde. Die Vorschriften der §§ 10 bis 12 gelten entsprechend.

(2) Verstößt eine Kündigung gegen die guten Sitten, so finden die Vorschriften des § 9 Abs. 1 Satz 1 und Abs. 2 und der §§ 10 bis 12 entsprechende Anwendung.

(3) Im Übrigen finden die Vorschriften dieses Abschnitts mit Ausnahme der §§ 4 bis 7 auf eine Kündigung, die bereits aus anderen als den in § 1 Abs. 2 und 3 bezeichneten Gründen rechtsunwirksam ist, keine Anwendung.

§ 14: Angestellte in leitender Stellung

(1) Die Vorschriften dieses Abschnitts gelten nicht

1. in Betrieben einer juristischen Person für die Mitglieder des Organs, das zur gesetzlichen Vertretung der juristischen Person berufen ist,
2. in Betrieben einer Personengesamtheit für die durch Gesetz, Satzung oder Gesellschaftsvertrag zur Vertretung der Personengesamtheit berufenen Personen.

(2) Auf Geschäftsführer, Betriebsleiter und ähnliche leitende Angestellte, soweit diese zur selbständigen Einstellung oder Entlassung von Arbeitnehmern berechtigt sind, finden die Vorschriften dieses Abschnitts mit Ausnahme des § 3 Anwendung. § 9 Abs. 1 Satz 2 findet mit der Maßgabe Anwendung, dass der Antrag des Arbeitgebers auf Auflösung des Arbeitsverhältnisses keiner Begründung bedarf.

Zweiter Abschnitt: Kündigungsschutz im Rahmen der Betriebsverfassung und Personalvertretung

§ 15: Unzulässigkeit der Kündigung

(1) Die Kündigung eines Mitglieds eines Betriebsrats, einer Jugend- und Auszubildendenvertretung, einer Bordvertretung oder eines Seebetriebsrats ist unzulässig, es sei denn, dass Tatsachen vorliegen, die den Arbeitgeber zur Kündigung aus wichtigem Grund ohne Einhaltung einer Kündigungsfrist berechtigen, und dass die nach § 103 des Betriebsverfassungsgesetzes erforderliche Zustimmung vorliegt oder durch gerichtliche Entscheidung ersetzt ist. Nach Beendigung der Amtszeit ist die Kündigung eines Mitglieds eines Betriebsrats, einer Jugend- und Auszubildendenvertretung oder eines Seebetriebsrats innerhalb eines Jahres, die Kündigung eines Mitglieds einer Bordvertretung innerhalb von sechs Monaten, jeweils vom Zeitpunkt der Beendigung der Amtszeit an gerechnet, unzulässig, es sei denn, dass Tatsachen vorliegen, die den Arbeitgeber zur Kündigung aus wichtigem Grund ohne Einhaltung einer Kündigungsfrist berechtigen; dies gilt nicht, wenn die Beendigung der Mitgliedschaft auf einer gerichtlichen Entscheidung beruht.

(2) Die Kündigung eines Mitglieds einer Personalvertretung oder einer Jugend- und Auszubildendenvertretung ist unzulässig, es sei denn, dass Tatsachen vorliegen, die den Arbeitgeber zur Kündigung aus wichtigem Grund ohne Einhaltung einer Kündigungsfrist berechtigen, und dass die nach dem Personalvertretungsrecht erforderliche Zustimmung vorliegt oder durch gerichtliche Entscheidung ersetzt ist. Nach Beendigung der Amtszeit der in Satz 1 genannten Personen ist ihre Kündigung innerhalb eines Jahres, vom Zeitpunkt der Beendigung der Amtszeit an gerechnet, unzulässig, es sei denn, dass Tatsachen vorliegen, die den Arbeitgeber zur Kündigung aus wichtigem Grund ohne Einhaltung einer Kündigungsfrist berechtigen; dies gilt nicht, wenn die Beendigung der Mitgliedschaft auf einer gerichtlichen Entscheidung beruht.

(3) Die Kündigung eines Mitglieds eines Wahlvorstands ist vom Zeitpunkt seiner Bestellung an, die Kündigung eines Wahlbewerbers vom Zeitpunkt der Aufstellung des Wahlvorschlags an, jeweils bis zur Bekanntgabe des Wahlergebnisses unzulässig, es sei denn, dass Tatsachen vorliegen, die den Arbeitgeber zur Kündigung aus wichtigem Grund ohne Einhaltung einer Kündigungsfrist berechtigen, und dass die nach § 103 des Betriebsverfassungsgesetzes oder nach dem Personalvertretungsrecht erforderliche Zustimmung vorliegt oder durch eine gerichtliche Entscheidung ersetzt ist. Innerhalb von sechs Monaten nach Bekanntgabe des Wahlergebnisses ist die Kündigung unzulässig, es sei denn, dass Tatsachen vorliegen, die den Arbeitgeber zur Kündigung aus wichtigem Grund ohne Einhaltung einer Kündigungsfrist berechtigen; dies gilt nicht für Mitglieder des Wahlvorstands, wenn dieser durch gerichtliche Entscheidung durch einen anderen Wahlvorstand ersetzt worden ist.

(3a) Die Kündigung eines Arbeitnehmers, der zu einer Betriebs-, Wahl- oder Bordversammlung nach § 17 Abs. 3, § 17a Nr. 3 Satz 2, § 115 Abs. 2 Nr. 8 Satz 1 des Betriebsverfassungsgesetzes einlädt oder die Bestellung eines Wahlvorstands nach § 16 Abs. 2 Satz 1, § 17 Abs. 4, § 17a Nr. 4, § 63 Abs. 3, § 115 Abs. 2 Nr. 8 Satz 2 oder § 116 Abs. 2 Nr. 7 Satz 5 des Betriebsverfassungsgesetzes beantragt, ist vom Zeitpunkt der Einladung oder Antragstellung an bis zur Bekanntgabe des Wahlergebnisses unzulässig, es sei denn, dass Tatsachen vorliegen, die den Arbeitgeber zur Kündigung aus wichtigem Grund ohne Einhaltung einer Kündigungsfrist berechtigen; der Kündigungsschutz gilt für die ersten drei in der Einladung oder Antragstellung aufgeführten Arbeitnehmer. Wird ein Betriebsrat, eine Jugend- und Auszubildendenvertretung, eine Bordvertretung oder ein Seebetriebsrat nicht gewählt, besteht der Kündigungsschutz nach Satz 1 vom Zeitpunkt der Einladung oder Antragstellung an drei Monate.

(4) Wird der Betrieb stillgelegt, so ist die Kündigung der in den Absätzen 1 bis 3 genannten Personen frühestens zum Zeitpunkt der Stilllegung zulässig, es sei denn, dass ihre Kündigung zu einem früheren Zeitpunkt durch zwingende betriebliche Erfordernisse bedingt ist.

(5) Wird eine der in den Absätzen 1 bis 3 genannten Personen in einer Betriebsabteilung beschäftigt, die stillgelegt wird, so ist sie in eine andere Betriebsabteilung zu übernehmen. Ist dies aus betrieblichen Gründen nicht möglich, so findet auf ihre Kündigung die Vorschrift des Absatzes 4 über die Kündigung bei Stilllegung des Betriebs sinngemäß Anwendung.

§ 16: Neues Arbeitsverhältnis; Auflösung des alten Arbeitsverhältnisses

Stellt das Gericht die Unwirksamkeit der Kündigung einer der in § 15 Abs. 1 bis 3 genannten Personen fest, so kann diese Person, falls sie inzwischen ein neues Arbeitsverhältnis eingegangen ist, binnen einer Woche nach Rechtskraft des Urteils durch Erklärung gegenüber dem alten Arbeitgeber die Weiterbeschäftigung bei diesem verweigern. Im Übrigen finden die Vorschriften des § 11 und des § 12 Satz 2 bis 4 entsprechende Anwendung.

Dritter Abschnitt: Anzeigepflichtige Entlassungen

§ 17: Anzeigepflicht

(1) Der Arbeitgeber ist verpflichtet, der Agentur für Arbeit Anzeige zu erstatten, bevor er

1. in Betrieben mit in der Regel mehr als 20 und weniger als 60 Arbeitnehmern mehr als 5 Arbeitnehmer,

2. in Betrieben mit in der Regel mindestens 60 und weniger als 500 Arbeitnehmern 10 vom Hundert der im Betrieb regelmäßig beschäftigten Arbeitnehmer oder aber mehr als 25 Arbeitnehmer,

3. in Betrieben mit in der Regel mindestens 500 Arbeitnehmern mindestens 30 Arbeitnehmer

innerhalb von 30 Kalendertagen entlässt. Den Entlassungen stehen andere Beendigungen des Arbeitsverhältnisses gleich, die vom Arbeitgeber veranlasst werden.

(2) Beabsichtigt der Arbeitgeber, nach Absatz 1 anzeigepflichtige Entlassungen vorzunehmen, hat er dem Betriebsrat rechtzeitig die zweckdienlichen Auskünfte zu erteilen und ihn schriftlich insbesondere zu unterrichten über

1. die Gründe für die geplanten Entlassungen,

2. die Zahl und die Berufsgruppen der zu entlassenden Arbeitnehmer,

3. die Zahl und die Berufsgruppen der in der Regel beschäftigten Arbeitnehmer,

4. den Zeitraum, in dem die Entlassungen vorgenommen werden sollen,

5. die vorgesehenen Kriterien für die Auswahl der zu entlassenden Arbeitnehmer,

6. die für die Berechnung etwaiger Abfindungen vorgesehenen Kriterien.

Arbeitgeber und Betriebsrat haben insbesondere die Möglichkeiten zu beraten, Entlassungen zu vermeiden oder einzuschränken und ihre Folgen zu mildern.

(3) Der Arbeitgeber hat gleichzeitig der Agentur für Arbeit eine Abschrift der Mitteilung an den Betriebsrat zuzuleiten; sie muss zumindest die in Absatz 2 Satz 1 Nr. 1 bis 5 vorgeschriebenen Angaben enthalten. Die Anzeige nach Absatz 1 ist schriftlich unter Beifügung der Stellungnahme des Betriebsrats zu den Entlassungen zu erstatten. Liegt eine Stellungnahme des Betriebsrats nicht vor, so ist die Anzeige wirksam, wenn der Arbeitgeber glaubhaft macht, dass er den Betriebsrat mindestens zwei Wochen vor Erstattung der Anzeige nach Absatz 2 Satz 1 unterrichtet hat, und er den Stand der Beratungen darlegt. Die Anzeige muss Angaben über den Namen des Arbeitgebers, den Sitz und die Art des Betriebes enthalten, ferner die Gründe für die geplanten Entlassungen, die Zahl und die Berufsgruppen der zu entlassenden und der in der Regel beschäftigten Arbeitnehmer, den Zeitraum, in dem die Entlassungen vorgenommen werden sollen und die vorgesehenen Kriteren für die Auswahl der zu entlassenden Arbeitnehmer. In der Anzeige sollen ferner im Einvernehmen mit dem Betriebsrat für die Arbeitsvermittlung Angaben über Geschlecht, Alter, Beruf und Staatsangehörigkeit der zu entlassenden Arbeitnehmer gemacht werden. Der Arbeitgeber hat dem Betriebsrat eine Abschrift der Anzeige zuzuleiten. Der Be-

triebsrat kann gegenüber der Agentur für Arbeit weitere Stellungnahmen abgeben. Er hat dem Arbeitgeber eine Abschrift der Stellungnahme zuzuleiten.

(3a) Die Auskunfts-, Beratungs- und Anzeigepflichten nach den Absätzen 1 bis 3 gelten auch dann, wenn die Entscheidung über die Entlassungen von einem den Arbeitgeber beherrschenden Unternehmen getroffen wurde. Der Arbeitgeber kann sich nicht darauf berufen, dass das für die Entlassungen verantwortliche Unternehmen die notwendigen Auskünfte nicht übermittelt hat.

(4) Das Recht zur fristlosen Entlassung bleibt unberührt. Fristlose Entlassungen werden bei Berechnung der Mindestzahl der Entlassungen nach Absatz 1 nicht mitgerechnet.

(5) Als Arbeitnehmer im Sinne dieser Vorschrift gelten nicht

1. in Betrieben einer juristischen Person die Mitglieder des Organs, das zur gesetzlichen Vertretung der juristischen Person berufen ist,

2. in Betrieben einer Personengesamtheit die durch Gesetz, Satzung oder Gesellschaftsvertrag zur Vertretung der Personengesamtheit berufenen Personen,

3. Geschäftsführer, Betriebsleiter und ähnliche leitende Personen, soweit diese zur selbständigen Einstellung oder Entlassung von Arbeitnehmern berechtigt sind.

§ 18: Entlassungssperre

(1) Entlassungen, die nach § 17 anzuzeigen sind, werden vor Ablauf eines Monats nach Eingang der Anzeige bei der Agentur für Arbeit nur mit deren Zustimmung wirksam; die Zustimmung kann auch rückwirkend bis zum Tage der Antragstellung erteilt werden.

(2) Die Agentur für Arbeit kann im Einzelfall bestimmen, dass die Entlassungen nicht vor Ablauf von längstens zwei Monaten nach Eingang der Anzeige wirksam werden.

(3) (aufgehoben)

(4) Soweit die Entlassungen nicht innerhalb von 90 Tagen nach dem Zeitpunkt, zu dem sie nach den Absätzen 1 und 2 zulässig sind, durchgeführt werden, bedarf es unter den Voraussetzungen des § 17 Abs. 1 einer erneuten Anzeige.

§ 19: Zulässigkeit von Kurzarbeit

(1) Ist der Arbeitgeber nicht in der Lage, die Arbeitnehmer bis zu dem in § 18 Abs. 1 und 2 bezeichneten Zeitpunkt voll zu beschäftigen, so kann die Bundesagentur für Arbeit zulassen, dass der Arbeitgeber für die Zwischenzeit Kurzarbeit einführt.

(2) Der Arbeitgeber ist im Falle der Kurzarbeit berechtigt, Lohn oder Gehalt der mit verkürzter Arbeitszeit beschäftigten Arbeitnehmer entsprechend zu kürzen; die Kürzung des Arbeitsentgelts wird jedoch erst von dem Zeitpunkt an wirksam, an dem das Arbeitsverhältnis nach den allgemeinen gesetzlichen oder den vereinbarten Bestimmungen enden würde.

(3) Tarifvertragliche Bestimmungen über die Einführung, das Ausmaß und die Bezahlung von Kurzarbeit werden durch die Absätze 1 und 2 nicht berührt.

§ 20: Entscheidungen des Landesarbeitsamtes

(1) Die Entscheidungen der Agentur für Arbeit nach § 18 Abs. 1 und 2 trifft deren Geschäftsführung oder ein Ausschuss (Entscheidungsträger). Die Geschäftsführung darf nur dann entscheiden, wenn die Zahl der Entlassungen weniger als 50 beträgt.

(2) Der Ausschuss setzt sich aus dem oder der Vorsitzenden der Geschäftsführung der Agentur für Arbeit oder einem von ihm oder ihr beauftragten Angehörigen der Agentur für Arbeit als Vorsitzenden und je zwei Vertretern der Arbeitnehmer, der Arbeitgeber und der öffentlichen Körperschaften zusammen, die von dem Verwaltungsausschuss der Agentur für Arbeit benannt werden. Er trifft seine Entscheidungen mit Stimmenmehrheit.

(3) Der Entscheidungsträger hat vor seiner Entscheidung den Arbeitgeber und den Betriebsrat anzuhören. Dem Entscheidungsträger sind, insbesondere vom Arbeitgeber und Betriebsrat, die von ihm für die Beurteilung des Falles erforderlich gehaltenen Auskünfte zu erteilen.

(4) Der Entscheidungsträger hat sowohl das Interesse des Arbeitgebers als auch das der zu entlassenden Arbeitnehmer, das öffentli-

che Interesse und die Lage des gesamten Arbeitsmarktes unter besonderer Beachtung des Wirtschaftszweiges, dem der Betrieb angehört, zu berücksichtigen.

§ 21: Entscheidungen der Hauptstelle der Bundesanstalt für Arbeit

Für Betriebe, die zum Geschäftsbereich des Bundesministers für Verkehr oder des Bundesministers für Post und Telekommunikation gehören, trifft, wenn mehr als 500 Arbeitnehmer entlassen werden sollen, ein gemäß § 20 Abs. 1 bei der Zentrale der Bundesagentur für Arbeit zu bildender Ausschuss die Entscheidungen nach § 18 Abs. 1 und 2. Der zuständige Bundesminister kann zwei Vertreter mit beratender Stimme in den Ausschuss entsenden. Die Anzeigen nach § 17 sind in diesem Falle an die Zentrale der Bundesagentur für Arbeit zu erstatten. Im Übrigen gilt § 20 Abs. 1 bis 3 entsprechend.

§ 22: Ausnahmebetriebe

(1) Auf Saisonbetriebe und Kampagne-Betriebe finden die Vorschriften dieses Abschnitts bei Entlassungen, die durch diese Eigenart der Betriebe bedingt sind, keine Anwendung.

(2) Keine Saisonbetriebe oder Kampagne-Betriebe sind Betriebe des Baugewerbes, in denen die ganzjährige Beschäftigung gemäß § 76 Abs. 2 des Arbeitsförderungsgesetzes gefördert wird. Das Bundesministerium für Wirtschaft und Arbeit wird ermächtigt, durch Rechtsverordnung Vorschriften zu erlassen, welche Betriebe als Saisonbetriebe oder Kampagne-Betriebe im Sinne des Absatzes 1 gelten.

Vierter Abschnitt: Schlussbestimmungen

§ 23: Geltungsbereich

(1) Die Vorschriften des Ersten und Zweiten Abschnitts gelten für Betriebe und Verwaltungen des privaten und des öffentlichen Rechts, vorbehaltlich der Vorschriften des § 24 für die Seeschifffahrts-, Binnenschifffahrts- und Luftverkehrsbetriebe. Die Vorschriften des Ersten Abschnitts gelten mit Ausnahme der §§ 4 bis 7 und des § 13 Abs. 1 Satz 1 und 2 nicht für Betriebe und Verwaltungen, in denen in der Regel fünf oder weniger Arbeitnehmer ausschließlich der zu ihrer Berufsbildung Beschäftigten beschäftigt werden. In Betrieben und Verwaltungen, in denen in der Regel zehn oder weniger Arbeitnehmer ausschließlich der zu ihrer Berufsbildung Beschäftigten beschäftigt werden, gelten die Vorschriften des Ersten Abschnitts mit Ausnahme der §§ 4 bis 7 und des § 13 Abs. 1 Satz 1 und 2 nicht für Arbeitnehmer, deren Arbeitsverhältnis nach dem 31. Dezember 2003 begonnen hat; diese Arbeitnehmer sind bei der Feststellung der Zahl der beschäftigten Arbeitnehmer nach Satz 2 bis zur Beschäftigung von in der Regel zehn Arbeitnehmern nicht zu berücksichtigen. Bei der Feststellung der Zahl der beschäftigten Arbeitnehmer nach den Sätzen 2 und 3 sind teilzeitbeschäftigte Arbeitnehmer mit einer regelmäßigen wöchentlichen Arbeitszeit von nicht mehr als 20 Stunden mit 0,5 und nicht mehr als 30 Stunden mit 0,75 zu berücksichtigen.

(2) Die Vorschriften des Dritten Abschnitts gelten für Betriebe und Verwaltungen des privaten Rechts sowie für Betriebe, die von einer öffentlichen Verwaltung geführt werden, soweit sie wirtschaftliche Zwecke verfolgen. Sie gelten nicht für Seeschiffe und ihre Besatzung.

§ 24: Anwendung des Gesetzes auf Betriebe der Schifffahrt und des Luftverkehrs

(1) Die Vorschriften des Ersten und Zweiten Abschnitts finden nach Maßgabe der Absätze 2 bis 5 auf Arbeitsverhältnisse der Besatzung von Seeschiffen, Binnenschiffen und Luftfahrzeugen Anwendung. Als Betrieb im Sinne dieses Gesetzes gilt jeweils die Gesamtheit der Seeschiffe oder der Binnenschiffe eines Schifffahrtsbetriebs oder der Luftfahrzeuge eines Luftverkehrsbetriebs.

(2) Dauert die erste Reise eines Besatzungsmitglieds im Dienste einer Reederei oder eines Luftverkehrsbetriebs länger als sechs Monate, so verlängert sich die Sechsmonatsfrist des § 1 Abs. 1 bis drei Tage nach Beendigung dieser Reise.

(3) Die Klage nach § 4 ist binnen drei Wochen, nachdem das Besatzungsmitglied zum Sitz des Betriebes zurückgekehrt ist, zu erheben,

spätestens jedoch binnen sechs Wochen nach Zugang der Kündigung. Wird die Kündigung während der Fahrt des Schiffes oder des Luftfahrzeuges ausgesprochen, so beginnt die sechswöchige Frist nicht vor dem Tage, an dem das Schiff oder das Luftfahrzeug einen deutschen Hafen oder Liegeplatz erreicht. An die Stelle der Dreiwochenfrist in § 6 treten die hier in den Sätzen 1 und 2 bestimmten Fristen.

(4) Für Klagen der Kapitäne und der Besatzungsmitglieder im Sinne der §§ 2 und 3 des Seemannsgesetzes nach § 4 dieses Gesetzes tritt an die Stelle des Arbeitsgerichts das Gericht, das für Streitigkeiten aus dem Arbeitsverhältnis dieser Personen zuständig ist. Soweit in Vorschriften des Seemannsgesetzes für die Streitigkeiten aus dem Arbeitsverhältnis Zuständigkeiten des Seemannsamtes begründet sind, finden die Vorschriften auf Streitigkeiten über Ansprüche aus diesem Gesetz keine Anwendung.

(5) Der Kündigungsschutz des Ersten Abschnitts gilt, abweichend von § 14, auch für den Kapitän und die übrigen als leitende Angestellte im Sinne des § 14 anzusehenden Angehörigen der Besatzung.

§ 25: Kündigung in Arbeitskämpfen

Die Vorschriften dieses Gesetzes finden keine Anwendung auf Kündigungen und Entlassungen, die lediglich als Maßnahmen in wirtschaftlichen Kämpfen zwischen Arbeitgebern und Arbeitnehmern vorgenommen werden.

§ 26: Inkrafttreten

Dieses Gesetz tritt am Tage nach seiner Verkündigung in Kraft.

3 Mindesturlaubsgesetz für Arbeitnehmer (Bundesurlaubsgesetz)

Vom 8. Januar 1963 (BGBl. I Seite 2), zuletzt geändert durch Art. 7 des Gesetzes vom 7. Mai 2002 (BGBl. I Seite 1529)

§ 1: Urlaubsanspruch

Jeder Arbeitnehmer hat in jedem Kalenderjahr Anspruch auf bezahlten Erholungsurlaub.

§ 2: Geltungsbereich

Arbeitnehmer im Sinne des Gesetzes sind Arbeiter und Angestellte sowie die zu ihrer Berufsausbildung Beschäftigten. Als Arbeitnehmer gelten auch Personen, die wegen ihrer wirtschaftlichen Unselbständigkeit als arbeitnehmerähnliche Personen anzusehen sind; für den Bereich der Heimarbeit gilt § 12.

§ 3: Dauer des Urlaubs

(1) Der Urlaub beträgt jährlich mindestens 24 Werktage.

(2) Als Werktage gelten alle Kalendertage, die nicht Sonn- oder gesetzliche Feiertage sind.

§ 4: Wartezeit

Der volle Urlaubsanspruch wird erstmalig nach sechsmonatigem Bestehen des Arbeitsverhältnisses erworben.

§ 5: Teilurlaub

(1) Anspruch auf ein Zwölftel des Jahresurlaubs für jeden vollen Monat des Bestehens des Arbeitsverhältnisses hat der Arbeitnehmer

a) für Zeiten eines Kalenderjahres, für die er wegen Nichterfüllung der Wartezeit in diesem Kalenderjahr keinen vollen Urlaubsanspruch erwirbt;

b) wenn er vor erfüllter Wartezeit aus dem Arbeitsverhältnis ausscheidet;

c) wenn er nach erfüllter Wartezeit in der ersten Hälfte eines Kalenderjahres aus dem Arbeitsverhältnis ausscheidet.

(2) Bruchteile von Urlaubstagen, die mindestens einen halben Tag ergeben, sind auf volle Urlaubstage aufzurunden.

(3) Hat der Arbeitnehmer im Falle des Absatzes 1 Buchstabe c bereits Urlaub über den ihm zustehenden Umfang hinaus erhalten, so kann das dafür gezahlte Urlaubsentgelt nicht zurückgefordert werden.

§ 6: Ausschluss von Doppelansprüchen

(1) Der Anspruch auf Urlaub besteht nicht, soweit dem Arbeitnehmer für das laufende Kalenderjahr bereits von einem früheren Arbeitgeber Urlaub gewährt worden ist.

(2) Der Arbeitgeber ist verpflichtet, bei Beendigung des Arbeitsverhältnisses dem Arbeitnehmer eine Bescheinigung über den im laufenden Kalenderjahr gewährten oder abgegoltenen Urlaub auszuhändigen.

§ 7: Zeitpunkt, Übertragbarkeit und Abgeltung des Urlaubs

(1) Bei der zeitlichen Festlegung des Urlaubs sind die Urlaubswünsche des Arbeitnehmers zu berücksichtigen, es sei denn, dass ihrer Berücksichtigung dringende betriebliche Belange oder Urlaubswünsche anderer Arbeitnehmer, die unter sozialen Gesichtspunkten den Vorrang verdienen, entgegenstehen. Der Urlaub ist zu gewähren, wenn der Arbeitnehmer dies im Anschluss an eine Maßnahme der medizinischen Vorsorge oder Rehabilitation verlangt.

(2) Der Urlaub ist zusammenhängend zu gewähren, es sei denn, dass dringende betriebliche oder in der Person des Arbeitnehmers liegende Gründe eine Teilung des Urlaubs erforderlich machen. Kann der Urlaub aus diesen Gründen nicht zusammenhängend gewährt werden und hat der Arbeitnehmer Anspruch auf Urlaub von mehr als zwölf Werktagen, so muss einer der Urlaubsteile mindestens zwölf aufeinanderfolgende Werktage umfassen.

(3) Der Urlaub muss im laufenden Kalenderjahr gewährt und genommen werden. Eine Übertragung des Urlaubs auf das nächste Kalenderjahr ist nur statthaft, wenn dringende betriebliche oder in der Person des Arbeitnehmers liegende Gründe dies rechtfertigen. Im Fall der Übertragung muss der Urlaub in den ersten drei Monaten des folgenden Kalenderjahres gewährt und genommen werden. Auf Verlangen des Arbeitnehmers ist ein nach § 5 Abs. 1 Buchstabe a entstehender Teilurlaub jedoch auf das nächste Kalenderjahr zu übertragen.

(4) Kann der Urlaub wegen Beendigung des Arbeitsverhältnisses ganz oder teilweise nicht mehr gewährt werden, so ist er abzugelten.

§ 8: Erwerbstätigkeit während des Urlaubs

Während des Urlaubs darf der Arbeitnehmer keine dem Urlaubszweck widersprechende Erwerbstätigkeit leisten.

§ 9: Erkrankung während des Urlaubs

Erkrankt ein Arbeitnehmer während des Urlaubs, so werden die durch ärztliches Zeugnis nachgewiesenen Tage der Arbeitsunfähigkeit auf den Jahresurlaub nicht angerechnet.

§ 10: Maßnahmen der medizinischen Vorsorge oder Rehabilitation

Maßnahmen der medizinischen Vorsorge oder Rehabilitation dürfen nicht auf den Urlaub angerechnet werden, soweit ein Anspruch auf Fortzahlung des Arbeitsentgelts nach den gesetzlichen Vorschriften über die Entgeltfortzahlung im Krankheitsfall besteht.

§ 11: Urlaubsentgelt

(1) Das Urlaubsentgelt bemisst sich nach dem durchschnittlichen Arbeitsverdienst, das der Arbeitnehmer in den letzten dreizehn Wochen vor dem Beginn des Urlaubs erhalten hat. Bei Verdiensterhöhungen nicht nur vorübergehender Natur, die während des Berechnungszeitraums oder des Urlaubs eintreten, ist von dem erhöhten Verdienst auszugehen. Verdienstkürzungen, die im Berechnungszeitraum infolge von Kurzarbeit, Arbeitsausfällen oder unverschuldeter Arbeitsversäumnis eintreten, bleiben für die Berechnung des Urlaubsentgelts außer Betracht. Zum Arbeitsentgelt gehörende Sachbezüge, die während

des Urlaubs nicht weitergewährt werden, sind für die Dauer des Urlaubs angemessen in bar abzugelten.

(2) Das Urlaubsentgelt ist vor Antritt des Urlaubs auszuzahlen.

§ 12: Urlaub im Bereich der Heimarbeit

Für die in Heimarbeit Beschäftigten und die ihnen nach § 1 Abs. 2 Buchstaben a bis c des Heimarbeitsgesetzes Gleichgestellten, für die die Urlaubsregelung nicht ausdrücklich von der Gleichstellung ausgenommen ist, gelten die vorstehenden Bestimmungen mit Ausnahme der §§ 4 bis 6, 7 Abs. 3 und 4 und § 11 nach Maßgabe der folgenden Bestimmungen:

1. Heimarbeiter (§ 1 Abs. 1 Buchstabe a des Heimarbeitsgesetzes) und nach § 1 Abs. 2 Buchstabe a des Heimarbeitsgesetzes Gleichgestellte erhalten von ihrem Auftraggeber oder, falls sie von einem Zwischenmeister beschäftigt werden, von diesem

> bei einem Anspruch auf 24 Werktage
>
> ein Urlaubsentgelt von 9,1 vom Hundert

des in der Zeit vom 1. Mai bis zum 30. April des folgenden Jahres oder bis zur Beendigung des Beschäftigungsverhältnisses verdienten Arbeitsentgelts vor Abzug der Steuern und Sozialversicherungsbeiträge ohne Unkostenzuschlag und ohne die für den Lohnausfall an Feiertagen, den Arbeitsausfall infolge Krankheit und den Urlaub zu leistenden Zahlungen.

2. War der Anspruchsberechtigte im Berechnungszeitraum nicht ständig beschäftigt, so brauchen unbeschadet des Anspruchs auf Urlaubsentgelt nach Nummer 1 nur so viele Urlaubstage gegeben zu werden, wie durchschnittliche Tagesverdienste, die er in der Regel erzielt hat, in dem Urlaubsentgelt nach Nummer 1 enthalten sind.

3. Das Urlaubsentgelt für die in Nummer 1 bezeichneten Personen soll erst bei der letzten Entgeltzahlung vor Antritt des Urlaubs ausgezahlt werden.

4. Hausgewerbetreibende (§ 1 Abs. 1 Buchstabe b des Heimarbeitsgesetzes) und nach § 1 Abs. 2 Buchstaben b und c des Heimarbeitsgesetzes Gleichgestellte erhalten von ihrem Auftraggeber oder, falls sie von einem Zwischenmeister beschäftigt werden, von diesem als eigenes Urlaubsentgelt und zur Sicherung der Urlaubsansprüche der von ihnen Beschäftigten einen Betrag von 9,1 vom Hundert des an sie ausgezahlten Arbeitsentgelts vor Abzug der Steuern und Sozialversicherungsbeiträge ohne Unkostenzuschlag und ohne die für den Lohnausfall an Feiertagen, den Arbeitsausfall infolge Krankheit und den Urlaub zu leistenden Zahlungen.

5. Zwischenmeister, die den in Heimarbeit Beschäftigten nach § 1 Abs. 2 Buchstabe d des Heimarbeitsgesetzes gleichgestellt sind, haben gegen ihren Auftraggeber Anspruch auf die von ihnen nach den Nummern 1 und 4 nachweislich zu zahlenden Beträge.

6. Die Beträge nach den Nummern 1, 4 und 5 sind gesondert im Entgeltbeleg auszuweisen.

7. Durch Tarifvertrag kann bestimmt werden, dass Heimarbeiter (§ 1 Abs. 1 Buchstabe a des Heimarbeitsgesetzes), die nur für einen Auftraggeber tätig sind und tariflich allgemein wie Betriebsarbeiter behandelt werden, Urlaub nach den allgemeinen Urlaubsbestimmungen erhalten.

8. Auf die in den Nummern 1, 4 und 5 vorgesehenen Beträge finden die §§ 23 bis 25, 27 und 28 und auf die in den Nummern 1 und 4 vorgesehenen Beträge, außerdem § 21 Abs. 2 des Heimarbeitsgesetzes entsprechende Anwendung. Für die Urlaubsansprüche der fremden Hilfskräfte der in Nummer 4 genannten Personen gilt § 26 des Heimarbeitsgesetzes entsprechend.

§ 13: Unabdingbarkeit

(1) Von den vorstehenden Vorschriften mit Ausnahme der §§ 1, 2 und 3 Abs. 1 kann in Tarifverträgen abgewichen werden. Die abweichenden Bestimmungen haben zwischen nichttarifgebundenen Arbeitgebern und Arbeitnehmern Geltung, wenn zwischen diesen die Anwendung der einschlägigen tariflichen Urlaubsregelung vereinbart ist. Im Übrigen kann, abgesehen von § 7 Abs. 2 Satz 2, von den Bestimmungen dieses Gesetzes nicht zu

Ungunsten des Arbeitnehmers abgewichen werden.

(2) Für das Baugewerbe oder sonstige Wirtschaftszweige, in denen als Folge häufigen Ortswechsels der von den Betrieben zu leistenden Arbeit Arbeitsverhältnisse von kürzerer Dauer als einem Jahr in erheblichem Umfange üblich sind, kann durch Tarifvertrag von den vorstehenden Vorschriften über die in Absatz 1 Satz 1 vorgesehene Grenze hinaus abgewichen werden, soweit dies zur Sicherung eines zusammenhängenden Jahresurlaubs für alle Arbeitnehmer erforderlich ist. Absatz 1 Satz 2 findet entsprechende Anwendung.

(3) Für den Bereich der Deutschen Bahn Aktiengesellschaft sowie einer gemäß § 2 Abs. 1 und § 3 Abs. 3 des Deutsche Bahn Gründungsgesetzes vom 27. Dezember 1993 (BGBl. I S. 2378, 2386) ausgegliederten Gesellschaft und für den Bereich der Nachfolgeunternehmen der Deutschen Bundespost kann von der Vorschrift über das Kalenderjahr als Urlaubsjahr (§ 1) in Tarifverträgen abgewichen werden.

§ 14: Berlin-Klausel

Dieses Gesetz gilt nach Maßgabe des § 13 Abs. 1 des Dritten Überleitungsgesetzes vom 4. Januar 1952 (BGBl. Seite 1) im Land Berlin.

§ 15: Änderung und Aufhebung von Gesetzen

(1) Unberührt bleiben die urlaubsrechtlichen Bestimmungen des Arbeitsplatzschutzgesetzes vom 30. März 1957 (BGBl. I Seite 293), geändert durch Gesetz vom 22. März 1962 (BGBl. I Seite 169), des Neunten Buches Sozialgesetzbuch, des Jugendarbeitsschutzgesetzes vom 9. August 1960 (BGBl. I Seite 665), geändert durch Gesetz vom 20. Juli 1962 (BGBl. I Seite 449) und des Seemannsgesetzes vom 26. Juli 1957 (BGBl. II Seite 713), geändert durch Gesetz vom 25. August 1961 (BGBl. II Seite 1391), jedoch wird

a) in § 19 Abs. 6 Satz 2 des Jugendarbeitsschutzgesetzes der Punkt hinter dem letzten Wort durch ein Komma ersetzt und folgender Satzteil angefügt:

"und in diesen Fällen eine grobe Verletzung der Treuepflicht aus dem Beschäftigungsverhältnis vorliegt.";

b) § 53 Abs. 2 des Seemannsgesetzes durch folgende Bestimmung ersetzt: "Das Bundesurlaubsgesetz vom 8. Januar 1963 (BGBl. I Seite 2) findet auf den Urlaubsanspruch des Besatzungsmitglieds nur insoweit Anwendung, als es Vorschriften über die Mindestdauer des Urlaubs enthält."

(2) Mit dem Inkrafttreten dieses Gesetzes treten die landesrechtlichen Vorschriften über den Erholungsurlaub außer Kraft. In Kraft bleiben jedoch die landesrechtlichen Bestimmungen über den Urlaub für Opfer des Nationalsozialismus und für solche Arbeitnehmer, die geistig oder körperlich in ihrer Erwerbsfähigkeit behindert sind [1]).

§ 15 a: Übergangsvorschrift

Befindet sich der Arbeitnehmer von einem Tag nach dem 9. Dezember 1998 bis zum 1. Januar 1999 oder darüber hinaus in einer Maßnahme der medizinischen Vorsorge oder Rehabilitation, sind für diesen Zeitraum die seit dem 1. Januar 1999 geltenden Vorschriften maßgebend, es sei denn, dass diese für den Arbeitnehmer ungünstiger sind.

§ 16: In-Kraft-Treten

Dieses Gesetz tritt mit Wirkung vom 1. Januar 1963 in Kraft.

---

[1]) Siehe hierzu die Gesetze der Länder Baden, Bayern, Niedersachsen, Rheinland-Pfalz und Saarland.

4 Gewerbeordnung

in der Fassung der Bekanntmachung vom 22. Februar 1999 (BGBl. I Seite 202); zuletzt geändert durch Artikel 2 des Gesetzes vom 7. Juli 2005 (BGBl. I Seite 1954) – Auszug

§ 6: Anwendungsbereich

Dieses Gesetz findet keine Anwendung auf die Fischerei, die Errichtung und Verlegung von Apotheken, die Erziehung von Kindern gegen Entgelt, das Unterrichtswesen, auf die Tätigkeit der Rechtsanwälte und Notare, der Rechtsbeistände, der Wirtschaftsprüfer und Wirtschaftsprüfungsgesellschaften, der vereidigten Buchprüfer und Buchprüfungsgesellschaften, der Steuerberater und Steuerberatungsgesellschaften sowie der Steuerbevollmächtigten, auf den Gewerbebetrieb der Auswandererberater und das Seelotswesen. Auf das Bergwesen findet dieses Gesetz nur insoweit Anwendung, als es ausdrückliche Bestimmungen enthält; das gleiche gilt für den Gewerbebetrieb der Versicherungsunternehmen, die Ausübung der ärztlichen und anderen Heilberufe, den Verkauf von Arzneimitteln, den Vertrieb von Lotterielosen und das Viehzucht. Ferner findet dieses Gesetz mit Ausnahme des Titels XI auf Beförderungen mit Krankenkraftwagen im Sinne des § 1 Abs. 2 Nr. 2 in Verbindung mit Abs. 1 des Personenbeförderungsgesetzes keine Anwendung.

Die Bestimmungen des Abschnitts I des Titels VII finden auf alle Arbeitnehmer Anwendung.

§ 105: Freie Gestaltung des Arbeitsvertrages

Arbeitgeber und Arbeitnehmer können Abschluss, Inhalt und Form des Arbeitsvertrages frei vereinbaren, soweit nicht zwingende gesetzliche Vorschriften, Bestimmungen eines anwendbaren Tarifvertrages oder einer Betriebsvereinbarung entgegenstehen. Soweit die Vertragsbedingungen wesentlich sind, richtet sich ihr Nachweis nach den Bestimmungen des Nachweisgesetzes.

§ 106: Weisungsrecht des Arbeitgebers

Der Arbeitgeber kann Inhalt, Ort und Zeit der Arbeitsleistung nach billigem Ermessen näher bestimmen, soweit diese Arbeitsbedingungen nicht durch den Arbeitsvertrag, Bestimmungen einer Betriebsvereinbarung, eines anwendbaren Tarifvertrages oder gesetzliche Vorschriften festgelegt sind. Dies gilt auch hinsichtlich der Ordnung und des Verhaltens der Arbeitnehmer im Betrieb. Bei der Ausübung des Ermessens hat der Arbeitgeber auch auf Behinderungen des Arbeitnehmers Rücksicht zu nehmen.

§ 107: Berechnung und Zahlung des Arbeitsentgelts

(1) Das Arbeitsentgelt ist in Euro zu berechnen und auszuzahlen.

(2) Arbeitgeber und Arbeitnehmer können Sachbezüge als Teil des Arbeitsentgelts vereinbaren, wenn dies dem Interesse des Arbeitnehmers oder der Eigenart des Arbeitsverhältnisses entspricht. Der Arbeitgeber darf dem Arbeitnehmer keine Waren auf Kredit überlassen. Er darf ihm nach Vereinbarung Waren in Anrechnung auf das Arbeitsentgelt überlassen, wenn die Anrechnung zu den durchschnittlichen Selbstkosten erfolgt. Die geleisteten Gegenstände müssen mittlerer Art und Güte sein, soweit nicht ausdrücklich eine andere Vereinbarung getroffen worden ist. Der Wert der vereinbarten Sachbezüge oder die Anrechnung der überlassenen Waren auf das Arbeitsentgelt darf die Höhe des pfändbaren Teils des Arbeitsentgelts nicht übersteigen.

(3) Die Zahlung eines regelmäßigen Arbeitsentgelts kann nicht für die Fälle ausgeschlossen werden, in denen der Arbeitnehmer für seine Tätigkeit von Dritten ein Trinkgeld erhält. Trinkgeld ist ein Geldbetrag, den ein Dritter ohne rechtliche Verpflichtung dem Arbeitnehmer zusätzlich zu einer dem Arbeitgeber geschuldeten Leistung zahlt

§ 108: Abrechnung des Arbeitsentgelts

(1) Dem Arbeitnehmer ist bei Zahlung des Arbeitsentgelts eine Abrechnung in Textform zu erteilen. Die Abrechnung muss mindestens Angaben über Abrechnungszeitraum und Zusammensetzung des Arbeitsentgelts enthalten. Hinsichtlich der Zusammensetzung sind insbesondere Angaben über Art und Höhe der

Zuschläge, Zulagen, sonstige Vergütungen, Art und Höhe der Abzüge, Abschlagszahlungen sowie Vorschüsse erforderlich.

Die Verpflichtung zur Abrechnung entfällt, wenn sich die Angaben gegenüber der letzten ordnungsgemäßen Abrechnung nicht geändert haben.

§ 109: Zeugnis

(1) Der Arbeitnehmer hat bei Beendigung eines Arbeitsverhältnisses Anspruch auf ein schriftliches Zeugnis. Das Zeugnis muss mindestens Angaben zu Art und Dauer der Tätigkeit (einfaches Zeugnis) enthalten. Der Arbeitnehmer kann verlangen, dass sich die Angaben darüber hinaus auf Leistung und Verhalten im Arbeitsverhältnis (qualifiziertes Zeugnis) erstrecken.

(2) Das Zeugnis muss klar und verständlich formuliert sein. Es darf keine Merkmale oder Formulierungen enthalten, die den Zweck haben, eine andere als aus der äußeren Form oder aus dem Wortlaut ersichtliche Aussage über den Arbeitnehmer zu treffen.

Die Erteilung des Zeugnisses in elektronischer Form ist ausgeschlossen.

§ 110: Wettbewerbsverbot

Arbeitgeber und Arbeitnehmer können die berufliche Tätigkeit des Arbeitnehmers für die Zeit nach Beendigung des Arbeitsverhältnisses durch Vereinbarung beschränken (Wettbewerbsverbot). Die §§ 74 bis 75f des Handelsgesetzbuches sind entsprechend anzuwenden.

§ 155: Landesrecht, Zuständigkeiten

(1) Wo in diesem Gesetz auf die Landesgesetze verwiesen ist, sind unter den letzteren auch die verfassungs- oder gesetzmäßig erlassenen Rechtsverordnungen zu verstehen.

(2) Die Landesregierungen oder die von ihnen bestimmten Stellen bestimmen die für die Ausführung dieses Gesetzes und der nach diesem Gesetz ergangenen Rechtsverordnungen zuständigen Behörden, soweit in diesem Gesetz nichts anderes bestimmt ist.

(3) Die Landesregierungen werden ermächtigt, ihre Befugnis zum Erlass von Rechtsverordnungen auf oberste Landesbehörden und auf andere Behörden zu übertragen und dabei zu bestimmen, daß diese ihre Befugnis durch Rechtsverordnung auf nachgeordnete oder ihrer Aufsicht unterstehende Behörden weiter übertragen können.

(4) (weggefallen)

(5) Die Senate der Länder Berlin, Bremen und Hamburg werden ermächtigt, zuständige öffentliche Stellen oder zuständige Behörden von mehreren Verwaltungseinheiten für Zwecke der Datenverarbeitung als einheitliche Stelle oder Behörde zu bestimmen.